天才大脑计划

提升孩子智商，父母要知道的 N 种方法

韦秀英　著

朝华出版社

图书在版编目（CIP）数据

天才大脑计划：提升孩子智商，父母要知道的 N 种
方法 / 韦秀英著 . -- 北京：朝华出版社，2019.3
ISBN 978-7-5054-4380-8

Ⅰ．①天… Ⅱ．①韦… Ⅲ．①儿童－智力开发
Ⅳ．① G610

中国版本图书馆 CIP 数据核字（2018）第 262472 号

天才大脑计划——提升孩子智商，父母要知道的 N 种方法

作　　者　韦秀英

选题策划　李林峰　孙　开
责任编辑　赵　倩
责任印制　张文东　陆竞赢
封面设计　迟　稳
版式设计　段文辉

出版发行　朝华出版社
社　　址　北京市西城区百万庄大街 24 号　　　**邮政编码**　　100037
订购电话　（010）68996618　68996050
传　　真　（010）88415258（发行部）
联系版权　j-yn@163.com
网　　址　http://zhcb.cipg.org.cn
印　　刷　北京文昌阁彩色印刷有限责任公司
经　　销　全国新华书店
开　　本　710mm×1000mm　1/16　　　　　　**字　　数**　　153 千字
印　　张　16
版　　次　2019 年 3 月第 1 版　2019 年 3 月第 1 次印刷
装　　别　平
书　　号　ISBN 978-7-5054-4380-8
定　　价　39.80 元

目录

第3章 ———— 利用生活小点滴，让孩子成为"空间小达人"
——提升孩子的空间智能

第4章 ———— 巧用心思，小技巧培养观察力和记忆力
——培养孩子特有的"超强武器"

第5章 ·········· **不二法门，寻找孩子不可思议的语言文字才能**
——锻炼孩子的说话能力

第6章 ·········· **艺术教育开启多智能大门，小小"艺术家"要这样炼成**
——培养孩子的图形美术才能

第7章 ———————— 动手动脑10分钟，让孩子玩转逻辑思维
——培养孩子逻辑思维才能

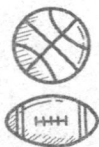

第8章 ———————— 不做掉队的"小鸭子"，轻松提升孩子的人际智能
——培养孩子的社交能力

第9章 ········· 尽其所能，父母这样做帮助孩子认识自己
——增强孩子的内省智能

前言

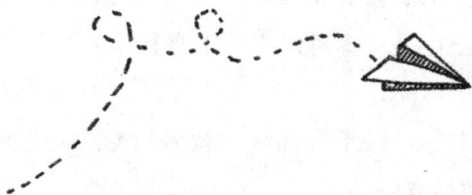

伴随着一声洪亮的哭声，又一个幼小的生命呱呱坠地了。他们的出生让每一个家庭都为之感到欣喜若狂，他们那娇嫩的面庞让父母无比感动，是他们的降生为父母带来了创造生命的喜悦，同时也让他们的父母拥有了将幼小生命抚育成人的神圣使命。

刚出生的孩子的智力基本上达到成年人的25%，六个月迅速发展为50%，1岁达66%，3岁达80%，所谓"三岁定终身"，也就意味着：孩子三岁的智力、体能、个性能已经定型80%以上。而同时0～3岁还是运动、语言等能力发展最快的敏感期，此时让孩子在爸爸妈妈的鼓励与参与下，完成有针对性的智能开发训练，能够取得事半功倍的效果。

孩子的智力如何，向来是爸爸妈妈比较关心的问题，可是有的爸爸妈妈认为，开发和提升孩子的智商是育儿专家才会做的事。其实，父母是孩子最好的启蒙老师，也是孩子一生中最重要的老师。

在孩子人生的头几年，父母教养他的方式，几乎决定了他的成长和未来。可以说，孩子将来能成为一个什么样的人，在很大程度上是父母在婴幼儿时期一手塑造的！

父母就好比是一种职业，而且是永不能退休的职业，提升孩子的智力是爸爸妈妈义不容辞的责任。那么为人父母的你应如何开发孩子的智力？如何提高孩子的智商？如何让孩子变得更加聪明？这成了困扰着年轻爸爸妈妈们的一大难题。

我写这本书，主要是想为爸爸妈妈提供全面的早期益智教育常识和益智游戏教育法。我的儿子，今年3岁半，他也和其他孩子一样贪玩、爱哭、爱闹，古灵精怪，书中写了许多孩子趣事以及提升他智商的方法，希望能给年轻的父母们一些启示。全书的内容重心放在"怎么提高孩子智力"以及"这么做会取得什么样的效果"上，是一本可以"照本宣科"的早教"傻瓜书"，不仅阅读起来轻松，实施起来也更容易！

在书中，关于提高孩子智力的方法，肯定能给爸爸妈妈们实际的帮助，让爸爸妈妈们从日常生活的一点一滴去渗透、去参与孩子的成长。

一个天才的大脑，智商是前提，情商是保证，两者相辅相成，互相影响。我们在努力开发孩子智商的同时，更要努力培养孩子的情商。本书着眼于儿童智力开发，但并没有忽略对孩子情商的培养，生活中，智商和情商的培养很多时候是相容的。

世界上从来就没有两片完全一样的叶子，当然也不可能会有完全相同的孩子，每一个孩子都是独一无二的。因此，培养孩子必须得从他们身上那些与众不同的地方出发，也就是说要善于发现孩子的潜能，因材施教。发现孩子的潜能以后，还要懂得去理解他，并加以引导。每一个孩子的身上都有潜能，都有可能成为天才，关键在于我们怎样去理解、关心和保护他们，发掘他们的天赋，最终促使他们取得成功。

我们最该感谢孩子，是他们让我们体验到一种毫无戒备的，甚至可以献出生命的爱，我们更要做智慧的父母，懂得和孩子一起成长，给孩子最好的教养方式，帮助孩子预见最好的未来！

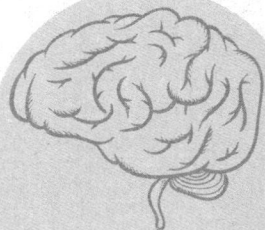

第1章

简简单单让孩子发现独一无二的自己
——用对方法开发孩子的潜能

人的潜能与生俱来，初生的婴儿已经拥有 7 种智能，4 个月大的孩子已经具有推理能力，而人的大脑的结构和机能在 3 岁前发展迅速，你相信每个孩子生来都是天才吗？面对孩子的潜能和天赋，你错过了什么，孩子又需要你给予什么？

不要"小看"孩子的智力潜能

果果出生那天，我是世界上最幸福的女人。

如果不是刚刚经历过分娩的疼痛，我肯定会从病床上跳起来，将我的小天使抱进怀里。摇一摇，哄一哄，别让他哭个不停了，虽然他的哭声也像天籁般美妙……

我想在所有父母眼中，孩子的出生都像一株嫩绿的小芽破土而出，然后迎着阳光和点点雨露茁壮成长。这时，孩子还不会说话，不能行走，也不能用语言来表达自己内心的想法。

果果刚出生时也是这样——开心的时候，他会哈哈大笑；饥饿的时候，他会放声啼哭；如果有某种需求，比如想要"便便"的时候，他粉嘟嘟的小脸上会出现各种奇怪的表情。

当孩子还无法表达自己内心的需求时，就只能靠父母细心观察，尽力去理解和猜测孩子的意图。比如有一次，果果在半夜里大哭不止，给他喂奶了，孩子也便便了，仍不管用，最后我发现他的脖子扭来扭去，这才知道是衣领卡在他的脖子上不舒服，把衣领理顺了，他就不哭了。

果果爸还在旁边说："这个小家伙就像最简单的单细胞生物啊，大脑如此简单，衣领卡住脖子不舒服了，也不知道怎么表达呢！"

我当然不同意果果爸的观点，因为哈佛大学进行过一项名为"零点项目"的调查研究，众多哈佛学者经过深入的调查研究后一致认为，孩子从出生开始就已经拥有了超乎想象的智力，他们不仅能思考，记忆力强，懂得沟通，有自己的个性，而且能够欣赏语句的音调，还有学习和计算的能力。所以，父母千万不要"小看"孩子的智力潜能！

果果出生比预产期早了十几天，体质比一般的孩子要差一些。从医院回到自己家之后，有很长一段时间都没有离开过卧室，就像养在温室里的小花。只有风和日丽的天气，果果爸才会抱着他到院子里去看看花草，晒晒太阳，享受温馨的亲子时光。

一个阳光明媚的周末，果果的姨妈从另一座城市赶来家里做客，一进门便像往常一样，很热情地朝婴儿房里跑去。她已经有3个月没有见到自己可爱的小外甥了。

一见到果果，她便兴奋地大叫："果果都半岁啦！还是挺瘦的！不过越长越可爱啦！"然后她迫不及待地抱起婴儿床上的果果，亲了又亲。对于姨妈这些亲昵的举动，果果并没有表现出不满或反感，因为之前他已经见过姨妈好几次，算是"熟人"了。

这时，我也跟进了婴儿房，站在一旁，满脸笑意地看着果果和他姨妈嬉闹。

果果的姨妈只比我小1岁，两人的身高相貌都差不多。果果原本趴在姨妈肩膀上好好的，可当他看到我时，眉头很奇怪地皱了一下，接着就哇哇大哭了起来。

"咦，果果怎么哭啦？别哭啊！"姨妈急忙摇动着臂弯安慰着果果，可是果果根本不吃这一套，仍然哭得小脸通红，小手还不停挥动，想要摆脱姨妈的怀抱。

"乖孩子，到妈妈这儿来吧！"我见场面有些失控，便将果果抱进了自己怀里，轻轻地摇动着，在屋里来回走动。果果的姨妈一脸疑惑，倚靠在一边的婴儿床上。

大概过了十几分钟，果果终于平静下来，嘴里还"嘤嘤"地呻吟着。他灵活地转动着小脑袋，瞪着疑惑的小眼睛看了看我，又看了看旁边的姨妈，脸上的表情随着观察对象的变化而不断发生着变化：一会儿忧虑，一会儿欣喜。

突然，果果咧开小嘴笑了起来，晶莹的泪珠还挂在他粉嘟嘟的小脸上呢！

果果的姨妈小声问我："果果刚才怎么啦？莫名其妙地哭起来了。"

我摇了摇头，后来在查阅"零点项目"的资料时才找到了答案。

原来，人的智力潜能是与生俱来的，初生的婴儿已经拥有7种智能，它们分别是空间智能、语言智能、身体智能、逻辑智能、音乐智能、自我认识智能和人际关系智能。

一般情况下，大脑的结构和机能在3岁前发展迅速，4个月大的孩子已经具有推理能力——他们能够通过自己的独立思考，对那些难以从表面上看出端倪的事情进行分析和总结。

比如果果的"奇怪"举动：当姨妈单独出现在他的视野中时，他并没有感觉到任何不适或者不安；但当妈妈和姨妈同时出现时，这个小家伙便开始觉得有一些恐慌了。

由于妈妈和姨妈在外形上比较相似，小家伙还无法正确地区分。在他小小的思维里，一直都以为家里只有这样两个完全不一样的人：一个男人（爸爸）和一个女人（妈妈）！

当这样的思维定式被打破之后，他便不由自主地觉得恐慌起来。于是就用哭泣的方式来表达着自己的困惑。在哭泣的同时，他还不忘努力用自己的逻辑去整理眼前的关系，于是，他将目光频频投向妈妈和姨妈，并在观察的时候努力在大脑中区分这两个人。

在他的思考中，他一会儿肯定自己，一会儿否定自己，这时候他的脸上交替出现忧虑和欣喜的表情也就不足为奇了。

爸爸妈妈们可能没有想到吧！在果果看似平常的哭泣声中，居然蕴藏着这么复杂的情感和思维活动！同时，通过以上的分析，爸爸妈妈们也应该明白，每个孩子都有着常人无法想象的智力潜能，这些潜能与生俱来，就像植物的嫩芽一样，有着极其旺盛的生命力。

如果爸爸妈妈们想要开发孩子的智力潜能，让它绽放出智慧的花朵，应该怎么做呢？

第一，不要忽略孩子的"感知觉"培养。

孩子出生后不久，爸爸妈妈便可以用一些微弱的光亮和彩色小物品"刺激"孩子的视觉，让孩子听一些舒缓的音乐，还可以和孩子"聊天"，在增进亲子关系的同时，也让孩子的大脑得到发育。这时候的孩子虽然还不能说话，可是却有自己的思维和记忆，也会有所回应。此外，爸爸妈妈还应该经常"爱抚"孩子，让孩子感受到拳拳的爱意。

第二，经常对孩子进行"动作"训练。

孩子四个月大时，动作机能发展迅速，喜欢摆弄身边的玩具。这时候爸爸妈妈可以在婴儿床上空悬挂一些玩具，让孩子的小手刚好能碰到，这样能够很好地训练孩子的手眼协调功能；孩子六七个月大时，爸爸妈妈可以给孩子创造"爬"的机会，比如在孩子面前放一些玩具，吸引孩子爬过去；孩子八九个月大时，爸爸妈妈可以教孩子用双膝支撑着爬行，或站立片刻。通过这样的训练，能够让孩子的运动机能得到很好的发展。

第三，孩子的情绪和情感发展也很重要。

众多教育学家指出，孩子的智能发展与自身的情感体验有着密切的联系，所以爸爸妈妈更不能忽略孩子的情绪和情感发展。平时，爸爸妈妈应该多给孩子爱抚，对孩子保持友好亲密的态度，为孩子创造一些充满爱与温馨的家庭环境。

费城人类潜能研究所的格连杜曼博士也曾经说过："**每个孩子出生时所拥有的潜在智能，比达·芬奇一生使用过的还要多。所有孩子生来都是天才，只是我们——孩子的父母和最亲近的人，却在他们生命最初的6年里磨灭了他们的天资。**"因此作为父母，应该掌握好的方法，善于发现和开发孩子的潜能，也只有这样，才能够培养出一个智力超群的天才孩子！

抓住孩子潜能开发的关键期

如果把孩子比喻成一棵小树苗的话，那么他们每一天的成长和每一次的突破，都会在他们的生命年轮中留下一道道痕迹和一段段美好的回忆。

我和果果爸最喜欢做的事情，就是用文字、照片和视频记录下果果成长的每个瞬间。每次翻阅以前的记录，都充满了欢声笑语和满满的感动。果果第一次开口叫爸爸妈妈，第一次迈着蹒跚的小步子走路，第一次用水彩笔涂鸦……每一个瞬间都是一种突破、一种成长。

果果爸常说："3岁看大，7岁看老，果果从小就这么聪明，以后肯定会很有出息！"

我笑着附和："果果还是一棵小树苗，以后能否成长为栋梁之材，关键还是在于3岁前的教育和智力开发，因为3岁前是孩子智力发展、生长发育的'关键期'。"

在孩子出生后的2～3年内，无论在生理或心理方面，良好的育儿刺激对孩子大脑的功能和结构都会产生重要的影响。作为父母，只有把握好3岁之前的"关键期"，孩子才会按照其自身的生长发育特点，发挥出潜能，健康成长。

很庆幸，我和果果爸都很重视果果的智力开发，在果果牙牙学语的时候，就经常和果果进行语言交流，而且在交流过程中十分注重语言的正确性与完整性，以及发音是否标准。

周末带果果去逛公园，总会有意识地向果果介绍身边的事物："这是大树，这是小花，这是小草。"如此加强果果的词汇量积累，并且激发果果的学习兴趣。

之后再去逛公园时，果果自己就会指着身边的花花草草说："这是小花，这是小草！"

与同龄孩子相比，果果在说话、行动、数数等方面都更胜一筹，智力水平明显要比同龄孩子高，各项智能发展也比较快。住在同小区的英英，比果果还要大1个月，可是他的智力水平却不及同龄孩子，尤其在语言能力上，开口晚，发音也含糊不清。

为什么英英的智力水平如此低下呢？我想还是和家庭教育有关，英英的妈妈是一个女强人，在英英6个月大的时候，她就重返职场，专门请了一位保姆在家照顾英英。由于那位保姆来自农村，平时不爱说话，文化水平不高，只负责照顾好英英的吃喝拉撒。所以直到3岁的时候，英英说话还只能停留在两个字，3个字以上就很难连贯了。

在大多数人的印象中，孩子智商的发展似乎是一个水到渠成的过程：6个月的孩子已经学会咀嚼和自己进食；将近1岁的时候，孩子会口齿不清地喊爸爸妈妈，再大一些就开始尝试着直立行走……似乎不用父母大费周章，孩子就可以这样自己长大，然后融入社会。

可是，事实真是这样吗？如果一个孩子从小与世隔绝，他的智商如何能自然发展呢？

我之前在一本杂志上曾看过"狼孩"的报道：

在印度加尔各答东北一个名叫米德那波尔的小镇上，人们从狼窝里解救出两个赤身裸体的小女孩，其中大的七八岁，小的约两岁。

这两个小女孩被送到米德纳波尔的孤儿院去抚养，还给她们取了名字，大的叫卡玛拉，小的叫阿玛拉。虽然她们回归到正常人类的社会，可是她们已经习惯了像狼一样的生活，与人类社会格格不入——她们用四肢行走；白天睡觉，晚上出来活动，怕火、光和水；只知道饿了找吃的，吃饱了就睡；不吃素食而要吃肉，不用手拿，放在地上用牙齿撕开吃；不会讲话，不能发出人的声音，到午夜之后还会像狼一样号叫。

卡玛拉归于人类社会的第2个月，就学会用简单的语言来表达饥饿和口渴等基本需求了，但11个月后，她便去世了。阿玛拉和牧师夫妇一起生活了7年，在这7

年之中，她只掌握了45个单词，而且只能用结结巴巴的话语来描述自己的简单需求和想法。直到16岁病死时，她的智商只相当于三四岁的孩子。

从"狼孩"的故事中可以看出，人类是社会实践的产物，那些诸如说话、走路等看似轻松的知识和才能，也需要在人类社会中经过反复实践和再三操练才能激发出来。如果孩子在成长的过程中脱离了客观世界，或者说在相应的发展阶段没有受到相应的刺激的话，他们很可能因为错过了智商发展的"关键期"而变得愚钝。

英国伦敦精神病研究所教授卡斯比也认为，**一个人对3岁之前所经历的事情会像海绵一样吸收。这意味着3岁之前是孩子性格形成和智力发展的"关键期"，同时也是孩子多方面能力（感知觉、记忆、思维等）发展的"关键期"。**

那么，孩子学习的关键期是怎样的呢？科学研究认为：

孩子半岁左右，是学习咀嚼的关键时期，爸爸妈妈可以让孩子学习吃干食；1～2岁是孩子计数能力发展的关键时期，爸爸妈妈可以对孩子进行按物点数、按数点物等训练；2～3岁是孩子口头语言发展和独立生活能力发展的关键时期……

爸爸妈妈应该做的，就是牢牢抓住孩子3岁前的关键时期，根据孩子的思维发展规律，对孩子进行有针对性地培养，让孩子成长为智力超群的人。

及早发现孩子的天赋潜质

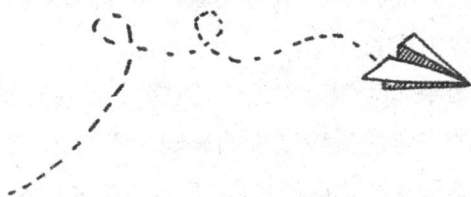

那天，我和果果爸坐在沙发上看电影，正好是一部探讨天才儿童教育问题的电影，名叫《我的天才宝贝》。奥斯卡影后朱迪·福斯特不仅长得漂亮，演技也很出众，她居然还当了导演。

电影中，7岁的泰德是一位天才儿童，智商超高，身为工人的单亲妈妈没办法教育好他，便将他送进了特殊教育学校，那里的女校长是一位儿童心理学家，她对天才泰德采取了严格而特殊的教育方法。天才儿童的成长之路充满了坎坷，但最终找到了正确的成长方向。

电影看到一半时，果果爸突然问我："咱家果果也算是小天才吧？他的天赋是什么呢？"

我想了想，果果确实很聪明，可要说有什么天赋，一时之间还真没有想到。电影看完后，我蹑手蹑脚地走到果果的房间门口，偷偷地观察他在做些什么。

小家伙坐在地毯上，一边玩他的乐高玩具，一边哼着什么儿歌，还挺悠闲的！看着他无忧无虑的样子，我心里也在思考：果果的天赋潜质究竟是什么呢？

所谓天赋，就是天生的才能、自然的禀赋，是一个人与生俱来的特性。这种特性让很多人能在不同领域取得极为耀眼的成就，比如英国思想家密尔3岁就可以读古典拉丁文，音乐大师莫扎特3岁就能演奏钢琴……天赋并不神秘，也并非只有特别的幸运儿才能拥有。

事实上，任何一个孩子在出生之后，就具备了一定的天赋。

天赋为孩子的智力开发奠定了良好的基础。但是如果只有天赋，没有适合天赋"生长"的环境和教育，那么，孩子的天赋也许就这样被无声无息地埋没了。

那么，怎样才能为孩子创造出适于他天赋"生长"的沃土呢？这就需要父母们及早发现和判断孩子的天赋，并注意激发他们的潜能，让他们在最适合自己的道路上自由成长。

英国牛津大学天才儿童研究中心前讲师贝纳德特·泰南曾经说过："**许多天才儿童可能在学校或考试中的表现并不优异，但他们在其他方面的表现能够说明他们拥有高于同龄儿童的才能。**"如何及早发现孩子身上的天赋潜质，并有针对性地加以培养，是每一位合格父母必做的功课。一般说来，拥有天赋潜质的孩子具有以下几种特征：

特征一：权威性领袖。有的孩子善于重新排列物品，或者有条不紊地在幼儿园里负责给全班同学排座位，这样的孩子可能具备强有力的领导和组织才能。因为在他们的眼里，大事小事全都得他们说了算，什么事都得由他们来安排。这正是拥有领导才能及组织能力的表现，这样的孩子有做领袖的潜质。

特征二："问题王"。有的孩子对任何事物都充满了好奇心，经常不厌其烦地问问题。这样的孩子喜欢凡事追问到底，让有的父母非常反感。事实上，孩子的这种好奇心理如果能得到父母们的赏识并悉心栽培，将来就有可能成为著名记者或探险家。

特征三：小设计师。这种类型的孩子，喜欢把玩具扔得到处都是，小房间里经常弄得乱七八糟；如果让他单独待一会儿，他就能够用积木搭建出一座法国埃菲尔铁塔的模型出来。拥有这种才能的孩子，将来可能会成为贝聿铭第二，会是一名出色的设计师或建筑师。

特征四：小财迷。还有一些孩子喜欢将平时的零用钱积攒起来，经过一段时间的积攒之后，他们将拥有一大笔钱来供自己支配。这种孩子天生有理财观念，他们很可能成为比尔·盖茨或者沃伦·巴菲特那样的富翁。

特征五：小话痨。对于那些一天到晚讲个不停的孩子，父母们千万不要让他们闭嘴，因为这是他们具有语言天赋的表现，长大之后有望成为大律师或是新闻主播。

自从那天看完《我的天才宝贝》之后，我和果果爸就很留意果果的一举一动，希望能够及早发现他的天赋潜质。其实，果果也是一个"小话痨"，7个月的时候，他就会叫爸爸，9个月的时候，他学会了叫妈妈。自从果果学会说话以来，整天就像一只小麻雀一样说个不停。直觉告诉我们，果果在语言方面有着特殊的天赋，于是我们决定在这个方面下功夫。

晚上睡觉之前，我和果果爸会给果果读一些小故事，之后要他复述出来，白天有机会也说给他听。在玩耍的过程中，我们也不时地教果果说一些口头用语，比如"公共汽车""学校""老师"等等。果果的学习能力也很强，教几遍就会说了。

如今果果已经4岁了，在学习语言上能力特别突出，我们教他的儿歌和讲的故事，他会记得很清楚，只要给他讲过几遍，他就能流利地背诵出来。

虽然果果的年龄还很小，可他已经能够绘声绘色地给小朋友讲故事听，平时也表现为爱讲话和喜欢争辩，"伶牙俐齿"的他有时候还会把果果爸说得一愣一愣的。

拥有语言天赋的孩子，往往说话要比同龄的孩子早一些。

通常情况下，2～3个月的婴儿已经能够发出喉音，每当大人逗乐的时候能发出"啊""伊"等音；7～8个月能发简单音节；1岁左右可以发两个重音的字，如东东、灯灯、饭饭等。如果父母发现自己的孩子有一定的语言天赋，可得抓住机会，好好引导和培养他，说不定他就是将来的辩论家或者演讲家呢！

当然，除了语言天赋，孩子可能在另外一些领域表现突出，比如空间想象能力、逻辑数学能力、运动协调能力、音乐能力、了解他人的能力、了解自己的能力、自然观察能力等等。父母应该如何及早发现孩子的这些天赋潜能呢？

美国哈佛大学心理学教授霍华德·加德纳通过研究，为父母列举出孩子在日常生活中的20种表现，千万别忽视这些表现，因为，这正是孩子发挥潜在智能的体现。

1. 善于用语言描述所听到的各种声响。

2. 常给孩子朗读的故事，如果你更换里面的某个词，孩子就会说读错了，并加以纠正。

3. 喜欢对人讲故事，而且讲得绘声绘色。

4. 喜欢提些怪问题，比如人为什么不会飞、小猫为什么不会说话等。

5. 喜欢把玩具分门别类地按大小或颜色放在一起。

6. 喜欢伴随乐器的弹奏唱歌。

7. 喜欢倾听各种乐器发出的声响，并能根据声响准确地判断出是什么乐器。

8. 能准确地记忆诗歌和电视里经常播放的乐曲。

9. 善于辨别方向，极少迷路。

10. 乘车时，经过的站名或路标记得清清楚楚，并向你提起什么时候曾经来过这个地方。

11. 喜欢东写西画，形象逼真地勾勒各种物体。

12. 喜欢自己动手，很多东西一学就会。

13. 特别喜欢模仿戏剧人物的动作或道白。

14. 善于体察父母的心情，领会父母的忧与乐。

15. 落落大方，动作优雅，懂礼貌。

16. 看见生人时会说"他好像某某人"之类的话。

17. 善于把行为和感情联系起来，比如说："我生气了才这样干的"。

18. 善于判断该做什么、不该做什么。

19. 善于辨别出物体之间的微小差异。

20. 喜欢摆弄花草、逗弄小动物，而对一般的玩具兴趣却不大。

如果你的孩子第1、2、3条表现突出，那么他可能具有语言才能；如果第4、5条表现突出，说明你的孩子具有逻辑、数理方面的天赋；如果第6、7、8条表现突出，说明你的孩子是个音乐天才；如果第9、10、11条表现突出，说明你的孩子拥有丰富的空间想象力；如果第12、13条表现突出，说明你孩子具有较高的运动智能；如果第14、15、16条表现突出，说明你的孩子在人际关系方面的智力较好；如果第17、18条表现突出，说明你的孩子拥有着良好的自我认知能力；如果第19、20条表现突出，你的孩子在自然观察方面的智力有明显的优势。

通过上面的测试，相信父母们对自己的孩子已经有了一定的评价，不过还是要记住，无论孩子的天赋如何，他都有无限的潜能。只要父母能够在日常生活中注重孩子的智能培养，就能为孩子开辟出一片天空。

从现在开始，让我们怀着欣赏和肯定的心，以发现美的目光，去寻找孩子身上的天赋吧！

开发孩子智力的"黄金原则"

年轻父母自豪的事情，就是看到自己的孩子健康成长，智力发展迅速。

现代科学认为，幼儿期是人生当中智力发展最重要的时期，0～3岁的孩子在体格发育、神经发育、心理发育和智能水平都显示出极其旺盛的生长态势。"3岁决定孩子一生"的观点已经得到社会各界的普遍认可，因此早期智力开发蔚然成风。

很多年轻的父母询问我，什么是早期智力开发？其实，所谓的早期智力开发，就是在孩子具备某种能力之前的适当时期内，给他们提供恰如其分的感官刺激，使他们增加反应的敏感性，促进大脑的发育，启发他们的潜在智力，以加速他们的先天潜能变为现实的能力。

简单来说，也就是发展孩子感知觉能力、动作及语言能力，培养孩子的记忆力、注意力、思维想象力，以及良好情绪和意志等。在这个过程中，父母的作用是不容忽视的。

孩子的智力开发越早越见效果，最好在孩子出生之后，就开始有意识地开发孩子的智力。当然，开发孩子的智力，并不是让父母揠苗助长、强行灌输书本上的东西。**生活中许多事例都在提醒我们，早期智力开发如果没有慎守原则，反而会造成揠苗助长、画虎类犬的效果。**

大学同学的女儿名叫欣欣，今年才上小学一年级，经常会来我家玩，果果叫她"小姐姐"。

虽然欣欣只有6岁，可她在学校里可是有名的"小才女"，深受老师和同学们的喜爱。如今欣欣背、写、算样样精通，在学校里接受的还是双语教育。

这些都要"归功"于欣欣的爸爸妈妈——从欣欣3岁起，爸爸妈妈就开始让她上各种各样的培训班、辅导班，但是他们没有注意到，随着欣欣小脑袋里的东西越来越多，她的性格却变得越来越内向。

直到前几日，大学同学无意中看了欣欣写的一篇日记："老师讲的东西都是幼儿园学过的，我为什么还要学？不学习妈妈为什么还要骂我？为什么不能让我多看一会动画片呢？"

这时大学同学才想起，以前女儿总是蹦蹦跳跳的，如今很少说话，也已经很久没有和爸爸妈妈一起开心地聊天了。这便是揠苗助长式地开发孩子的潜能，其后果可想而知了。

孩子在婴幼儿时期，都是名副其实的"潜力股"。虽然开发孩子智力越早越好，但是也要遵行一定的原则，不能操之过急。有的爸爸妈妈对孩子的期望过高，在开发孩子智力的过程中，往往没有遵循孩子自身的成长规律，最后适得其反，让孩子承受过大的压力。

因此，在对孩子进行早期智力开发时，爸爸妈妈也不能盲目，而要遵行以下原则：

原则一：顺应孩子的天性。

孩子的大脑发育在不同时期有不同特点，爸爸妈妈应该遵循孩子大脑发育的规律性，抓住大脑发育的关键时期，给孩子提供良好的智力发展环境，既要注重发展孩子的智力潜能，也要注重培养孩子的良好行为和个性品德。

原则二：不能操之过急。

孩子的大脑发育和智力发育也需要一个过程，爸爸妈妈千万不能拔苗助长、操之过急，而要遵循孩子智力发育的规律性和知识本身的顺序性，从浅到深，从易到难，循序渐进。如果孩子接受的知识超过他们自身的学习水平，反而会让孩子的智力发展受到阻碍。

原则三：要学会因材施教。

孩子之间也存在一定的差异性，因为遗传因素、生活及教育环境的不同，在智力发展方面也不可能处在同一水平。哪怕是双胞胎，也会因为性格、能力、兴趣上的不同，而在智力上存在差异。因此，爸爸妈妈要根据孩子自身的特点，因材施教，对于智力偏差的孩子，也要保持耐性，努力发现他们身上的特长，激发孩子的自信心，促进孩子的智力发展。

原则四：最好能寓教于乐。

枯燥的教育方式往往不带来良好的教育成果，所以爸爸妈妈应该考虑寓教于乐的教育方式，让孩子在游戏娱乐中发展自己的智力。孩子在寓教于乐的教育环境中，能够牢记很多事物，并且产生很好的联想，得到的体验也是最深刻的。无论和孩子做游戏，还是给孩子讲故事，都应该注重四个点：知识性、活动性、创造性和角色性。简单来说，就是通过讲故事、做游戏的方式，让孩子的动作、语言得到发展，并且激发孩子的创造力、思维力和想象力。

原则五：提供感官体验。

在开发孩子智力的过程中，爸爸妈妈要为给孩子提供不同的感官体验，也就是在教育中重视孩子视觉、听觉、嗅觉、触觉、味觉等方面的发展，让孩子能够体验到不同的感觉，从而促进孩子的感官智能发展。

原则六：不要过于干涉。

每个孩子都对新鲜事物充满好奇，都想探索一番，这也是孩子认识事物、学习知识的过程。如果爸爸妈妈过于干涉，不仅会让孩子变得胆小、怕事，还会让孩子产生逆反心理。还有的爸爸妈妈过于保护孩子，什么事情都想帮忙代办，这样也会剥夺孩子认识事物、学习知识的权利。因此，爸爸妈妈应该给孩子更多自由发展的空间，只要能够保证孩子的行为是正确的、安全的，就要学会"放手去爱"。

原则七：让孩子全面发展。

爸爸妈妈不要只重视孩子的智力开发，而忽略孩子情感心理健康的发展。一个优秀的孩子，肯定需要全面的发展，所以在培养、开发孩子智力的同时，也要重视孩子情感品德方面的发展。这样才能让孩子成为德、智、体、美全方面发展的人才。

总而言之，婴幼儿时期是孩子智力发展的关键时期，爸爸妈妈应该把握好这一时期，对孩子进行正确的引导和教育。假如爸爸妈妈能够遵行以上的"黄金原则"，去开启孩子的智慧大门，肯定能够培养出一个智力超群的孩子。

给孩子表现潜能的机会

在每个孩子身上，都潜藏着一座神秘而巨大的宝库，这是他们与生俱来的天赋才能，哪怕是医学上判定的"弱智"儿童，也有可供开发利用的潜能，关键是靠父母去发掘。

现代科学研究证明，人类的潜能只被开发了大概10%左右。曾有科学家声称，假如一个人的大脑潜能被开发50%，那么他便能够轻松地念完几十所大学的课程，能够记下几座图书馆的文字，能够掌握几十个国家的语言。

很多时候自己认为大脑运用过度了，其实是浪费了大脑的资源，孩子更是这样。

现实生活中，所有父母都对自己的孩子充满了成长的期盼，都希望自己的孩子智力超常，能力出众。如果看到别人家的孩子表现杰出，而自家的孩子表现平庸，心里便会产生巨大的落差感，甚至会埋怨自己的孩子不够聪明，不够优秀。

这样的埋怨当然无益于孩子的智力发育，而且还会伤害到孩子的自尊心。

父母应该明白一件事情，那就是每位孩子都拥有潜藏的才能，如何能够发挥出孩子的潜能，给孩子表现潜能的机会，才是父母们应当着力去做的事情。

在平常生活中，父母平时多给孩子表现的机会，最大限度调动孩子主动学习的兴趣，激发孩子的内在潜能。孩子也会在自己出色的表现里，体会到被关注和成功的快乐，因而增强自信心。只有优秀的父母才能教养出优秀的孩子，这是亘古不变的定律。

果果拥有很强的语言天赋，平时的口头表达能力很不错，常常能与大人对答如流，有时还能将果果爸问住。可是，让果果在众人面前表现一下自己，比如唱一首儿歌或朗诵一首古诗，他就有些害羞了。这种"怯场"的表现已经不止一次两次出现了。

　　起初，我以为是果果天生胆小，后来请教了一位育儿专家才知道，是自己"太勤快了"，没能给果果创造表现潜能的机会。平日里，我总是吩咐果果做这个干那个，忽略了果果自己的想法。时间长了，果果知道按我的吩咐说话做事，越来越不喜欢说出自己的想法了。

　　搞清楚问题的根源之后，我决定给果果表现潜能的机会——让他经常给老家的姑姑打电话，向姑姑说一说自己每天的生活。姑姑也总是夸果果聪明伶俐，讨人喜欢，和老家的那些"熊孩子"完全不一样。

　　有一次，果果打完电话后问我："为什么姑姑那么开心啊？"

　　我告诉他："因为果果优秀啊，如果再给姑姑表演几个刚学会的儿歌，姑姑就更开心了。"

　　刚开始的时候，果果还羞于表演，后来在我和果果爸的鼓励下，他开始大胆地表演起来。现在，果果每天都会在电话里给姑姑说很多事情，唱几首新儿歌。果果的姑姑也因此每天乐呵呵的。

　　父母给孩子表现潜能的机会，并不是花很多钱将孩子送进各种辅导班，或者带孩子参加各种各样的比赛，收获无数奖章与奖牌，而是在平常的生活中认真观察孩子的一言一行，发现孩子的天赋，有意识地给孩子创造一个良好的生活与学习环境。

　　当孩子在自己阅读、游戏或者与其他小朋友玩耍时，父母应该从中观察到孩子的喜好特征，比如有的孩子虽不爱弹琴却喜欢画画，虽不擅长言辞却很热心，虽没有耐性却很有创意等。父母细心地将这些蛛丝马迹记录下来，归纳出孩子的性格和爱好，就能更有针对性地诱导和激发孩子的潜能，从而培养出高智商孩子。

　　当然，在了解孩子的性格趋向与喜好之后，也要多给他表现和练习的机会。比如在家庭聚会上，父母可以鼓励孩子即兴表演一个节目，比如唱一首儿歌，跳一支舞蹈，朗诵一首诗等等。晚上睡觉前，父母可以把孩子今天的表现记录在日记本上，或者将有趣的事情复述一遍。最重要的是在平常生活中，随时给孩子帮忙的机会，只要是他力所能及的，如洗碗、拖地、收衣服等，都可以让孩子帮忙，让他成为你的热情"小帮手"也不错！

这样越做越熟练，越来越有信心，孩子才不会退缩在自卑自闭的角落里。

爸爸妈妈给了孩子表现潜能的机会，就应当保持一颗平常心，等待孩子逐步成长。有一些爸爸妈妈见孩子没有明显的进步，就开始着急起来——孩子不会数数，便对孩子发脾气；孩子不会使用勺子，便一直喂食。这样的"严厉"和"溺爱"都不利于孩子的智力发展。因此，爸爸妈妈不要总是埋怨孩子智力发育缓慢，很多时候其实是爸爸妈妈缺少耐心，亲手剥夺了孩子表现潜能的机会。

假如父母给了孩子表现潜能的机会，也有足够的耐心，那么当孩子主动帮忙或者主动表达自己的想法，父母是否给了他肯定与鼓励呢？这一点也非常重要，因为每一位小天才，需要一个不断练习的机会来培育自信心，这样孩子的成长之路才会越走越顺。

相反，假如父母只是一味地打击、批评，孩子可能会自尊心受挫，再也不肯尝试了。

在给孩子表现潜能的机会时，父母还需要不断检讨自己的言行举止，不断提高自己的知识文化水平，增加各方面的素质修养。

如果从理念上来看，开发孩子优势潜能的过程，也是一种"补强法则"。

什么是"补强法则"呢？它是由美国州大学的哲学博士詹姆斯·多伯森所提出的一种理论。简单来说，就是当一个人的行为得到满意的结果时，这种行为就会反复出现。

比如，有一位小女孩戴了一顶漂亮的帽子去幼儿园，老师和同学看到后都夸她的帽子好看，于是小女孩便爱上了这顶帽子，并且经常戴着它去上学。这种强化的动因，除了周围人的赞美与欣赏，还让主体自身产生了一种愉悦感，这样的体验能够帮助孩子获得自信与成长。

每个孩子都拥有一座潜能的"小宝库"，只要爸爸妈妈善于挖掘，并且给孩子创造更多表现潜能的机会，就能更好地开发孩子的智力，让孩子赢在人生的起跑线上！

学习知识不等于开发智力

前段时间参加市里的亲子活动，与几位年轻父母一块探讨孩子的早教心得。

我发现很多年轻的父母对家庭教育的理解就是开发孩子的智力，而对开发孩子智力的理解就是教孩子读书、识字、做习题等文化知识。

事实上，想要帮助孩子开发智力，首先应该弄清楚什么是智力？智力是如何形成的？它的核心又是什么？只有把这些问题弄清楚了，父母在开发孩子智力的过程中，才能做到有的放矢、得心应手，才能使孩子的智力潜能得到最有效的开发。那么到底什么是智力呢？

有的年轻父母会认为，掌握的知识与技能、技巧就是智力，这样的认识虽然有一定的道理，但是并不全面，也不完全正确。智力不是指已经掌握了的知识，而是指获取知识并恰当运用知识的一种能力，这种能力是孩子长大成人后参加各种社会实践活动的基础。

现代社会竞争激烈，很多父母迫于现实的压力，往往会不由自主地为孩子的未来而担忧，他们为了不让孩子输在起跑线上，在孩子很小的时候便开始教他认字、数数、背古文……

父母在生活中随时随地地对孩子传授知识，这是值得肯定的，但要知道知识绝对不等同于智力。

我们知道，知识是来自于实践的认识成果，可几岁的孩子并没有经历实践的过程，心智也没有达到能深刻理解的程度，所以他们所获得的知识只是一种强行灌入的"零件"，而智力可以说是具有应对各种问题的行为能力，它包括空间知觉能力、观察能力、记忆力、思考能力、理解能力、判断力、推理能力、语言能力、分析能力等多个方面。

孩子的思维能力是智力发展的核心，也是整个智力活动的最高调节者，它保证孩子有效地进行认识活动。所以孩子的智力是指他们认识客观事物，并运用知识解决实际问题和适应环境的多种能力的总和。这样说来，父母不能用孩子脑中的知识来衡量他的智商水平，否则就只能做出错误的判断，影响孩子的认知活动。

记得在电视上看过这样一幕：在一所幼儿园的课堂上，年轻的女老师问一群孩子："谁来说说，雪融化了是什么？知道的小朋友请举手回答。"这时，坐在角落里的一个小男孩怯生生地举起了小手，回答道："雪融化了是春天。"年轻的女老师立刻纠正说："错啦！雪融化了是泥水。"小男孩露出很沮丧的表情，他小声地回答说："哦，我记住了，雪融化了是泥水。"

读了上面的对话，相信父母们都会为那个小男孩感到悲哀。当然，不是因为他缺乏基本的物理常识，而是因为一对封闭的耳朵拒绝了一个诗一般浪漫而美丽的想象而感到悲哀。如今，孩子入学的门槛越来越高，人才的需求也越来越大，这一系列的社会负担现在都已经蔓延到了启蒙孩子的幼儿园中，书香满屋却不闻孩子的嬉笑声，这真的是好现象吗？

外国的教育专家曾经做过这样一个有趣的实验，研究人员分给幼儿、小学生、中学生一张纸片，纸片上画着"0"这个图形，然后问他们："这是什么？"结果大多数中学生说是"零"或英文字母"O"；小学生中也有相当一部分人这么回答，另一部分小学生则回答是个"面包圈""眼镜片"；而幼儿园的孩子们却说也许多成人、中学生、小学生根本没有想到的东西——他们有的说是"眼泪"，有的说是"肚脐眼"，还有的说是"围棋""表"等，这些答案让我们不得不惊叹于他们的想象力。

爸爸妈妈有没有想过，孩子的想象力是如何被扼杀的？当然不是知识与年龄的增长，因为世界上有很多学识渊博的人，同样拥有惊人的想象力。尽管他们不断学习、获取知识，却始终保留着对知识的质疑态度，从来不会故步自封，而是认为知识永远没有穷尽。由于知识量的累积，反而让想象力更加天马行空。如果爸爸妈妈让孩子过于相信知识，而忽略孩子的想象空间，就可能让知识束缚孩子的想象空间，最终扼杀了孩子的想象力。

记得在国外某档儿童电视节目中看到这样一幕：

主持人笑着问一群四五岁的孩子："两只马和两只牛相加等于什么？"

观众席上的家长们听了都哈哈大笑起来，他们知道这道题根本没有答案，因为不同的单位是无法相加的。可是，出乎所有人的意料，有一位五岁的孩子却给出了一个创造性的答案。

他回答说："等于四只吃草的动物……"

家长们都惊讶地尖叫起来，随后便开始鼓掌，他们没有想到，一位五岁的孩子居然能够给出这样具有创造性的答案。他的知识存储量肯定不多，但是他却利用不多的知识，通过观察、思维，让自己的智力得到了质的飞跃。

果果的思维也很活跃，有一次果果爸带他去逛花鸟市场，他站在一个小笼前面，看着笼子里的小鸟问果果爸："为什么这些小鸟不飞走呢？"

果果爸说："因为有笼子啊！"

果果皱了皱眉头，小嘴嘟着说："小鸟为什么不带上笼子一起飞走啊？"

果果爸笑着回答："因为笼子重啊！"

"为什么不换一个轻的笼子呢？小鸟就可以飞走啦……"

果果爸突然不知如何回答，就说："因为笼子是它们的家。"

果果这才点了点头，"哦"了一声，好像真的相信了。

我们身边从来不缺少想象力丰富的孩子，可父母们为了不让自己的孩子在竞争激烈的社会中输在起跑线上，从十月怀胎开始就拟定了种种严格的教育计划，在孩子很小的时候就进行各种各样的特长培训。正是这种现象束缚住了孩子的思维和智能，最后"偷鸡不成反蚀把米"。

很多爸爸妈妈可能存在疑问：明明是帮助孩子增长知识的早教，为何会成为束缚孩子成长的枷锁呢？知识与智力之间又存在什么样的关系？

虽然孩子的智力高低与知识水平有着密切的关联，甚至孩子智力的高低也取决于知识量的多少，但是有的孩子积累了很多知识，却不能完全理解、消化这些知识，更不知道如何运用这些知识，而只是被动地接受、机械式地记忆，无法做到举一反三，也不知道如何创造性地解决问题。这就是为什么有的孩子知识量丰富，但是智力却很一般的主要原因。有的孩子却能将头脑中的知识运用到思考之中，让智力得到飞越式地发展。

事实上，孩子的想象力和创造力大部分来源于天生，而小部分来源于后天培养。爸爸妈妈应该做的，就是为孩子提供想象力和创造力的沃土，而不是向孩子灌输大量的知识，那样只是拔苗助长，让孩子"伤"在起跑线上。而且，给孩子灌输的知识，只会限制孩子的想象力和创造力发展，最终成为孩子思维上的"枷锁"。

爸爸妈妈在对孩子实施早期教育的过程中，一定要摒弃填鸭式地教育方式，而要注重孩子的潜能开发、心理健康及个性培养，要想办法调动孩子的学习兴趣，让孩子养成运用知识思考、解决问题的好习惯，这样才能让孩子在知识上和智力上得到双重发展。

"玩"出来的天才孩子

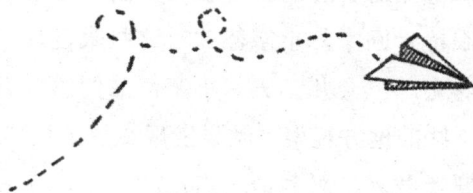

幼苗的成长需要阳光和雨露，孩子的成长需要快乐和自由。

孩子生来就十分好动，玩耍和游戏是他们生活的重要组成部分，也是他们比较喜爱的"活动"。在玩耍的过程中，孩子可以在自己幻想的世界里，扮演自己喜欢的角色——他们喜欢偷偷戴上爷爷奶奶的老花镜，给同龄的小朋友当老师；或者"嘟嘟"地开着自己的玩具小汽车，在房间里忽然来一个急转弯……只要是孩子喜欢做的事情，他们都可以通过游戏的方式做到，而不会受到现实生活中各种条件的限制。

美国著名的心理学教授塞德兹认为："每个孩子都是天才"，开心地玩耍不仅能够促进孩子个性的形成，还能够激发孩子的潜能，使孩子的智力得到发展。因此，在教育孩子的过程中，父母不应该胡乱给孩子灌输术语和公式化的东西，而应该诱导孩子自由地发挥出天才的潜能。对于天生好动的孩子来说，最佳的诱导方式当然是玩耍和游戏了。

父母们可能很难想象，孩子在游戏中可以学到多少知识，可以发挥出什么样的潜能。

游戏是所有孩子的最爱，孩子的潜能可以在游戏中得到激发，从而成为真正的"小天才"。

美国心理学家塞德兹提出了"天才教育法"，他认为，在对孩子进行早期教育时，最好以游戏的方式进行。他也将"天才教育法"运用到自己的儿子身上。

塞德兹专门为儿子设计了各种各样的游戏，比如音乐游戏、绘画游戏、语言游戏、造型游戏等等。在这些有趣的游戏中，小塞德兹的潜能得到了激发，既拥有了快乐的童年，又提高了自身智力，可谓一举两得。

小塞德兹对身边的新鲜事物充满了好奇心和探索欲。有一次，爸爸带来了一些旧的眼镜片回家，小塞德兹对这些眼镜片产生了浓厚兴趣，于是将它们放在眼前看来看去。一会儿工夫，小塞德兹便感到有些头晕眼花，于是他将镜片放在离眼睛远一些的地方观察，结果发现镜片中景物的形状发生了变化。

小塞德兹兴高采烈地将自己的"发现"告诉爸爸，然后又将两个镜片叠在一起观察。当他一只手拿着近视镜片，一只手拿着老花镜片，一前一后放在眼前观察时，他居然看到远处教堂顶上的尖塔奇迹般地"出现"在他的眼前了。

他兴奋地告诉爸爸："快来看啊，教堂顶上的尖塔出现在我眼前啦！"

塞德兹笑着给儿子讲解了望远镜的原理，还花了一个下午的时间，和儿子一起制作了一架简易的望远镜。尽管这架望远镜看起来十分简易，但是塞德兹却告诉儿子："这是世界上最棒的望远镜，它是你亲手制作的！"

小塞德兹在玩耍游戏中不仅学到了凸透镜、凹透镜以及光的折射原理，而且还在制作望远镜的过程中激发了自己的动手能力。当身边的人竖起大拇指赞赏他的才能时，塞德兹总是大笑着说："我的儿子就是'玩'出来的天才！"

"玩"对孩子的好处实在太多了，但是生活中往往有些父母认为孩子的"玩"是毫无意义的。殊不知"玩"也可以激发孩子的潜能，提升孩子的智商。

孩子天生就喜欢动手操作事物，喜欢什么都摸一摸，看一看。通过这些操作，寓教于乐，对帮助孩子扩大知识领域、陶冶性情，促进德、智、体、美各方面的发展，尤其对孩子的智力开发有着举足轻重的作用。

所以，父母的职责不是一味地"拒绝"孩子玩，而应该鼓励孩子进行有意义的玩耍和游戏，让他们去做自己喜欢的事情，比如收集石头、树叶、糖纸、贝壳，折纸船、捏泥塑动物、放风筝、过家家，捉昆虫、养小动物、制作标本以及做集体游戏等。如果有一天，你的孩子兴致勃勃地捡回一堆小石子准备做细细的观察时，哪怕他浑身弄得脏兮兮的，也不要给他"泼冷水"，因为孩子可能正在凭着自己浅拙的审美意识去欣赏和鉴别小石子的形态美、纹理美，并且在心里酝酿着完成一件伟大的"艺术作品"呢！

孩子在玩耍的过程中，除了感觉身心愉悦外，往往还会有不少新奇的发现。

在一个阳光明媚的下午，我正坐在院子里看书，果果在一旁吹肥皂泡泡玩。

这时，果果忽然跑过来问我："为什么吹出来的肥皂泡泡有那么多的漂亮颜色呢？为什么它们一定是圆的，而不是其他的形状呢？"

面对果果忽闪忽闪的大眼睛，我想这正是教育果果的好机会，于是不失时机地向果果介绍了一些简单的科学道理："肥皂泡泡拥有漂亮的色彩，其原理与彩虹的形成差不多，都是由光线的折射和反射生成的；由于肥皂水有一种表面张力，它总是把泡泡的表面收缩成最小；而在一定体积的不同形状的物体中，以球形的表面积最小，所以吹出来的肥皂泡泡一定是圆的，而不是其他的形状。"

果果听完后还是一脸懵懂，这些科学知识对于他来说还是太深奥了。

我想了想，用简单易懂的语言告诉果果："在阳光的照射下，泡泡会变成彩虹的颜色。因为太阳是圆的，所以泡泡也是圆的啊！"

这次果果听懂了，拍着小手继续吹泡泡玩，还开心地唱起了儿歌。

除了不失时机地教育，父母还可以在孩子玩耍时，引导他们触类旁通，培养孩子的发散思维能力。生活中有很多孩子都喜欢捉昆虫、养蚕、驯鸽、做标本等，父母可以借此引导孩子去探索生物世界的奥秘。通过驯养小动物等一系列游戏，不仅能够培养孩子的细心、耐心、善良、敦厚、富有同情心等优良品格，还能够让孩子拥有高雅的气质。

另外，孩子在玩耍的过程中，往往还会有美的创造。他们的智慧通常体现在折纸、粘贴树叶、制作玩具、拼搭积木等游戏中。因此，父母应该放手让孩子去玩、去创造，让他们用积木拼搭楼房、高架立交桥，让他们去用橡皮泥捏出长颈鹿、熊猫、大象等动物。即使这些都是最简单的创造，父母也应该给予肯定和表扬，因为它们有助于孩子智力的开发，也能够让孩子体验创造的欢乐。

最后，我们来说一说孩子的玩具。如今每一个孩子的小房间里可能都堆了种类繁多、琳琅满目的玩具。事实上，像魔方、七巧板、九连环、乐高等典型的益智玩具，如果使用方法得当，也能够直接提升孩子的智力。由于大多数益智玩具的玩法并不容易，所以爸爸妈妈一定要注意运用逆向思维，循序渐进地教孩子玩，不然的话，孩子由于产生畏难情绪而轻易放弃，就适得其反了。比如，我们要让孩子把一个弄乱的魔方还原可能会很困难，但是如果从最后一步倒着开始，就更容易让孩子发现其中的规律，从而使孩子快速体验到成功的乐趣。也只有这样，才能够更好地激发孩子的智力发展，使孩子越"玩"越聪明。

世界上没有哪一个孩子不喜欢玩耍，爱"玩"是孩子的天性所在。因此，父母们请不要剥夺孩子玩耍的权利，让"幼苗"在快乐的阳光下茁壮成长吧！

给孩子的大脑补充"能量"

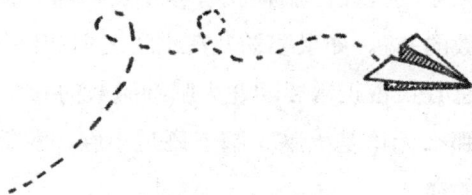

每一位父母都希望自己的孩子聪明伶俐，拥有较高的智力。可是很多父母并不知道，一个人的智力水平其实并不都是与生俱来的，其中大约40%来自遗传，余下的部分则跟智力训练、环境等因素有着一定的关系，当然，膳食营养的因素更是不能忽视。

如果你也想要养育一个聪明伶俐的孩子，就要给他的大脑补充"能量"，在日常饮食中做到科学地搭配，这样才不会影响到孩子的智力发育。

孩子的生长发育需要充足的营养，同样的，孩子大脑的发育也离不开营养的供给。

在孩子12个月的时候，脑部发育快速增长，18个月以后增长速度会逐渐放缓。因此，父母应该抓住孩子脑部发育的黄金时期，给孩子补充足够的营养，这样，孩子的大脑发育和智力发育才会事半功倍。

虽然果果出生比预产期早了十几天，身体也比较虚弱，但是智力发展却没有落于人后。

为了给果果的大脑补充足够的"能量"，我选择母乳喂养，并且搭配营养均衡的辅食。如今果果4岁了，身体发育良好，智力发育也高于普通的孩子。

其实，在怀孕3个月的时候，准妈妈就应该及时补充叶酸、DHA等各种促进孩子生长和智力发育所需的营养。不要觉得怀孕了只要吃好、睡好，定期检查就行了。如果没有及时给孩子的大脑补充"能量"，就会影响孩子早期的智力开发。

由于人类从胎儿时期脑部就开始发育，一直到6岁以后逐渐趋于完成，因此"提升智能从零岁开始""3岁决定终生""6岁决定一生"不只是宣传标语，而是有科学道理的。

如果婴幼儿在胚胎期就营养不良，那么他的大脑细胞总数只有正常婴幼儿大脑细胞数的82%。如果婴幼儿在出生之前和出生之后都出现了营养不良，那么他大脑细胞总数只占正常婴幼儿大脑细胞数的40%。如果婴幼儿的营养长期得不到充分供应，那么无论是大脑、脑干还是小脑，脱氧核糖核酸的重量与数量都远远落后于正常的婴儿。

既然膳食营养对孩子的智力发育有着如此巨大的影响，那么父母更应该抓住孩子大脑发育的黄金时期，在日常生活中合理搭配饮食，让孩子多吃一些有助于提升智力的食物，并进行有效的智力训练，不断给孩子的大脑补充"能量"，这样才会让你的孩子更聪明，从而真正地赢在起跑线上！

首先，大脑活动需要一定量的蛋白质。蛋白质是脑细胞代谢和构成脑细胞的主要营养物质，可以给脑细胞提供营养，保持孩子的记忆力，增强理解能力。此外，蛋白质可以提供色胺酸和酪胺酸，这两种氨基酸可以影响传导物质的制造。适当补充蛋白质可以增加脑神经细胞代谢的活性。相反，如果蛋白质摄取不足，孩子的辨别试验能力、学习获知能力、再学习能力和长期记忆能力就会下降。所以，给孩子提供足够的优质蛋白是非常重要的。富含蛋白质的食物有奶类、豆类、鱼、蛋类、肉类等。

其次，人体器官中，活动最旺盛的是大脑，而碳水化合物会影响大脑的表现，如果血糖过低，就会由于能源供应不足而导致脑细胞失去功能。孩子大脑的发育和智力的增长都需要消耗较多的能量，因此家长必须给孩子补充足够的碳水化合物。日常生活中，米、面等主食提供的碳水化合物占机体能源需求的60%～70%，它们能产生大量的葡萄糖提供给机体使用。

另外，磷脂是大脑活动中必须具备的一种介质，大量存在于脑细胞和神经细胞中。它参与细胞膜的生理活动和神经纤维的传导，可以提高大脑的记忆力，同时还能影响大脑反应的灵敏性。动物的肝脏、脑骨髓、干贝、黄豆、虾皮等食物中富含磷脂，适当地吃这些食物对孩子的智力发育非常有帮助。

当然，父母也不能忽视维生素类对智力的作用，因为它们是使大脑将食物营养变成智力活动的能量。维生素B族能够维持神经系统的正常运作，促进脑部血液循环，进而提高智力。维生素B$_1$有维护智力和促进智能活动的功能，如果缺乏，会导致神经细胞衰退，功能变弱。维生素B$_{12}$是维护智力的营养素之一。叶酸有助于促进其脑细胞生长，并有提高智力的作用。富含维生素B族的食物有：全谷类、坚果类、奶制品、豆类、胚芽、动物内脏等。

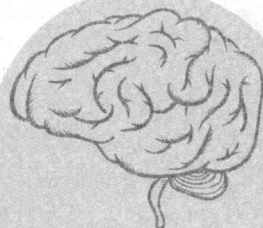

第2章

孩子的感官刺激，要用正确的方式打开
——提升孩子智商的必要手段

聪明的大脑，要从感官训练开始！没有感知觉，人就不能获得任何知识。但是一个人的感知能力并不是天生的，而与后天训练有关。正确的训练方式，可以促进孩子大脑的发育，让潜能转化为现实能力，但错误的训练方式只会让孩子更沮丧。

尽早给予孩子感官刺激

自从果果出生以后，我几乎将全部的时间花在他身上，公司里的事情都甩给了果果爸。

平时带果果去小区或公园里散步，总有一些大爷大妈和腆着大肚子的准妈妈们过来逗果果玩，摸摸他的脑袋、亲亲他的脸蛋……夸他聪明，一双乌溜溜的小眼睛特别讨人喜欢。

我在和准妈妈们聊起自己的"育儿经"时，会把孩子早期的智力开发放在一个很重要的位置上。我告诉准妈妈们，对于孩子的智力开发，不仅仅包括语言、思维方面的开发，还应该给予孩子适当的感官刺激，促进他的视觉、触觉、听觉等感官发展。

在果果只有五六个月大的时候，我就开始有针对性地训练其手指活动能力。虽然那时果果还很小，但是我知道，不能因为他不懂而不做，只要自己能够坚持，反复做，多刺激，总有一天孩子会厚积薄发的。

在果果半岁左右，我便开始教他做游戏，比如堆方块积木、玩拼图、把小铃铛放到小瓶子里，甚至还要教他玩套塔……这些游戏听上去对半岁大的孩子着实有点难度，但我一直坚持做给果果看，让他自己尝试。果果11个月的时候自己就会玩这些游戏了。

另外，我还经常带果果出去玩，参加各种活动，让他在外面的精彩世界中接受各种刺激，基本上一个星期有三天是在外面玩。在果果1岁的时候，有一次，我带他去海底世界玩，别看那时果果的年龄很小，可是他特别兴奋，还喜欢指着那些游来游去的鱼儿叫呢！

我们都知道，人类认识外界是从感知觉开始的，眼、鼻、耳、舌、皮肤等感觉器官是接受外界刺激、产生感知觉，从而了解外部世界的门户。**可以毫不夸张地说，没有感知觉，人就不能获得任何知识。但是一个人的感知能力并不是天生的，而与后天训练有关。**

随着孩子年龄的增长，孩子的感觉器官也越来越灵敏，这个时候，爸爸妈妈对孩子感官的协调性进行训练，并给予良好的外界刺激，是开发孩子早期智力的最佳途径，也是帮助孩子身心全面发展的助动力。不过，爸爸妈妈们也需要注意一点，那就是抓紧孩子各种感觉发育的敏感期，尽早对孩子进行感官刺激。

孩子从一出生就有视觉功能，他喜欢追视光亮及妈妈慈祥的面孔，还有色彩艳丽、对比明显的玩具、图案。随着孩子视觉能力的发展，他变得更喜欢注意移动的物体，尤其是在眼前走过的人，他的注意力完全集中在上面，随着人的移动而转移视线。针对孩子的这一特性，爸爸妈妈可以在孩子面前多活动，吸引孩子的注意力，刺激孩子的视力发育。

孩子的听觉也会随着年龄的增长而不断发展，发展到一定阶段后，孩子能区分大人说话的声音，如果听到妈妈跟他说话，小家伙内心会产生亲密感，变得格外高兴。除了能够辨识大人的声音以外，孩子还能听懂音乐和节奏的变换，因此每个孩子都有自己喜欢的音乐和节奏，爸爸妈妈可以尝试给孩子放一些轻柔的音乐，如果遇上孩子喜欢的曲调，他就会情不自禁地表现出喜悦的感情，乐呵呵地傻笑，或者挥动柔软的小手，做出一些配合节奏的小动作。

触觉是人类最早出现的感官之一，小孩子在妈妈肚子里时就有触觉了，那么触觉到底是什么呢？所谓触觉，就是小孩子身体碰触的感觉刺激，这个刺激是外界给予的，也是自己发觉的，每个小孩子对于轻、重、尖、钝、冷、热等感觉刺激的程度不同，这与温情的传递有关，比如爸爸妈妈轻抚孩子时，孩子会自然地放松；也与人体对于自身的保护有关，即尖的、有攻击性的东西接近时，孩子会本能地躲避。

当然，说到感官的发展，不能不提到孩子的嗅觉和味觉发展。孩子的第一个嗅觉判断是能嗅出母亲身上特有体味，而寻找乳房；遇有冷空气刺激会打喷嚏。

经常让孩子适当地闻一闻酸味（食醋）、白酒味、香水味等，可以刺激嗅觉发育，增强其嗅觉判断能力。如果果爸爸妈妈想测试看看孩子的味觉，只需用筷子沾上少许的醋，轻轻探到孩子嘴巴里，看孩子会不会表现出退缩的反应，就知道孩子的味觉发展程度了。

我们说，每一个孩子都是一张崭新的白纸，任由父母去给他们涂上五彩的颜色。父母如果能给孩子营造一个良好的环境，就能够促进孩子各种感官的全面发展。比如那些伟大的画家和音乐家，他们对于色彩或者声音的感觉能力，也是从小培养训练的结果。婴儿期是孩子感知能力萌发的关键时期，这时候爸爸妈妈是否给予孩子适当的感官刺激，对于孩子的智力成长有着十分重大的影响。为了激发孩子在声音、颜色、味道、温度等方面的感知性，爸爸妈妈应该为孩子创造一个丰富多彩的适宜环境。

爸爸妈妈可以专门为孩子布置一个"感官婴儿房"，可以利用各种色彩、形状和声响的日用品来刺激孩子的感官体验；爸爸妈妈还可以通过各种游戏、绘画、折纸等活动，来对孩子进行感官刺激；爸爸妈妈也可以直接带孩子亲近大自然，让孩子接触各种新鲜的事物。

总而言之，爸爸妈妈在对孩子进行感官刺激时需要注意以下两点：

一是爸爸妈妈在给孩子选择玩具或日用品时，一定要它们的颜色、形状和声音必须适合孩子，大小、长短、高矮要适宜，还要注意它们是否安全、卫生。

二是爸爸妈妈可以结合实物，在孩子活动时通过摆弄、观察、听闻等方式来刺激孩子的感官，将感官刺激结合到孩子的认知及智能开发方面。

多给孩子一点"颜色"

从孩子一出生，迎接他的就是一个色彩斑斓的世界。他会用自己漂亮的小眼睛，东瞅瞅，西瞅瞅，观察身边的新鲜事物：蓝天，白云，绿草红花……

在孩子早期的智力开发中，色彩的刺激也很重要。色彩是对人视觉影响最大的因素，它作为一种外在刺激，通过人的视觉产生不同感受，给人以某种精神作用。可以说，**不适宜的色彩如同噪音一样，使人感到心烦意乱，而和谐悦目的色彩则给人以美的享受。**

几位国外的心理学家对颜色与孩子智力发育的关系进行了一次实验，心理学家将孩子的房间涂抹上各种色彩，让孩子在彩色的"测试房间"中学习与游戏。一段时间之后，心理学家对接受测试的孩子进行了智商评测，结果显示：在色彩鲜艳的房间里，如黄色、橙色、黄色房间内生活的孩子，智商高出同龄孩子12%，他们在游戏玩耍时行动更加敏捷，思维更富创造性；而在色彩单一的房间，比如白色、黑色、褐色房间内生活的孩子，智商则要低一些，他们看起来比较木讷，思维也比较迟钝，而且缺乏自信心。

爸爸妈妈都希望在孩子房间的布置上体现出色彩效应，让孩子能够生活在欢快明亮的色彩环境中。可是，从孩子睁开眼睛看清世界上全部的彩色，也会经历一个过程：从黑白期到色彩期，再到立体期和空间期。孩子在不同的时期，所看到的色彩也不一样。因此爸爸妈妈要抓住孩子不同时期的特点，让孩子接受正确适合的色彩刺激。只有这样才能通过色彩刺激孩子的视觉发育以及智力潜能的开发，从而让孩子变得更加聪明。

第一时期：4个月前多看黑白。

在果果刚出生的时候，我和果果爸也精心为他布置了一个"小窝"——我们在小床上方挂了一个五彩大气球，在床头堆满了琳琅满目的小玩具，墙壁上则是五彩缤纷、各种图案的画片。我和果果爸都以为，这样一个视觉刺激很丰富的环境，一定会促进果果的智力开发。

然而，果果好像对这个五彩斑斓的"小窝"并没有太大兴趣，他甚至都懒得看上几眼。相反，他只喜欢盯着墙上一只黑白相间的钟，这是为什么呢？

原来，在孩子刚出生的0～4个月里，他的视觉还不敏锐，看到的色彩、形状大多是模糊一片，但对黑白两色却很敏感，并且，由于最早接触的是妈妈的乳房，所以，更钟爱靶心图像。这时候把再多的色彩堆在孩子面前也是徒劳。相反，过度的刺激还可能让孩子变得烦躁不安。为了给孩子日后的视觉发育铺路，父母也可以买些红、黄、蓝色的玩具时不时给他们展示一下。虽然孩子刚开始看不到这些色彩，可时间长了，却能起到刺激视觉的作用，为孩子进入视觉色彩期奠定基础。

第二时期：半岁后接触橙绿紫。

果果的时候，我和果果爸经常会和他做一些有趣的游戏，比如拿着玩具和果果玩"躲猫猫"。我会将一只彩色小布熊拿到果果眼前晃晃，然后将小布熊藏到身后，在果果疑惑时，再猛地将小布熊在他眼前亮出来。当彩色的小布熊瞬间出现在果果眼前时，他会一下子变得高兴起来，有时候还会哈哈大笑。

孩子出生后的4～12个月，会迎来视觉的色彩期。这个时期，孩子的视觉神经对彩色的东西非常敏感，视觉范围也扩大到了1～2米。虽说这时孩子对彩色的东西都很敏感，但用什么样的色彩，效果会更好也是有区别的。三原色红、黄、蓝，纯度高，易于辨认，属于首选色彩；此外，家长还可尝试孕妇装提前让孩子接触一些橙、绿、紫。比如，买些带铃的彩色玩具，在孩子眼前晃动，这样，有声又有色，孩子看了会兴奋，对视觉和大脑发育起到很好的刺激作用。

第三时期：1岁增加一些混合色。

在果果1岁的时候，他已经能够辨认出多种颜色了，比如我给他准备了三个样式大小一样但是颜色不同的小皮球，果果比较喜欢红色，所以当我把红色的小皮球给果果的时候，他高兴地露出笑容，两只小手抱着小皮球玩得不亦乐乎；可是如果我给他蓝色或者黄色的小皮球，他就会撅着小嘴，把小皮球扔得远远的。

为了增加果果对色彩的敏感度，果果爸还为他买了一些带有混合色彩的玩具。果果爸将一个桃花色的绵布娃娃拿到果果面前晃了晃，问果果："这是什么颜色啊？"

这时我会在一旁说："果果快回答爸爸啊，说这是桃红色。"

对于1岁多的小孩子来说，他们已经很难满足于六七种单调的颜色了，这时父母可以再接着增加一些混合色让他们看，比如草绿、翠绿、墨绿等，潜移默化中，就会让孩子眼中的世界会变得色彩越来越丰富起来。

第四时期：2～6岁感受五光十色的世界。

现在果果3岁半了，平时我和果果爸有时间，总喜欢带他到附近的公园玩。现在的果果对于色彩的认识已经相当到位了，在公园里他常常会拉着我和果果爸的手，说："小草是绿色的，树叶也是绿色的，花儿有各种的颜色。"

果果爸问果果："花儿都有什么颜色啊？"

果果想了一会儿，然后拉着果果爸来到花坛边，小手指着盛开的花儿说："花儿有红色、黄色、紫色、粉红色……"

在孩子2～6岁期间，爸爸妈妈应该尽量将孩子带到大自然中去充分感受五光十色、万紫千红的世界，以促进视觉更好地发育。

总之，孩子对颜色的认识有先后，因此父母们要好好把握，千万不要让孩子错过了认识颜色的最佳时期。如果条件允许孩子拥有自己的房间，那么就把它布置成一个色彩缤纷的童话王国吧！适当的色彩搭配既能让孩子住得开心舒适，又能促进孩子的视觉功能、开发孩子的智力。父母也不必请专业的装修师，自己就可以布置出一个温馨又漂亮的儿童房！

具体布置：

1. 环保和安全是一切的前提，因此孩子房间里的所有物品都应该是自然无异味、无刺激的环保产品。

2. 一些小摆设，如台灯、花瓶等都要选用安全不易碎、形象夸张生动的。

3. 选择可清洗的墙壁涂料，或在墙和地板上贴上大块的纸张，开辟出专给孩子涂鸦的场地。这样既满足了孩子涂画的要求，又不会让你为了不断擦洗而劳累。

4. 一些容易使孩子受伤或者容易被孩子吞咽的物品，决不能出现在孩子的房间中。

5. 家具色调要与墙壁的主色调区别开来。

6. 可在天花板和墙壁上画上大块的几何图形或者贴上卡通画和人物画，还可以把鲜艳、发亮的玩具挂在天花板和家具上。

7. 家具、窗帘等可以时常变换花色。如果你为了使孩子有回归自然的感觉而选择了原色家具，那么摆设的小物品就更要色泽鲜明。

听一听"嘈杂"的声音

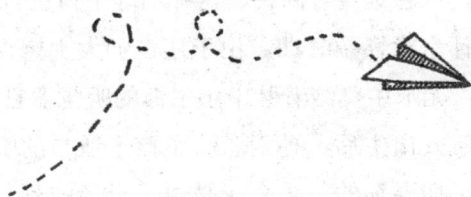

刚出生的小孩子对于世界的感知主要源于听觉而不是视觉或者别的，这是因为孩子在两个月左右，耳朵内的羊水就会消失，他开始具备和成人一样的听力了。

十个月之前的孩子，视觉神经系统并未完全发育成熟，听觉成了孩子与外界交流的主要方式。因此，孩子的听觉发育比视觉发育更加重要，爸爸妈妈更应该通过制造各种声音，给孩子适当的声音刺激。这样不仅能让孩子更好地认识这个世界，还能增进亲子感情，最重要的是能够促进孩子的智力发育。

其实新生儿便拥有分辨声音频率与高低的能力，他们能够区分不同的声音，甚至还能够感受声音和音乐的节奏。因此，来自于外界的声音刺激，能够很好地促进孩子的智力发育。

可是，有很多爸爸妈妈却错误地认为，孩子的听觉自然而然便会发育成熟，并不需要操心。现实的情况却是，那些智力超常的人，听觉发育也往往优于常人。那些听力特别强的盲人，也不是天生就发育得好，而是后天不断发掘利用的结果。如果爸爸妈妈能够重视孩子的早期听觉训练，定然能让孩子的听力发育得更好，也让孩子的智力提升更快。

我见过不少登上网络、报刊头条的"天才儿童"，但是大多有吹捧炒作之感，真正给我留下深刻印象的并不多，刘航安算是其中之一。她的妈妈叫孙素意。

刘航安11岁就以"天才儿童"的身份出国深造，之后又在科隆国家剧院交响乐团担任竖琴首席演奏。这位"天才儿童"不仅是孙素意引以为豪的掌上明珠，也是世界乐团争相邀请的出色演奏家。有人问孙素意，是如何培养出"天才儿童"的？

孙素意总是笑着回答，这都归因于自己对刘航安的"音乐培养"。

在孙素意怀孕时期，由于还在师大主修钢琴，每天念书认真的态度和不间断的练琴，无形中刺激着肚中小生命的听觉器官，陶冶了小生命的音乐感。

刘航安出生后，孙素意给了孩子适当的听觉刺激，经常给刘航安听一些节奏平稳、亲切温存的音乐。正是由于母亲的刻意培养，刘航安才会成为一名"音乐天才"，她11岁离家远赴奥地利深造，在21岁时以杰出的成绩取得竖琴教师、钢琴教师与竖琴演奏家三张文凭，又于重要的世界比赛中脱颖而出，最终赢得了无数的掌声和鲜花。

所以，尽早对孩子进行感官刺激，对于孩子的智力发展至关重要。在这些刺激中，听觉刺激是其中一个重要方面。那么，父母应该如何对孩子进行正确的听觉刺激呢？

方法一：给孩子听旋律优美的乐曲。

在孩子3个月左右，便可以给孩子听一些旋律优美的乐曲，每次播放15分钟就行了。孩子半岁左右，可以适当增加播放的时间，只要不是过于嘈杂和疯狂的乐曲，都可以给孩子听一听。当然，最适合孩子听的还是那些节奏轻快、舒缓优雅的古典乐曲。

方法二：爸爸妈妈呼唤孩子的名字。

4个月左右的孩子，便能分辨不同人的声音，比如谁是爸爸的声音，谁是妈妈的声音，谁是电视里的声音。孩子与妈妈待在一起的时间最多，因此对于妈妈的声音也最敏感，通常只要孩子一听到妈妈的声音，便会立刻将头转过去。另外，孩子对自己的名字也很敏感，爸爸妈妈可以经常呼唤孩子的名字，在孩子身边叫他，或者在离孩子远一点的地方叫他，这样也能训练孩子的听觉。

方法三：给孩子买一些会发音的玩具。

爸爸妈妈可以给孩子选择一些会发音的玩具，比如会"汪汪"叫的小狗，或者会"嘎嘎"叫的小鸭子等。当孩子在触摸这些玩具时，玩具便会发出声音，孩子不仅从中知道了小手触摸玩具会有声音发出的"奇妙现象"，还能了解不同小动物的叫声。

方法四：给孩子唱儿歌。

孩子长到半岁左右，爸爸妈妈可以给孩子唱一些节奏明快的儿歌听，虽然孩子可能无法理解儿歌的含义，但是儿歌欢快明朗的节奏感却能被孩子接受与感知。爸爸妈妈可以每天给孩子唱1～2首儿歌，每首儿歌最好唱念3～4次，这样能够培养孩子对儿歌的兴趣，还能够让孩子的想象力和音乐天赋得到激发。

方法五：让孩子寻找声源。

爸爸妈妈可以将一些会发音的物品或玩具放在孩子的房间内，最好在孩子视线可及的地方，比如风铃、铃铛、音乐盒等，让这些物品和玩具经常发生悦耳的声音，每天进行2～3次。当声音响起时，爸爸妈妈可以观察孩子是否会主动寻找声源。

方法六：对孩子说悄悄话。

当孩子睡醒之后，爸爸妈妈可以用轻柔的声音对孩子说一些悄悄话，每天说2～3次，每次说话的时间控制在2～3分钟左右就行了，时间太久可能会让孩子产生听觉疲惫。爸爸妈妈坚持对孩子说悄悄话，能够给孩子提供舒适的听觉刺激，并且能够增进亲子关系。

方法七：让孩子听听大自然的声音。

爸爸妈妈还可以让孩子听听大自然的声音，比如带孩子去公园或郊外游玩，为孩子提供聆听大自然的机会。爸爸妈妈可以引导孩子认真倾听某种声音，比如某种动物的叫声、流水声、打雷下雨的声音等等，这些自然的声音能够很好地刺激孩子的听觉功能。

别让噪声污染孩子的小耳朵

听力对于孩子的智力发育有着举足轻重的作用，那些和谐性、节律性的声音，如悦耳的音乐、美妙的鸟语、潺潺的流水、山林里的松涛，都能使孩子的大脑功能得到提高。

同时，由于孩子的耳蜗和其他组织还未达到结构和功能上的成熟，听力系统非常敏感，极易受到损伤，如果长时间受高强度的噪声影响，可能会使孩子的听觉功能受到损害。

噪声是非节律性的声响，人体正常允许的噪声不能超过50分贝，噪声达到115分贝时，便会损坏大脑皮层的调节功能。如果孩子经常在噪声中生活，会影响孩子的睡眠质量，使孩子不能进入深睡眠阶段，造成生长激素和其他有助于生长的内分泌激素的分泌减少，从而影响孩子正常的生长发育；噪声还可以引起孩子久久不能入睡或者睡眠不实、多梦、惊惕，白天精神萎靡，急躁易怒；严重的还会干扰孩子的注意力，影响孩子的空间知觉和语言能力，时间长了，在一定程度上会阻碍孩子的智力发展。

外界的噪声甚至还可以通过孕妇的腹部传入子宫，使尚未出生的孩子的内耳受到噪声的刺激，使孩子大脑部分区域受损，严重的还会影响孩子出生后的智力发育。因此，父母们要重视噪音对孩子的伤害，应该让孩子远离各种噪音，别让噪音污染孩子的小耳朵。

去年冬天，果果不小心感冒了，我带他去儿童医院看病，在那里遇到了以前的同事王雪。

好几年没见，她不仅嫁了人，还生了一个可爱的小女儿，名叫妍妍。虽然结了婚，生了孩子，可她的相貌和身材一点也没有变化，我一眼就认出了她。

两人寒暄了好一会儿，果果和妍妍也成了好朋友。我问王雪，妍妍怎么了？

她告诉我，妍妍今年才3岁，以前看动画片的时候总是特别开心，可是最近却经常是一副茫然的表情，有的时候还说："妈妈，电视里的人咋说话声那么小呢？"

她这才发现，妍妍的耳朵可能出了问题。

医生给妍妍做了初步的检查，发现妍妍并不是耳朵感染引起的听力问题，于是向王雪询问："最近妍妍有没有受到高强度噪音的损害，比如一些小朋友喜欢挨着耳朵惊声尖叫？"

王雪想起，前两天邻居家搞装修，妍妍吃完中午饭正躺在床上准备要入睡时，突然响起的电锯声和电钻声将妍妍吓得大哭起来，大声喊着"怕……"。

她急忙抱起妍妍不停地安慰着她，好不容易等这些噪声停止了，才又将妍妍哄睡着了放到床上。可她刚松了一口气，准备起身离开床，突然响起的电钻声就像在屋顶上爆炸了一样，刚刚入睡的妍妍立刻被吓得号啕大哭，四肢不停地颤抖着。她再次急忙抱起妍妍，看着妍妍憋得青紫的脸，满脸恐惧的表情，只好抱着妍妍去楼外院子里，躲开那个噪声环境。

听完王雪的讲述，医生说："妍妍听觉器官发育尚未完善，太大的噪音刺激会损伤妍妍稚嫩的听觉器官，导致内耳的微细血管痉挛，供血减少，从而使妍妍的听力下降，甚至造成噪声性耳聋。因此，对于像妍妍这样的婴幼儿来说，尽量不要长时间地处在噪声污染的环境中，如嘈杂的马路边，热闹的卡拉OK厅，以及各种家电使用时发出声音的场所，如洗衣机、吹风机、家庭影院、音响等；不要长时间听劣质光盘播放的音乐，不要玩劣质的带响的玩具，等等。否则这些噪声都有可能成为杀手，对婴幼儿造成永久不可挽回的伤害。"

王雪点了点头，终于明白了噪音对孩子的危害。她决定回家后和邻居协商，将噪音降到最低，或者暂时带妍妍到姥姥家住一段时间。

听完王雪的讲述，我安慰她说："妍妍没事的，避开噪音就会好起来了。"

同时，我也很庆幸，果果的生活环境还算不错，小区里鸟语花香，十分静谧。

噪声对孩子听觉功能，甚至是智力都有如此巨大的危害，那么父母们是否知道噪声的一般来源呢？一般来说，汽车、火车和飞机等交通工具发出的声响很大，且非常嘈杂，是噪声污染比较严重的因素；另外，装修房屋或建筑工地发车的各种声音也常会令人烦躁，但这种噪声是阶段性的，随着工程的结束就会消失；工厂里机器运转的声音一般都比较大，长期处在这样的环境中，也会对人的听力和神经带来的很大的伤害；最后，像商场、饭店、KTV等场所的噪音也不容小视。

面对各种噪声的侵袭，父母们如何能够保护好孩子的听觉功能呢？我的建议有几点：

1. 避开生活中常见的噪声污染源，如尽量少带孩子去商场、超市、饭店、菜市场、KTV等高分贝噪音的场所，电视机音量尽可调小一点，别让孩子听高音量的立体声音响或者用耳机听MP3，逢年过节时要让孩子同持续震耳的鞭炮声保持距离。

2. 如果你居住在比较嘈杂的地段，就要检查居室门窗的密封性是否良好。塑钢中空玻璃窗的密封隔声效果比较好；同时还可以挂上质地比较厚的窗帘，这也可以消减一部分噪声。如果生活周围有长时间的噪声可考虑给孩子戴上保护听力的耳塞或者带着孩子远离噪声源。

3. 确保家里所有的加热设备和制冷电器噪声方面都能够达到合格的标准，各种家电的摆放不要过于集中，同时要错开使用时间，有故障的家电要及时修理。

4. 可以在居室内摆放一些花草，因为植物具有一定的吸声作用。

让孩子在触摸中认识这个世界

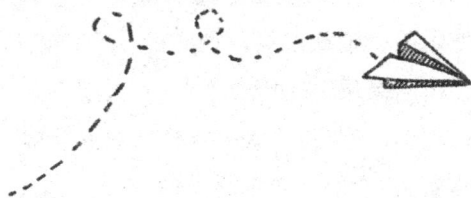

从一出生开始，孩子的小手就喜欢这里摸摸，那里碰碰，小嘴也总是喜欢咬咬这个，舔舔那个，一天到晚忙个不停……其实，这些都是孩子通过触觉认识世界的方式。

孩子的触觉功能发展，直接影响到孩子的智力发育与情绪发展。触觉不仅是人体分布最为复杂的感觉系统，也是人体最早、最基本的感觉。触觉更是新生孩子认识世界的主要方式。如果爸爸妈妈能够给予孩子正确的触觉刺激，定然能够促进孩子的多元智能发展。

从孩子诞生开始，他的触觉功能便开始的挥作用，首先是触觉辨识，也就是孩子通过触觉来认识软硬、冷热、大小等不同的材质；然后是触觉防御，也就是孩子通过触觉来了解外界环境中的安危，从而更好地为自己提供防护，让自己不会受到伤害。

通常情况下，新生儿的触觉功能都相对简单，不过当孩子被碰触到的时候，身体还是会有很强烈的反应。如果爸爸妈妈能够给孩子提供良好的触觉交流，但能使孩子产生一种愉悦的情绪体验，让孩子感觉到安定，并且能促进孩子的智力发育。如果孩子从一出生便失去了触觉交流，那么在成长过程中就会表情冷淡，发育缓慢，连智商也会受到影响。因此，爸爸妈妈在日常生活中，应该多抱抱孩子，多拍拍孩子，或者经常给孩子做按摩，这样能够很好地安抚孩子的情绪，让孩子的智力发育更好！

上周末带果果参加"儿童联谊会"，在那里，果果认识了好多新朋友，一群小伙伴一起玩沙子，一起堆积木，一起在"儿童城堡"里跑来跑去，玩得可开心了。

"儿童联谊会"的会长是一位胖乎乎的阿姨，她告诉家长们："这次亲子活动主要目的是让孩子在玩耍中感受触觉，之后还有'冰水泡小手'活动，希望家长们可以鼓励孩子踊跃参加，勇敢的孩子可以得到小红花的奖励。"

我小声问果果："你要参加'冰水泡小手'的活动吗？"

果果点头，问我："冰水就是冰淇淋化成的水吗？"

我笑着说："对，还有水不干净，只能泡小手，不能喝，但感觉凉凉的，很好玩。"

果果兴奋地跳起来说："我知道，我知道这种感觉……"

他可爱吃冰淇淋了，每次去肯德基就想点，我和果果爸很少让他吃，毕竟果果还太小。

在'冰水泡小手'的活动中，果果的表现十分出色，其他小朋友哭闹着说"不要泡，不要泡"的时候，果果还在一旁焦急地安慰其他小朋友："不凉的，不凉的……"

我觉得这次活动很棒，孩子们不仅玩耍得很愉快，还体验到各种触觉，这样的体验对于孩子的智力发展有着不错的促进作用。

在孩子成长的过程中，如果缺少刺激训练，有可能导致孩子身体协调异常。对此，很多早教专家都建议爸爸妈妈们，对于不同年龄阶段的孩子要给予不同的触觉训练与刺激，比如在婴儿时期，经常给孩子做抚触，让孩子体验冷热，抱孩子旋转、玩沙子等，都是对孩子触觉的训练。这种感知觉训练对孩子大脑功能及整体协调发育都有促进作用。

有的孩子存在触觉障碍，当他们受到触觉刺激时，要么反应迟钝，要么过于敏感，这种情况被称"感统失调"。爸爸妈妈如何对孩子进行触觉训练，才能有效避免"感统失调"呢？

1. 给孩子授乳。

对于刚出生的孩子来说，妈妈为自己授乳是最好的触觉交流。妈妈给孩子授乳，也不仅仅只是给孩子提供生长所需的营养，还能够给孩子带来良好的触觉刺激，让孩子的触觉更加灵敏。当孩子的嘴角、嘴边和脸蛋依偎在妈妈温暖的乳房上时，大脑中会产生一种甜蜜、安全的信息刺激，这也是孩子触觉训练的最初阶段，对其智力发育极其重要。

2.给孩子做按摩。

每天孩子起床穿衣前和睡觉脱衣后，爸爸妈妈可以多用手抚摩孩子的身体；或者在孩子洗澡时，爸爸妈妈也可以对孩子进行适当的按摩。在天气暖和的时候，爸爸妈妈可以帮孩子做被动操，多与孩子的身体接触。此外，爸爸妈妈还可以找专业人士学习，用专业的步骤给孩子做抚触操。这些都能够为孩子的触觉发育提供帮助。

3.让孩子主动触摸。

孩子会通过触摸来"认识"身边的事物，所以当孩子抚摸妈妈的脸时，其实那是孩子"认识"妈妈的过程。如果孩子将手指伸进妈妈的嘴里或鼻孔中，妈妈最好不要制止，而应该让孩子主动触摸，因为这时候的孩子好奇心很重，通过触摸可以帮助他们更好地认识事物。

4.物体刺激。

爸爸妈妈可以用不同柔软度的布料轻轻触碰孩子的四肢与背部，强化孩子的触觉刺激；还可以使用家中的一些常用物品，引导孩子用小手摸摸，或者用小脚丫踩踩；还可以给孩子买一些不同材质的玩具，让孩子抓握或啃咬，不过要注意玩具的安全性与卫生性。

5.让孩子接受地板的刺激。

爸爸妈妈可以设计一个可供孩子爬行的小环境，在那里铺上不同材质的地板，比如塑胶的、蓬松棉的、布料的等等，让孩子在爬行中接受触觉刺激。如果家中有条件，还可以给孩子建造一个球池，池里放大小不一、软硬不一、材质不同的球，让孩子在球池中尽情玩耍。

6.给孩子缝制触觉刺激小袋子。

爸爸妈妈可以用棉布缝制一些小袋子，袋子里装上大米、小米、大豆、沙子、小石子等不同颗粒状的小物品，让孩子拿在手中玩耍触摸。

7.触摸大自然。

爸爸妈妈还可以带孩子走进大自然，让孩子有机会触摸到泥土、石头、树叶、小草、小花等等纯天然的东西。如果再给孩子准备一些玩沙戏水的小玩具就更加完美了。

鼓励孩子光着小脚丫走路

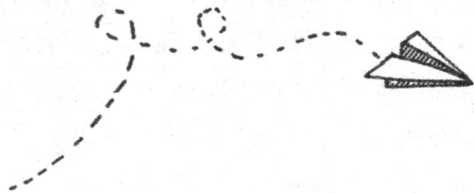

在炎热的夏季，果果喜欢光着小脚丫在屋里跑来跑去，就像一只快乐的小鸭子。

也许会有一些父母担心这样做不卫生，怕孩子踩到尖锐的东西或者因为小脚丫受冷而生病……其实，只要父母们细心观察就不难发现，无论是八九个月的婴儿，还是三四岁的儿童，只要有机会坐下来，他们就会不自觉地脱掉鞋子，光着小脚丫玩耍，这是孩子天生的"嗜好"。父母们不应该立马出面喝止，而应该给孩子补一堂"赤足教育"课，因为在干净、安全的环境里，经常让孩子光着小脚丫走路，能健脑益智，提升孩子的智力水平。

众所周知，双脚是人体最重要的运动器官，它包含了骨骼、肌肉、血管、神经等组织。双脚上一共有66个穴位，其中很多穴位还与大脑及内脏器官相连，在医学上被称为"足反射区"。孩子经常光着双脚走路，可以通过足反射区的神经末梢，将刺激传递给大脑及内脏器官，从而调节内脏器官功能，并且使大脑思维灵敏度得到提升，有助力于提高记忆力。

事实上，爸爸妈妈多让孩子光脚走路，不仅是能锻炼孩子的身体素质，还能提高孩子的多元智能。在日本，学生光脚走路的现象也很普遍，无论是学校操场周围，还是学校旁边的街道田野旁，都能看到成群的孩子在老师的带领下光脚慢跑，哪怕是幼儿园的小孩子也会加入其中。这就是人们所推崇的"赤足教育"。还有一家幼儿园耗资700多万日元，将水泥地面换成沙土，让孩子能够在沙地上尽情地玩耍。

赤脚训练可以给孩子的身体和智力发育带来极大的益处，爸爸妈妈一定要高度重视。

第一，孩子经常光脚走路，可以增强体质。因为脚上有许多重要的经脉与穴位，孩子经常赤脚走路，可以刺激脚部的血液循环系统，促进全身的血液循环和新陈代谢，增强内分泌调节功能，让孩子的身体抗病能力和耐寒能力得到有效提高。

第二，孩子经常光脚走路，可以刺激足弓的发育，防止幼儿扁平足的发生。足弓是人类特有的生理特征，只有足弓正常发育，人类才能完成站立、行走、跳跃等身体动作。有的孩子足弓发育不良，则会出现走、跑、跳等动作发展较慢的情况，而且容易摔倒。

第三，孩子光脚玩耍时，往往会感到无拘无束，玩得也会更加开心。孩子开心地玩耍，食欲也会大大增加，身高和体重也会随之增加了。

在一所美丽的幼儿园里，小米老师正在和小孩子们玩一个叫作"赤脚漫步"的游戏，她事先布置好有石子路、地板路、吹塑垫子路、地毯路的场地。

在游戏开始之前，小米老师先提出了一个问题："小孩子们想一想，光着小脚丫走在这几条路上会有什么样的感觉呢？"小米老师希望通过这个游戏，让小孩子们光着小脚丫来感知一下，不同道路的所能获得的不同感受。

接着，小米老师请孩子们脱掉了小鞋子，正式开始"赤脚漫步"的游戏。首先是经过石子路，再是地板路，再是吹塑垫子路，最后是地毯路。

当小孩子们走石子路的时候，一个个都是东倒西歪的，有人喊："等一下啊！"；走地板路时，他们很平稳地快快走过，有人自语："好冰啊"；走吹塑垫子路时，他们慢慢地走着，走完后，小米老师和小孩子们一起坐下来畅所欲"谈"！

小米老师拍拍手，微笑着问道："小孩子们，当你们光着小脚丫走在这几条路上的时候，都有什么样的感觉啊？"

小孩子们争先恐后地抢答，有的说"走在石子上，脚有点痛"，有的说"走在垫子上，很暖的"，有的说"石子路很硬的，要很慢很慢地走"，还有说"地板很冰嘞！"……

小米露出了满意的微笑，提醒道："刚才，我看到几个小孩子在地板上滑倒了，这是为什么呀？"

这时坐在小米老师身旁的朗朗抢着说："因为地板很滑的！"下面的孩子也开始讨论起来："地板很滑嘞！刚才我就滑倒了。""是的，我也快滑倒了。"

小米老师又问："那么，走在地毯上呢？"

小孩子们异口同声地回答道："很糙的。"

经过一番感受的交流后，小米老师再次地请小孩子们来玩"赤脚漫步"的游戏，这一次小孩子们显然已经有了第一次的感受经验，很警惕，走石子路的时候，他们有的绕着走，有的跨过去等等，反正他们已经知道石子路走起来是不舒服的，小米老师没有勉强他们一定要从石子路上走过，其实，这也说明孩子们对石子路已经有一定的感性认识，因为出于自我保护而选择绕、跨等方法，是很值得表扬的。

游戏结束的时候，小米老师为小孩子们鼓掌，并且夸奖他们说："小孩子们的本领可真大啊！全靠自己光着的小脚丫，在不知不觉中，就把各种小路的秘密全部给揭晓了！真棒！"

孩子通常都会对周围的世界充满好奇，他们主要是通过各种感官，比如摸一摸、看一看、踩一踩、尝一尝等等，来感知周围的世界，就是孩子常用来认识周围世界的一种方法。让孩子通过各种感官去感知周围事物，往往有意想不到的收获，不仅可以帮助孩子获得新的知识，还对他们的智力发展很有好处。

就像上面那个故事，小米老师通过和孩子们玩"赤脚漫步"的游戏，让孩子们从中发现各种小路的不同特点，从而获得对各种小路直接的感性认识。在这个过程中，孩子们通过"光着的小脚丫"直接体验到各种小路的不同感受和特征，从而获得对各种小路的感受经验，所以当他们第二次玩"赤脚漫步"的时候，才不会像第一次那样，老老实实地走过去，而是选择跨、绕等方式。我们都知道，智力就是指人认识、理解客观事物并运用知识、经验等解决问题的能力。孩子通过自己的感官去获得经验，并且运用这些经验去解决问题，在这个过程中，孩子的智商自然得到了提高和发展。

这样说来，"光着小脚丫走路"真是好处多多了，下面就为父母们介绍几种在游戏中训练孩子赤脚走路的方法：

1.将小石子放入空的瓶子中，然后将口封好，拴上绳子，让孩子牵着在地上滚动。

2. 买一个较大的吹气塑料球，让孩子光着小脚丫，一边踢球一边向前走。

3. 将不同颜色的塑料环套在小棍上，将小棍上的塑料环甩出去，让孩子光脚去追赶地面上滚动的圆环，捡回来再套在小棍上，如此反复练习。

4. 用纸或塑料做成体积较大的红果果和绿果果，将它们撒在地上，再让孩子捡回来。

5. 制作不同颜色的"花朵"，将"花朵"放进一个小篮子中，爸爸妈妈来一个"仙女散花"，让孩子光脚去捡好放入篮子中。

当然，在训练过程中，爸爸妈妈一定要注重孩子的安全性，爸爸妈妈在训练孩子赤脚走路时，最好选择软硬适中的沙土，要防止孩子跌伤或者脚底被硬物戳伤。孩子赤脚走路一段时间之后，要及时进行清洗。如果是在夏天，还要注意孩子的小脚不要被灼伤。

重视孩子小手的活动

孩子的小手是认识物体的重要器官，也是触觉的主要器官。

我很喜欢这样的一个比喻：孩子的小手指是"智慧的前哨"。人类绝大多数智力作业，如写字、画画、弹琴、绣花、编结、雕刻，都是通过手指的活动来实现的。

通过活动手指来刺激大脑，远比死记硬背更能增强大脑的活力，并可延缓脑细胞的衰老。这对人类智力的开发尤其对孩子的智力开发十分重要。

我们常说"心灵手巧"，事实上，只有"手巧"才能真正的"心灵"。一位日本学者曾说过："如果想培养出智力开阔、头脑聪明的孩子，那就必须经常锻炼手指的活动能力，由于手指的活动而刺激脑髓中的手指运动中枢，就能促使全部智能的提高。"

现代医学研究也印证了这位日本学者的观点。人体内的各个器官，每一块肌肉，都在大脑皮层中有着相应的"代表区"，而手指的运动中枢在大脑皮层中又占据了较为广泛的区域，这些区域的神经中枢都是由神经细胞群组成。当一个人的双手从事精细、灵巧的动作时，能够激发这些细胞群的活力，使动作和思维的活动能保持有机的联系后相互对应。因此，手的动作越复杂，就越能积极地促进大脑的思维功能。

父母们可以尝试给2～3个月的孩子手上系一条绳子，绳子上方系一个铃铛，手动时铃铛响，反复多次后，孩子就会懂得玩这种游戏。他知道动手能听到铃声，从而不断挥动小手。实际上，他已经懂得了最简单的因果关系。如果孩子很想取桌上的玩具，但玩具离他比较远，他伸手够不到。桌子上有台布，孩子主动抓住台布向自己身边拉，他高兴地取得了想要的玩具。这实际上显示出一种目的和手段的关系。

孩子在玩耍中不厌其烦地将小积木放进大盒子，倒出来再放进去。这就表明他意识到了物与物的关系，小和大的关系。同时也懂得了放进去（实际上是组合）和倒出来（实际上是分离）之间的关系，这是分析与综合的原始形式，是婴儿思维的开始。

等孩子稍大些，可以反复玩模具，从失败——成功——失败中他学会将三角形的塑料片放在三角形模具内，方形的放在方形的模具内，从而提高了认识的能力。

难怪苏联著名教育家苏霍姆林斯会说："儿童的智力发展体现在手指尖上。"并且，还把手比喻成大脑的"老师"。这充分说明，孩子的小手蕴涵了太多的秘密和含义。

果果也是一个"破坏王"。6个月的时候，他就学会自己吃东西了，香蕉、手指饼，都会自己拿着送到嘴里。只不过他喜欢将这些食物拿在手里捏一捏，有时好好的一截香蕉，不一会儿就变成了香蕉泥。6个月的小果果还会"表演节目"呢！

果果爸说："果果，来给爸爸抓个挠吧！"他就会举起手来，一抓一抓的，特别舍得用力气。

有一次，果果爸抱着果果在屋里走动，带他来到一张花花绿绿的挂图前，然后指给果果看："这是苹果、这是香蕉、这是草莓……"谁知道果果一伸手，就把挂图给扯下来了。

果果爸急得大声说："果果是个乖孩子，不要扯挂图啊！"可是果果说什么都不松手。

还有一次，果爸带果果到朋友家玩，朋友家的墙壁上也挂着一张好看的画，果果爸说："这是叔叔家的剪纸，多漂亮的大公鸡呀。"果果高兴地看着，可手又不听话地伸过去了，刺啦——剪纸破了。果果爸很不好意思地向朋友道歉，朋友倒觉得没什么，还夸果果好活泼。

后来，果果爸怕果果再捣乱，就抱着他远远地观看挂图，这下子果果够不着了。可是，果果的小手好像一刻也不能闲着，放在果果爸的脖子上，捏一捏，掐一掐，果果爸说："果果别掐啦！都把爸爸掐疼了！"为了不让果果的手闲着，果果爸又想办法，给果果的手里抓点东西玩，可是果果把东西抓到手里又往嘴里送，要不然就啪地扔到地上……

这个小"破坏王"真让我和果果爸伤透了脑筋！

这样的烦恼，可能也是现实生活中很多妈妈的烦恼。当孩子开始迷恋用小手接触世界的时候，他们会比较准确地抓住玩具，但因伸肌发育不完善，一旦抓住物体后，不会随意放开；他们还会通过抛洒、移动物体来探索空间，感知他和物品、空间之间的关系……

这可能会给爸爸妈妈们带来一些麻烦。不过，作为爸爸妈妈，一定要耐心对待孩子的这种行为，为孩子提供更大的空间，这会令他更加健康聪明。爸爸妈妈想要对孩子进行手部的益智开发，可以采用如下方法：

第一，锻炼孩子的手指灵活度。

爸爸妈妈可以鼓励孩子用手指做一些简单的运动，比如拨弄积木、学拍打篮球、做手指操等等。孩子在做这些活动的时候，要手脑并用，一边做一边思考，从而增强孩子大脑与手指间的信息传递功能，促进孩子的智力发育。

第二，增强孩子手指的柔韧性。

爸爸妈妈可以让孩子时常进行手指伸屈运动，闭上眼睛扣扣，练习绘画写字等。这些训练能够增强孩子的手指柔韧性，让孩子的大脑活动更加灵敏。

第三，交替使用左右手。

众所周知，人的右脑支配人的左手，人的左脑支配人的右手。爸爸妈妈经常让孩子交替使用左右手，不仅能够增强左右手的灵活度，还能让左右脑得到均衡发育。

第四，让孩子养成自己动手的好习惯。

爸爸妈妈在给孩子选择玩具时，要尽量考虑到让孩子自己动手，比如选择高级自动化玩具，就没有橡皮泥、积木等有利用于孩子动手能力的玩具好。

第五，训练孩子的攀爬能力。

孩子建立立体空间高度概念的过程，即是孩子从地面上的平面爬行，进展到爬上沙发椅子等。孩子在攀爬的过程中，还能够强化手部与腿部的力量，爸爸妈妈在保证孩子安全的前提下，可以对孩子进行攀爬训练。

常与孩子进行嗅觉交流

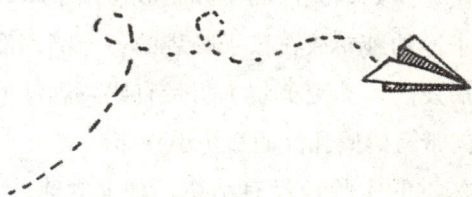

我们知道，孩子是通过各个感觉器官对事物接触获得经验，在经验之上才产生智慧。因此，孩子一出生，父母就应该从听觉、嗅觉、视觉等方面开始有计划地给孩子有益身心的启发，这也是帮助他们更好地获得、拥有更高智商的重要手段。

正如孩子喜欢某些图案和声音一样，他们对味道和气味也十分敏感。

刚出生几天的孩子，便能闻出气味的好坏。例如，如果把浸过母乳的布片靠近孩子一端，孩子会顿时停止哭闹而做出寻乳的姿势；当孩子闻到牛奶、香草、香蕉或者糖发出的香味时，他会深呼吸；但当孩子闻到酒精和醋的气味时，他会扭头。对此，早教专家提醒各位年轻的父母：婴儿期由妈妈陪睡可产生良性刺激，有利于其智力发育；而那种不停更换陪睡者的孩子，心理常处于紧张状态，睡眠时间和质量均大幅度下降。

这对其身心发育不利，严重者可导致孩子发育迟缓和幼儿期心理障碍。

英国科学家奥尔本曾经做了一个关于孩子嗅觉的实验，他认真观察了20名刚出生两天的孩子对于嗅觉刺激的反应，发现这些小孩子已经拥有了灵敏的嗅觉。

奥尔本的实验很简单，就是让这些孩子分别闻茴香、醋、本醇等几种不同的气味，最后的观察结果表明：当孩子闻到一种新的气味时，心跳和呼吸都会发生明显的变化；假如这种气味一直不变，孩子就会变得反应平常；这时再换另一种新的气味，孩子的心跳和呼吸又会再次发生变化。

奥尔本还观察到一个有趣的现象，就是当孩子被放进妈妈的怀抱里时，孩子总是将小脸转向妈妈的乳房。奥尔本猜测，这说明5天大的孩子已经能够嗅到妈妈乳房的气味。为了证明自己的猜测，奥尔本将一块小纱布放进妈妈的胸罩里，然后将这块带有妈妈乳汁的小纱布放在孩子脑袋一侧，靠近孩子的脸颊，同时又将另一块干净的纱布放在孩子脑袋的另一侧，然后又将两块纱布交换位置，进行录像。最后发现，无论奥尔本将带有妈妈乳汁的纱布放在左边还是右边，孩子总是将头转向带有妈妈乳汁的那块小纱布。

奥尔本的实验还没有结束，他又找来一块小纱布，这块小纱布上带有另外一位妈妈的乳汁。结果发现：2天大的孩子对于两块小纱布没有区别能力，而6天大的孩子已经更多地转向带有自己妈妈的乳汁的那块小纱布，而不是另一位妈妈的。这说明，6天大的已经能够区分母亲和其他妇女的乳汁气味了！这个有趣的发现也让奥尔本无比兴奋。

在自然界中，哺乳动物依靠特有的气味和灵敏的嗅觉来辨认母子关系，人类仍然保留了这种生物学特点。科学研究发现，当孩子哭闹不休时，将留有妈妈气味的衣服放在孩子的枕头下，可以帮助他安然入睡；如果哺乳的妈妈涂脂抹粉，浓厚的化妆品味驱散了原来的体味，或采用不停地更换陪睡人员的做法，会使孩子情绪低落，不愿与之靠近，或表现出不同程度的紧张、哭闹、拒哺、无法安睡。更为严重的是，这种紧张会延迟到幼儿期，影响孩子智力发育，并且出现性格孤僻，甚至心理障碍等不良后果。

因此，从孩子出生开始，父母就应该给予适当的嗅觉刺激，这样对于孩子的感官培养和智力开发都有很好的帮助。我和果果爸也曾对果果进行过专门的嗅觉训练。

阳光明媚的一天，窗台的绿色植物散发着淡淡的清香。果果爸兴致勃勃地将一些"物品"放在果果的床头，有一只苹果、一只梨、一杯牛奶和一片薄荷叶。

在阳光的照射下，这几样物品散发出各种味道。

自从果果出生以来，我和果果爸就特别重视对果果的智力开发，为此，我和果果爸还会经常会去图书馆查阅相关资料。如今的早教都认为，对孩子进行嗅觉训练，也是早期智力开发的一个重要方面。所以在果果出生一周后，我和果果爸就开始忙着对朵朵进行嗅觉训练了。

我们知道新生儿对味道很敏感，在味道的选择上要非常安全，不能把所有的味道都让果果尝试，所以选择了苹果、梨、牛奶和薄荷叶。

当果果爸把苹果和梨拿到果果的小鼻子旁边时，果果的小脸上露出了舒适的感觉；当换成牛奶时，果果有明显的欢愉感，小嘴咂了咂，想要吃奶一样；而把薄荷叶拿给果果闻时，果果的小脑袋不自觉地扭向一旁，小脸皱了皱，表情太可爱了！

嗅觉是孩子身上不易被发觉的感觉功能，爸爸妈妈可以让孩子闻闻不同的气味，对孩子进行合理的嗅觉刺激，比如让孩子闻闻苹果、梨和香蕉的味道，甚至可以让孩子闻闻酱油和醋的气味。为了更好地开发孩子的嗅觉智能，爸爸妈妈还可以采用以下几种方法：

1. 爸爸妈妈可以给新生儿闻闻香味、臭味，甚至是刺臭的味道，注意不能过于刺激。

2. 平时，也可以让孩子闻一闻香水、香皂、爽身粉的味道，告诉孩子这些物品是什么味道，以此刺激孩子的嗅觉发展。

3. 有时间带孩子去公园接触不同的花草，让孩子嗅一嗅树叶的味道，家中也可以定期更换不同气味的香精油。

4. 可以把一些气味较浓的水果放在孩子的一侧，让孩子转头去寻找香味的来源。

5. 家人最好不要抽烟，否则会对孩子的嗅觉灵敏度产生危害。

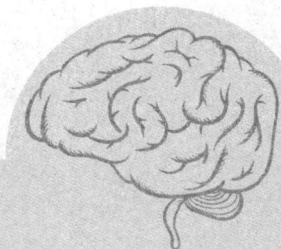

第3章

利用生活小点滴，让孩子成为"空间小达人"
——提升孩子的空间智能

空间智能和孩子的创造力、想象力密切相关。那些有出色的空间智能的人对于视觉非常敏锐，可以一目十行。空间智能高的孩子，观察能力很强，他们能够注意到自然景象的细微变化，他们可以通过别人的表情读懂其思想。

认识孩子的空间智能

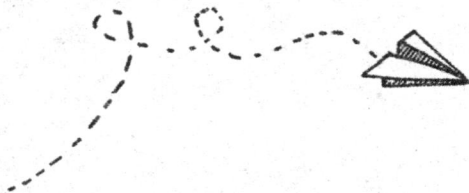

生活中我们常常会发现，有的孩子只会画歪歪扭扭的框框、写字也是东倒西歪的，有的孩子却能画出色彩鲜艳、结构复杂的图画；有的孩子出门总是不认得路，有的孩子却能指出东南西北……为什么会出现这样的情况呢？难道，这真与孩子的智商有关？

事实上，孩子之所以会出现以上的那些差异，与孩子空间智能的高低有很大关系。

有一次，果果爸去外地出差了，我在房间里赶稿子，果果一个人在客厅里玩耍。

我正写得顺畅时，客厅里突然传来一阵响起，我以为果果怎么了，走过去一看才发现，果果像模像样地摆了四张椅子，又把一本厚书放在桌面上当方向盘，准备玩"开车"游戏呢！

他装作手握方向盘的样子，一会左晃，一会右晃，摆出一副认真"开车"的模样。嘴里还配合动作说着儿歌："安全带，拉起来，坐车车，去爬山，向左弯，向右弯，紧急刹车——向前弯。"

我在一旁观察果果认真"开车"的样子，心里不禁感到好奇，果果难道真的懂右弯或左弯吗？于是我问果果：什么是"向左弯"？

果果把身子偏向左旁。

我又问他：什么是"向右弯"？

他又向另一侧偏过去。

我再问：那么"前弯"呢？

他把身子往前一倾，做了个刹车状……

我忍不住夸奖果果："真棒，我们家果果居然分得清方向了，还是自学成才呢！"

晚上果果爸出差回家，我将这件事情告诉了果果爸，果果爸也很惊讶，点头说："果果可是一个拥有较高空间智能的孩子啊！"

所谓空间智能，是指准确地感觉视觉空间并把所知觉到的表现出来的能力，其中包括对色彩、线条、形状、形式、空间及它们之间关系的敏感性，也包括将视觉和空间的想法具体地呈现在脑中，以及在一个空间的矩阵中很快找出方向的能力。

在婴儿时期，孩子能够区分周围的不同事物与不同面孔时，空间智能就开始萌芽了。

孩子三四个月大的时候，颜色视觉功能已经和成人差不多，已经能够区分不同的颜色；6个月以后，孩子便能够区分大小，并且有了初步的深度知觉，害怕摔；9个月的孩子拥有了"客体永久性"概念，他们的玩具丢了，知道回头寻找。

孩子长到1岁半左右，渐渐能够区分简单的颜色、大小与形状。国外的科学家曾经做过一次实验：在分苹果的时候，让1岁半的孩子自己动手挑选，结果那些又大又红的苹果被一扫而光，接下来是一半红一半绿的苹果，而那些又青又小的苹果则无人问津。

这一时期的孩子已经拥有了初步的方位感，他们能够在熟悉的环境中，根据父母的指示，比如"到沙发上来""爬上床去""来妈妈身边"等，迅速来到相应的位置。

2岁左右的孩子，能够进一步区分颜色、大小不同的物体，还能够用简单的积木搭出简单的造型，比如公路、桥梁、楼房等。这一时期的孩子还喜欢抓紧画笔在纸上涂鸦，并且开始会玩填色、填画游戏。

3岁左右的孩子空间智能进一步发展，在空间知觉方面他们已经能够辨别左右方位，如果给他们一张地图，他们便能够找出居住的城市，甚至能够找出家庭的位置。3岁的孩子虽然能够正确找出相同的几何图形，但他们往往会用一些表达具体物件的名词来形象地称谓几何图形。如把圆形称为"皮球"，把正方形叫作"手绢"等。

3岁以后，孩子的空间智能继续发展，相比于之前又有了很大的进步……

空间智能是人类学习和生活的基本能力，更是人类从事科学、艺术、文学等活动的基础。那些拥有较强空间智能的人，视觉非常敏锐，甚至可以一目十行。空间智能也与其他智能一样，在孩童时期便有所体现。通常情况下，拥有较高空间智能的孩子，都有以下特质：

特质一：爱好绘画，喜欢各种颜色和图形，能将文字转换成图画。

爸爸妈妈们知道达·芬奇、爱因斯坦、莱特兄弟和一些世界知名人士所做的笔记有什么共同特点吗？他们的笔记和文思记录都是图文共存。他们使用许多图案、图形、颜色和图像来呈现并表达自己的想法。那么，你是否为孩子在作业簿或是课本空白的地方画图而感到愤怒？事实上，孩子正在利用他的视觉空间智慧将文学转化成图片，从而帮助他学习。

特质二：拥有十分敏锐的色彩感。

一般来说，拥有较高空间智力的孩子对颜色非常敏感。因此，父母可以让孩子用不同颜色的笔画画、写日记，或者用不同颜色的纸、卡片整理笔记和写报告。首先，父母应该帮助具有这种特殊技能的孩子在家中安排一个和谐、美丽的生活环境，为他提供足够的视觉刺激。此外，让颜色引导孩子的记忆路线，归档、整理他们阅读的资料，从中获取的知识，也能够帮助孩子做复习的工作。

孩子的年龄越小，就越需要多彩明亮的颜色来激发他们的学习兴趣和效率。这也是儿童范本成为孩子主要的学习工具之一的根本原因。

特质三：喜欢空间感、视觉刺激和整体化的呈现。

父母可以利用孩子对空间和视觉刺激的喜好，利用图表来促进孩子学习。想象一下，你是否在公司会议上对一堆统计数据印象深刻，或者你对不同的曲线图、统计图表和不同的颜色印象深刻？显然，后者不仅让你留下深刻的印象，而且一目了然。这些记忆方法和学习方法不正是你日常生活中使用的吗？

特质四：能将思维转化为立体图形，从不同角度看事物。

从那些具有较高视觉空间智能的专业人员身上，我们可以看到他们如何利用这个特性来帮助自己思考、如何提出理念与构思的。物理学家、计算机工程师、土木工程师、城市设计师、时装设计师、建筑师……他们会提出自己的想法，手绘或计算机绘图，然后做出立体的模型。只有在实际的演示中，他们才能更深入地思考和改进他们的原创想法。

总而言之，视觉空间知觉能力可以通过让孩子辨别物体、触摸与视觉相结合，以及运动与视觉相结合的方式来训练。只有在多感官协调活动中才能让孩子更准确地感知物体的各种特性。而空间知觉能力发展不足的孩子一般有以下的表现：

1.无法画好图画。

2.对形状辨认有困难。

3.外出时经常迷路。

4.阅读有困难，相同的字在下一句或下一页出现时就不认识了。

5.写字时经常左右颠倒。

6.写字的笔画顺序不对。

7.看不全老师在黑板上所写的内容。

8.阅读时会跳字，抄写时会漏字。

允许孩子乱涂乱画

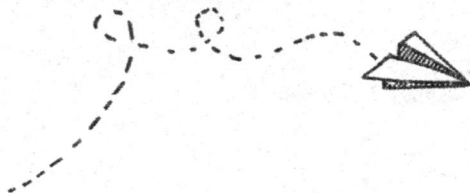

我们都知道，绘画是一项眼、手、脑紧密配合的活动。在绘画活动中，我们需要将感知到的具体形象，通过眼睛认真观察，经过分析、比较找出主要特征，运用线条、色彩等手段描绘出来。因此，绘画也是培养孩子空间智能的有效方法之一。

细心的父母可能会发现，有的孩子总喜欢拿着画笔到处乱涂乱画。如果父母能够利用孩子的这一特性，对孩子进行绘画训练，那么将很好地促进孩子视觉空间智能的发展。

孩子学习画画一般要经历两个阶段，第一个阶段是无意识地画画，第二个阶段是有意识地画画。涂鸦便是孩子无意识地画画，也是孩子最初感受和掌握画笔的用处。

爸爸妈妈可以对孩子的涂鸦行为进行引导，让孩子无意识的涂鸦变成有意识地画画。有的孩子喜欢无意识地画出各种圆圈，如果爸爸妈妈能够给那些圆圈"加工"一下，就会变得很不一样，比如将几个小圆圈串联在一起，告诉孩子这是葡萄。孩子便会感到很开心，不停让父母对那些圆圈进行"加工"，变成苹果、梨或者小动物。

孩子有了这样的愉快体验后，就会开始有意识地画一些自己想好的东西。

当孩子画好一幅作品时，父母应该给予孩子足够的肯定与赞美，让孩子树立自信心。孩子所画的东西，是自己的个性与内心世界，所以父母不能要求孩子去画什么，更不能用"像不像"去评价孩子的作品。父母还可以将孩子的画作挂在客厅的墙壁上，让更多的人欣赏，这对于孩子来说，也是一种莫大的鼓励与支持，会让孩子产生极大的自豪感。

朋友李雪家里有一个"小画家"孩子，她却为这个"小画家"伤透了脑筋。女儿梦梦今年才4岁，可是对于色彩的运用，却达到了"出神入化"的境界。

梦梦就像一个天生的"小画家"，只要手上有笔，就会到处乱涂乱画。不管是粉刷一新的墙壁，还是新的杂志；不管是床上的雪白的被单还是价格昂贵的家具，只要梦梦来了灵感，上面都会留下她的"杰作"。

面对这样的情况，李雪收拾时总是火冒三丈，大声叫喊："别乱画，你这个小捣蛋鬼，整个家都被你搞得乱七八糟了。"

刚开始的时候还有效，过了几天梦梦又开始到处乱涂乱画了。

上个周末，李雪带梦梦来我家做客，果果和梦梦"一见如故"，玩得非常开心。李雪和我在客厅里谈话，两个孩子则在另一个房间里玩耍。

不一会，房间里就传来孩子的欢呼声，我和李雪走过去一看，原来两个小家伙用粉笔在衣柜上画了一只"漂亮的大公鸡"，正为自己的"作品"欢呼雀跃呢。

李雪知道，一定是梦梦怂恿果果这么干的，于是她一把将梦梦拉过来，想要打她的屁股。我马上将李雪拦了下来，并且露出一副很惊讶的表情，问果果："这是梦梦姐姐教你画的吗？真是漂亮啊！"然后又拿出纸和笔，对梦梦说："梦梦快到阿姨这里来，阿姨这里有很多漂亮的画笔，我们一起来画好吗？"

两个孩子开心地跳了起来，李雪也被我拉到一起画画，在画画的过程中，我告诉梦梦和果果："在衣柜上作画是不对的，妈妈收拾起来也很麻烦，孩子如果想画画，就在图画本上画，知道了吗？"两个孩子点了点头，表示知道自己做错了。

事后，我对李雪说："如果你对梦梦的'作画'态度不好，可能会让梦梦失去对美术的探索，对画画的兴趣，以致于使梦梦失去在美术方面的发展和表现机会，更重要的是会影响梦梦身心的和谐发展。"

李雪若有所思，似乎很赞同我的说法。其实，李雪虽然不一定能把梦梦培养成一个画家，但是那样做一定会让梦梦学到更多的知识和才干，得到更多美的熏陶，更重要的是能让梦梦得更多的发展自己、表现自己的机会。

美国儿童美术教育家凯洛格曾经说过："幼儿绘画的20种基本类型涂鸦线。这是人类的神经系统与肌肉高度协调的结果，这20种涂鸦线，与孩子的图画之间的关系，就好比是砖瓦和建筑之间的关系一样，孩子早期自发描画出来的图形，皆可被包含在这20种基本的涂鸦线类型中。"所以，父母更要认真对待孩子的涂鸦绘画行为，不管是一二岁孩子的涂鸦作品，还是三四岁的孩子的象征画，或者是五六岁的孩子的形象画，都是孩子视觉空间智能进步的体现。

父母更应该明白，每位孩子都拥有绘画的天赋，无论孩子画了什么，画得像不像，父母都应该给孩子提供一个可供涂鸦绘画的环境，让孩子有机会运用不同的色彩，去描绘不同的美丽，去表达内心的感受与体验。

那么，父母应该如何利用色彩，帮助孩子提升视觉空间智能呢？

1. 寻找相同的色彩。

父母可以将一张彩纸贴在卧室的门上，然后让孩子在卧室中找出色彩相同的物品。为了让孩子体验到游戏的刺激性，父母还可以给孩子设定时间，让孩子在规定的时间内找到。

2. 随心所欲地进行涂鸦。

父母准备好画纸和水彩，让孩子随心所欲地进行涂鸦。孩子的涂鸦作品可能没有特定的主题，而只是色彩的堆积。这时候，父母也可以加入到涂鸦中，和孩子一起享受涂鸦的乐趣。

3. 有趣的填色游戏。

父母还可以给孩子购买几本可以填色的童书，让孩子发挥自己的想象力，给书中的图画填上各种颜色。在填色的过程中，父母不能要求孩子画出与实物相同的颜色，那样只会扼杀孩子的想象力与创造力。

4. 画出可爱的家庭游戏。

父母可以引导孩子，画出一幅自己最喜欢的家庭游戏的画。尽管孩子可能画得不是很像，但是父母可以教孩子用最简单的线条画出来。比如你的孩子最喜欢"老鹰捉小鸡"的游戏，那么父母就可以引导孩子先用简单的线条画出一只大老鹰，再画出鸡妈妈和几只小鸡，最后给老鹰、鸡妈妈和小鸡填上不同的色彩。

5. 色彩拼贴艺术。

父母可以用不同颜色的彩纸，剪出各种不同的形状，然后在一张白纸上画出相应的形状，最后对孩子说"找出绿色圆形的彩纸"或者"红色方形的彩纸"，让孩子将这些彩纸贴在白纸上，注意要贴在白纸相同的形状上。这个游戏不仅可以培养孩子的手眼协调能力，还能够帮助孩子更好地识别颜色与形状。

6. 画自然。

父母可以让孩子画出自己喜欢的动物和植物，然后去大自然中寻找相应的实物。比如孩子画了一棵树，父母便可以让孩子摘下一片树叶粘在画上。通过这个游戏，可以提高孩子的词汇量，增加孩子对于整体与局部的认识，还能够让孩子亲近大自然。

理解事物的空间特性

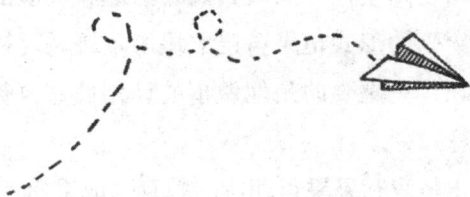

父母想要培养一个空间智能较强的孩子，首先要帮助孩子感知、理解事物的空间特性，其实这并不很难，只要父母能够抓住日常生活中的教育契机，从点滴做起，就能使孩子在日常活动中主动获得对空间特性的感知和理解。

每次我和果果爸带果果出去玩的时候，路上都会让果果注意认路、辨别方向，尤其到十字路口等复杂地形，我们会让果果先观察上、下、左、右、前、后各个方向。这样不仅可以提升果果对空间特性的感知和理解，还能够使果果熟悉道路，以后不容易迷路。

傍晚和果果一起到小区散步，我们还会教果果认识小区内的各种标记，引导果果根据标记的颜色、线条、图形进行记忆，较深刻地了解每种标记的用意。果果爸还给果果买了磁形玩具板，让果果在画好的大圆脸轮廓的适当部位摆放五官，一边摆一边说出器官的名称，使果果学会确定器官的名称和位置，在不知不觉中发展果果的空间视觉能力。

在日常生活中，我和果果爸总不忘培养果果空间智能的意念，所以生活中任何一点蛛丝马迹都可以成为教育的契机。比如有一次，为了让果果的假期旅游更有计划，同时还能够提升他的空间能力，我和果果爸想出了一个很好的办法。

我们事先将公园和动物园的地图给果果看，然后让他自己选择是去公园还是去动物园玩。果果选择了动物园。我们教果果怎么看动物园的地图，并且和果果一起上网查阅动物园的概况和相关景点介绍，让果果自己挑选喜欢并合适的参观路线，同时在动物园的导游图上做好相应的标记。

游玩的当天是一个风和日丽的好天气。出门前，我们让果果带上照相机、纸、笔，然后根据果果先前制定的行走路线，一路欢声笑语地来到动物园。

在动物园里，一家人兴高采烈地和喜欢的动植物、建筑物留念，我们还鼓励果果用绘画的形式记录自己的旅游足迹。这样果果在活动中不但对方位有了更清晰的认识，更重要的是他做事的计划性、执行能力、解决问题的能力都得到了很好的锻炼。

这正是我和果果爸期待的教育"成果"。

为了让孩子有更好的空间感，父母应该从日常生活入手，使孩子主动获得对空间特性的感知和理解，同时也要注意发现由于空间感发展不足引起的各种问题，并针对问题给孩子进行相应的训练，使孩子成为"空间小达人"。其实，日常生活中还"隐藏"着很多培养孩子空间智能的契机，父母们不妨来学一学吧！

1.认识活动。

爸爸妈妈可以带孩子进行认路活动，从而使孩子的空间感得到提高。比如带孩子去同一个地方，但是乘坐不同的交通工具，走不同的路线，以此来增强孩子的空间鉴别能力。

2.玩具要放在固定的地方。

爸爸妈妈应该时刻提醒孩子，玩具要放在固定的地方，这样孩子便会逐渐建立物品与空间之间的定位关系，并且最终建立空间秩序感。

3.给孩子下"命令"。

平常生活中，爸爸妈妈可以让孩子成为一个"小帮手"，给孩子下达一些"命令"，比如"孩子去帮妈妈拿一下沙发上的遥控器"，或者"坐在爸爸妈妈中间""再往左边一点点"等。在给孩子下"命令"时，记得多使用上面、下面、前面、后面等方位词。

4.布置家中的环境。

爸爸妈妈可以在家里设置一个小角落，让孩子决定放置哪些东西在那里，或者进行怎样的装饰。这样也能够让孩子的空间智能得到提升。

5.亲子身体运动。

父母想让孩子掌握好空间概念并不容易，因为空间的概念本身就很抽象，父母不能硬性地灌输，而应该引导孩子通过亲身运动来感受。比如在教孩子高矮的概念时，除了让孩子观察静态的高树与矮树，还可以通过亲子身体活动来掌握高矮的概念，比如父母和孩子一起蹲下去的时候说"我们变矮了"，站起来的时候说"我们又变高了"。通过这样的亲子身体活动，能够让孩子更好地掌握高矮的概念。

6.带孩子一起逛街。

培养孩子空间智能最好的方法，就是带孩子去逛街。在逛街的过程中，爸爸妈妈只要多和孩子说一些有关空间方位的话就行了。比如经过天桥时，问孩子看到了什么；过了天桥后，问孩子有没有看见前面的红绿灯等等，然后让孩子指出红绿灯的位置。另外，还可以经常改变散步的路线，这样孩子才有机会从不同的方向行走，从而认清周围的环境。

提高孩子的"方向感"

父母们在培养孩子空间智能的时候，应该是全方位的培养，用尽各种各样的方法，使孩子变得越来越聪明、健康。不过，如今很多父母都忽略了孩子的方位认知训练。

所谓方位认知，也就是一个人的"方向感"，是人体对物体所处方向的感觉，如对东西南北、前后左右上下等方向的感觉。现代化城市的规模越来越大，道路越来越复杂，如果一个人缺乏方位认知、分不清楚东南西北，常常会误事。识别方向是孩子的一种基本的生活常识。方向感属于视觉空间智能的一个方面，方向感的锻炼对于提高孩子的想象力创造力和数学能力有积极的作用。

我见过一个方向感极好的孩子，他去过某个地方，往往会记得比较清楚，当你问他方向时，他也能够轻易地指出来。这说明他的空间智能发展良好，也比较少见。大多数孩子的方向感都不是很好，逛街时如果没有父母牵着，他们很容易就走丢了。事实上，孩子的方向感好不好，与空间智能发展的好坏有着密切的联系，一般空间智能较强的孩子，方向感就很强。

现代科学研究证实，新生儿通常利用听觉来进行空间定位，随着孩子的不断成长，视频作用变得越来越明显了。2岁的孩子已经能清楚地分别前、后，能指出一样物品的上面和下面。这时父母教孩子认识自己的身体，可以加上"眼睛在眉毛下面，鼻子在嘴巴上面"等话语，让孩子初步了解方位。2岁半是孩子空间概念进步最快的阶段，这时的孩子已经能按指令把物品放在桌子上或者桌子下，能辨别前后左右方位了。大概3岁的时候，孩子的空间感和方向感逐渐成熟。他们知道了太阳和月亮挂在天上，小草小花生长在地上；鸟儿和白云在空中，鱼儿和螃蟹在水里游等。

果果是一个方向感特别强的孩子，3岁半的时候，他已经知道从幼儿园到家该怎么走、从家到附近的公园该怎么走……

有一次，果果爸带果果去附近的菜市场买菜，一不留神就把果果给"丢了"。当果果爸焦急得如热锅上的蚂蚁的时候，已经自己回家了。果果拥有如此好的方向感，完全得益于果果爸从小的培养。

在果果还不满周岁的时候，果果爸就开始有意识地教她上、下、左、右各方位，比如：帮果果洗手的时候，果果爸就说"果果，我们现在先洗左手，洗完再洗右手""我们拉拉左手，再拉拉右手""这是左脚""果果把右脚弯了"，类似的话语重复多了，果果渐渐地不需要提示，果果爸说到左手、右手，他会主动地把正确的手伸出来。假如果果爸故意问他左手是哪个？他会用右手去指左手。教果果上下也是如此，平时说话多注意强调"上""下"。比如"布娃娃放在椅子上""把鞋子放到床下面"。

等到果果1岁时，果果爸平时都是说出方位，让果果自己动脑筋做。比如，洗澡时在水里放了小杯子让他自己玩水，果果爸会跟他讲："果果左手拿杯子，右手让妈妈洗洗。"他就会自己把手伸出来，伸手给果果爸擦。

每次都会做对，这时果果爸表面不动声色，可是内心是多么欢喜啊！

现在果果3岁半，和别的孩子相比，他的方向感要强很多。我也经常听到朋友、同事说起自己的孩子方向感多么多么不好，一不小心就迷路，这时我会很自豪地说："我们家果果可不会出现这样的情况！"

像果果这样方向感比较好的孩子，他们在日常生活中不容易迷路，通常比较有安全感和自我保护能力。

父母在训练孩子方向感的时候，还有什么好的方法可以借鉴呢？

1.看图识方向。

父母给孩子看一张图片，图片上画着许多飞机，有远的，有近的，有上的，有下的，父母先教会孩子简单的方位辨别方法，然后让孩子自己说出图上每架飞机的方位。

2. 认识身体方位。

孩子通常都对自己的身体很好奇，父母可以利用这一点训练孩子的方向感。从孩子一岁左右开始说话时，就可以逐渐让孩子明白哪只是左右手、脚、眼、耳朵等，孩子熟练了以后，可以叫出各部位的名字让孩子指认，如妈妈说"左耳朵"，让孩子用手指自己的左耳朵。然后再依次训练孩子拍胸表示"前"，拍背表示"后"，用手指天表示"上"，用手指地表示"下"，让孩子明白方位的基本概念。

3. 寻找礼物。

父母先准备一份礼物，然后把礼物藏起来，并作一些标记，如系上绳子或皱纸等，使"礼物"容易找到。寻找之前，父母先要跟孩子讲清楚，如"小汽车藏在树叶下""布娃娃藏在滑板车下（或小树丛里）"。可以带着孩子一起寻宝，并伴以方位的描述，如"孩子向前找一找""我们到左边（右边）找一找"等，有助于孩子对方位的理解。

4. 卡通拼图。

父母可以跟孩子一起拼比较容易的卡通拼图。孩子在拼之前，父母可以拿卡通图片告诉孩子，哪个卡通人物站左边，哪个站右边。等孩子心中有了大概之后，收起卡通图片，让孩子自己玩。这种玩法不仅可以培养孩子的空间智能，同时也可以训练孩子的记忆力。

5. 搭建"公路"。

爸爸妈妈可以找一块空地，利用木块和塑料一起和孩子修建"公路"，比如为孩子的洋娃娃修一条连接房子、车库、超市、公园的公路，公路需要几处拐弯，增加些红绿灯和斑马线。让孩子描述洋娃娃行走的路线，如"走斑马线穿过马路，在红绿灯处向左拐"等，让孩子熟悉方位知识。

教孩子认识各种形状

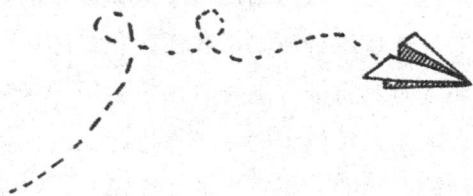

　　孩子正像幼苗一样茁壮成长着，他们每一天的变化都很大，他们认识的东西也越来越多——从认识颜色到认识方位，如今又要学习认识不同的图形，孩子的本领真的是越来越大了。不过，对于孩子而言，形状是很抽象的东西，如何让孩子透过表象认识形状呢？这就需要父母们动动脑筋了。

　　一般来说，2到3岁的孩子应该学会识别圆形、正方形和三角形，学会对图形进行配对，并且学会识别周围环境中与几何形状相似的物体。孩子能否识别图形，是图形感知问题。

　　刚开始，父母应该尝试选择与平面图形接近的物体，先让孩子从实物上感知图形，然后再使用标准的图形。例如，父母可以准备一个大圆圈、一些小圆圈和一些方形卡片。

　　父母可以对孩子说："让我们用这些卡片做一个圆脸娃娃。你看，这张娃娃脸是什么形状的？"然后引导孩子回答"是圆形的"。

　　接下来，父母再对孩子说："请在这些卡片上找到两张圆圆的卡片，为圆脸娃娃做两只眼睛。"等孩子将圆圆的卡片贴好之后，父母继续对孩子说："是的，圆脸，圆眼睛，还差一个圆圆的嘴巴和鼻子呢！来，给妈妈一张圆圆的卡片。让我们为它做好嘴巴！"

　　嘴巴贴好后，父母将做好的娃娃脸对着孩子说："看，这个圆脸娃娃的眼睛是圆的，鼻子是圆的，嘴是圆的，都是圆的，好可爱啊！你看，圆脸娃娃在向你微笑。"

这个游戏让孩子练习圆形与方形的分辨能力。

当孩子学会识别一个或多个图形之后，父母可以引导孩子观察和比较不同图形的不同特征，从而帮助孩子认识更多的圆形。这是在已经认识的图形的基础上进行的。通过这种方法，找出两相似圆形的异同，也可以帮助孩子更好地掌握图形的名称及其特征。这种方法主要用于年龄稍大的孩子。例如认识长方形，可以把长方形与已经认识的正方形进行比较，还可以将长方形和正方形重叠在一起（长方形放在下面，正方形放在上面）。很明显，长方形有两个相对较长的边，这便是长方形的主要特征。

此时，让孩子比较两者的相同点（两者都有四条边和四个相同的大角）和两者的不同点（正方形的四边长度相同；长方形有两个相对的长边和两个相对的短边），以此认识长方形的基本特征。椭圆和圆形也可以用同样的方法进行比较，让孩子理解其特征。

为了让果果尽快学会认识图形，我和果果爸可是费了不少心思。

起初通过各种方法，也见不到效果，后来果果爸拿出一个圆形的积木告诉果果说："这是圆形的。"一边在口中唱着儿歌："圆形积木圆溜溜，滚来滚去真好玩。"一边拿着圆形积木滚来滚去，接着把圆形的积木给果果玩一会。

果果爸是想让果果通过视觉、听觉、触觉来认识圆形。

当果果对"圆形"有了一定的认识后，果果爸又让果果选出其他圆形的积木，第一次果果拿错了，果果爸告诉他"这不是圆形的"，第一次果果拿对了，果果爸就鼓励果果说："宝宝真聪明，知道什么是圆形了。"以此来加强果果对圆形的认识。

接下来的几天，果果爸开始和果果一起找寻生活中的圆形。果果爸让果果通过观察，说说身边有哪些物品是圆形的，果果说出了：球、算盘珠、钟等等。

果果爸还要帮助果果将圆形与周围的事物联系起来，将圆形的抽象概念具体化。

有时候果果一时想不起来，果果爸会在一旁稍微提醒一下。另外，果果爸还和果果玩寻找"圆形"比赛，看看谁在家里找得又快又多。这时候，果果爸总是故意减慢速度，让果果赢了几次，果果也就更有自信心和学习的兴致了，他挺起骄傲的小胸脯对果果爸说："我知道小球是圆形的，果果是圆形的，妈妈衣服上的扣子也是圆形的。"

通过上面的训练，果果终于对"圆形"有了足够的认识，这让果果爸很是高兴，心血总算没有白花。

生活中，父母还可以通过哪些让孩子更好地认识各种形状呢？

第一，通过玩具认识形状。

现代家庭中，每位孩子的房间都堆放着各种形状的玩具，事实上，这些玩具也可以成为孩子识别形状的工具，比如圆圆的皮球、方形的小汽车、圆柱形水桶等。爸爸妈妈可以在孩子玩玩具的时候问孩子："皮球是什么形状？""小汽车的车窗是什么形状？"如果孩子回答不出来，爸爸妈妈可以先强调具体形状，然后再问，以此加深孩子对各种形状的印象。

第二，通过描摹认识形状。

爸爸妈妈可以准备一些纸、画笔和一些不同形状的物品。首先，爸爸妈妈在纸上画出各种形状的轮廓，比如用小瓶子画出圆形轮廓，用小方盒画出正方形和长方形的轮廓，再用厚纸片剪出三角形，画出三角形的轮廓。然后将这些图形剪下来，和孩子一起将它们放在纸上，组合成各种各样漂亮的形状。

第三，通过积木认识形状。

如果孩子的年龄较小，爸爸妈妈便可以给孩子购买可以镶嵌的积木，引导孩子通过积木认识形状。首先，爸爸妈妈要将各种形状的积木摆放在孩子面前，教孩子认识不同的形状与颜色。当孩子对积木有了感性的认识后，爸爸妈妈再将其中一块图形镶嵌在正确的位置上，示意孩子也这样去做。起初，孩子可能需要很长的时间和多次的尝试，才能将积木镶嵌在相应的轮廓中，这时爸爸妈妈一定要进行耐心的引导。这个游戏不仅能够帮助孩子认识各种形状与各种颜色，还能锻炼孩子的手眼协调能力，激发孩子的想象力与创造力。

第四，通过零食认识形状。

爸爸妈妈想让孩子快速学会识别各种形状，最直接的方法就是带孩子去超市，让孩子观察各种形状的零食，并且告诉孩子那些零食都是什么形状。然后，购买几种孩子最喜欢的零食，最好是不同形状的零食，比如圆圆的苹果、方形的饼干、锥形的甜筒等等，每次在打开包装或者剥开果皮之前，爸爸妈妈都应该反复强调一下物体的形状。通过这个方法，孩子很快便知道蛋糕是方形的、苹果是圆形的、甜筒是锥形的。

第五，通过看图和触摸认识形状。

爸爸妈妈在教孩子认识形状的过程中，还可以利用看图和触摸相结合的方法。爸爸妈妈可以拿出正方形的卡片对孩子说："这是正方形，它有光滑的边缘，也有棱角，孩子可以用手摸一下……"然后拿起孩子的小手，让孩子触摸正方形卡片的边缘与棱角。当孩子认识了正方形之后，再学习其他的形状，方法也和上面一样。

带孩子欣赏大自然的美

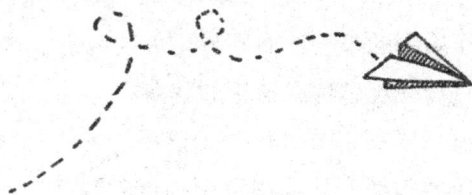

奇妙的大自然是孩子学习的良好场所，更是孩子成长的快乐园地。

父母不如趁着周末或者节假日，带孩子走近大自然，去观察动物、植物的生长规律，去感受新陈代谢规律，让孩子知道植物生长的向阳性……

与此同时，父母还可以趁这个难得的机会，教孩子认识东南西北，让孩子融入大自然的怀抱，亲身感受日夜交替与阴晴风雨等自然现象，还可以在夜晚和孩子一起观察天空中的星星，看看月亮的形状变化。只有当孩子亲自融入大自然之后，才能感受和认识到自然的秩序。

人类的本性便是亲近大自然，只是如今生活在城市里的孩子，离蓝天白云、阳光花草和各种小动物已经越来越遥远了。这也是现代化城市的一个普遍现象——孩子只能生活在钢筋混凝土构筑的高楼大厦中，只能在爸爸妈妈的呵护与溺爱中长大，他们的世界里只有电脑、手机、音响，而没有鸟语花香，也看不到高山流水，麦浪翻滚。孩子在狭小的生存空间里，渐渐失去了亲近大自然的本性，就像笼中之鸟一样，渐渐失去了飞翔的能力。这必然会对孩子的智能发展产生严重的影响。

那么，父母应该如何引导孩子亲近大自然，在大自然中提升孩子的空间智能呢？

1. 让孩子独自静静地感知。

父母带孩子亲近大自然的时候，可以让孩子独自静静地感知，也可用手指示孩子选择典型的事物，用简练的语言加以描述，提高孩子的感知水平。在孩子欣赏自然现象的时候父母可引导孩子使用恰当的感官去感知事物，如闭上眼睛静静地听风吹过树林，树叶发出的沙沙声，用手去触摸水流的变化、冰雪的寒冷等。也就是说，让孩子用眼、耳、鼻、舌、手、脚等全身多种感官去看、听、嗅、尝、操作周围的事物，而不只是单纯地用眼睛去观察事物。

2. 将透视观念种在孩子的脑海中。

父母可以利用节假日，和孩子一起去郊外踏青、远足、爬山、放风筝等；还可随时随地教他们认识田野中的五谷杂粮、蔬菜瓜果；引导孩子观察各种树木。比如人在山脚下时，面前的树高大且郁郁葱葱，而山顶上的树却看似那么渺小；当人到了山顶时，面前的树长高了而山脚下的树变矮了……在这实际的观察比较中，一种透视观念就种在了孩子的脑海中。

3. 欣赏大自然的美。

对于孩子来说，欣赏大自然中美好的事物，也是培养他们视觉空间感的重要途径。因此，父母应有意识地引导孩子到自然中主动感受自然赋予人类的色彩、造型、和谐的组合、鸟语花香等。由于直接用身体器官观察大自然是有限的，在适当的时候，父母为孩子提供适当的观察工具，才能更好地支持和鼓励孩子的观察欲望。比如给孩子买一架儿童望远镜，可以让孩子观察到更远距离的景色，从而使孩子更好地理解远近的关系。

4. 让孩子充分享受驾驭的乐趣。

在大自然中，孩子可以用眼、手、脚和身体去自由操纵水、土、沙、泥等无固定形状的自然材料，极大地激发他们的探索欲望；另外，像蚂蚁、昆虫、小鸟、小鸡等小动物和花花草草等小植物，让孩子能近距离地接触它们，密切地关注它们的成长与变化；另一类像天空、云彩、风、雨、雪、阴、晴等宏观自然现象，孩子虽然不可操作，但是大自然的力量使他的各种感官能够得到充分的体验，父母可以再加强主动引导，让孩子有意识地观察和感受，比如云的形状、风吹来的方向、阴天与晴天的变化等。

孩子在亲近大自然的过程中，不仅增强了自己的空间智能，还有助力于发展自己的自然智能。所谓自然观察智能，就是指孩子对周遭环境有积极的观察力，对自然景物，例如植物、动物、天文等都有诚挚的兴趣和强烈的关怀。这项智能包括了对生物的分辨观察能力，如对动植物的演化，对自然景物敏锐的注意力。其特点是能观察自然万物的形态，能辨识物种并将其分类，了解天然和人造系统的差异。

大部分的孩子都是天生的自然观察者，绝大多数的孩子都喜欢接触自然、回归自然。在自然的环境中，孩子可以感受空间的变化、感受事物的不同形状、分类和特性，对孩子多项智能的发展都很好好处。那么，父母如何能够让孩子与大自然有更多的接触呢？

我和果果爸为了让果果更好地把握"空间"的概念，经常会带着果果去户外活动，或者去郊外玩。果果爸虽然很宠爱果果，但是从来不会娇惯他，有时还会让果果接受大自然的"磨炼"。

去年夏天，天空突然下起了小雨，果果爸让果果事先穿好雨鞋、带上雨伞，然后一起去雨中嬉戏，听雨点打在伞面、树叶、屋顶上的声响，看雨点落至各处溅起的水花。

冬天的时候，果果爸还会和果果一起到屋外玩雪，看雪花、滚雪球、堆雪人、打雪仗等等。别的小朋友都很羡慕果果，因为果果经常有机会和爸爸妈妈一起玩沙土，堆小山、筑城堡等，还会和爸爸妈妈一起去郊外爬山，走很多条小路，从不同的方向兜几个圈再回到原地。

果果爸知道果果很喜欢植物，便在自家的阳台上开辟了一个"空中菜园"，在"菜园"里种了些向日葵、西红柿、丝瓜、黄瓜等植物。到了播种的季节，果果爸会让果果观看种子的形态、颜色，等到种子出芽、长叶之后，引导果果继续观察，还给果果讲述植物生长的规律，使他了解阳光、水、空气对植物生长的作用。在果果爸的帮助下，果果还亲手种了一棵向日葵，日常的灌水、施肥、除草等管理工作，也是由果果来完成呢！

经过果果爸的引导和培养，果果对"空间"的概念有了一定的认识，而且也越来越喜欢外出游玩，喜欢在自然环境中感受各种美好的事物。

随着人类社会的不断进步，在现代科技如此发达的今天，父母不应该将孩子关在"狭小的空间"里，而应该对孩子实行"开放"的政策，让孩子接受大自然的"呼唤"，在接触大自然的过程中，感受空间的变化，并养成热爱自然和保护自然的现代理念。

玩转空间小游戏

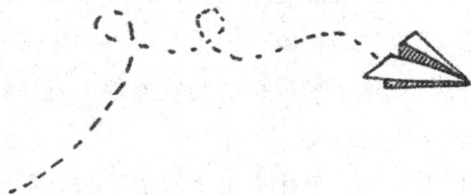

父母对于孩子空间智能的培养方式，可以说是花样百出，令人感到眼花缭乱，不过这里也需要提醒父母一点，那就是在培养孩子任何一种智能的时候，都不应该拘泥于约定俗成的技巧、被一些条条框框的束缚，而应该该采取一些能使孩子感兴趣的、从而自发自愿的方法。

我和果果爸开始培养果果的空间智能，是在果果2岁的时候。那天清早，果果爸突然把我吵醒，很认真地对我说："果果已经快满2岁了，从今天开始我们就开始教他认识方位吧！"

我还很困，没有吱声，果果爸又说："我昨晚梦见我们家果果走丢啦，一个人在大街上找不着回家的路了。"果果爸的担心不是没有道理的，我安慰果果爸说："那我们从今天开始，好好训练果果的方向感吧！"

难得的一个周末，果果爸和果果很早就起床了。

吃过早饭之后，我拿了一只彩色的较大些的花铃棒，一边摇一边慢慢从果果面前移动；一会儿从果果左边摇到果果右边，一会儿又从右边摇到左边；果果拍着小手掌笑哈哈的，小眼睛跟着玩具转，从左到右，从右到左，感觉好玩极了。

我一边摇，还一边对果果说："这边是左，这边是右。"果果爸在一旁笑得不亦乐乎。

过了一会儿，果果爸也"全副武装"地上场了，他的手里拿着积木、蝴蝶结和盒子，他这是要干吗呢？只见果果爸在果果的右胸前别上蝴蝶结，然后他告诉果果："这边是右边。"

果果点了点头，小眼睛还是有点疑惑地望着果果爸，果果爸又对果果说："果果拿彩色笔、剪刀、筷子的手就是右。"果果好像有点明白了。

接着，果果爸在果果面前放一些形状相同的积木，说："果果用右手拿大的积木放在桌子上。"果果做到了，果果爸又在孩子面前摆几个形状不同的大小积木，告诉果果："用右手拿小的积木，然后放入盒子。"经过不断的努力，果果还是做到了。

接下来，果果爸排了几个积木，指示果果："用右手拿大的积木，放在盒子外面。"

就这样，经过好几天的训练，果果总算是掌握了"左右"的概念。我和果果爸还想出了许多有趣的游戏，打算继续通过游戏的方式，来培养果果的空间智能，让小家伙尽早掌握上、下、前、后、东、南、西、北等方向，这样，我和果果爸再也不用担心果果以后会迷路了。

看来，通过游戏的方式来培养孩子的空间智能，真是一件既省力、又有趣的事情啊！接下来，就让我们一起来看看能够锻炼孩子空间知觉能力的趣味小游戏吧。

1. 看图找影子。

父母准备好图画卡片，告诉孩子："卡片上面有几个黑影，下面有好多动物，请你指出和这几个黑影相同的动物在哪里？"然后父母依序指着每种动物，让孩子说出动物的名称，并让他说出对这种动物的认识。孩子说得不够时，爸爸妈妈可以详细地作补充说明。父母遮住图画的一部分，让孩子猜一猜那是什么动物，孩子一定很高兴去猜。

2. 转转乐。

通过这个游戏，可以锻炼孩子的运动、平衡能力，并训练他的空间知觉能力。首先，父母在屋了中间放一个小凳子，蒙上孩子的眼睛，让他在原地转圈，然后让他凭着感觉，朝准凳子的方向走去，并试着坐在凳子上；然后在前方2米处挂一块纸牌，在纸牌上画一个小星星，让孩子看着来回走两次测试大概距离，再用手巾蒙上双眼，让孩子原地转圈后再走向纸牌，用手指小星星。

3. 挑小棒。

爸爸妈妈带孩子围坐在桌边，其中一人抓一把小棒，一头立在桌上，放开手，使小棒散落；然后手拿一根小棒，把桌上的小棒一根根地挑起来，挑棒时不能碰到其他小棒，否则，就让给另一人挑；如此循环，直到小棒完全挑完，谁挑得多就算谁获胜。这个游戏可以培养孩子的耐心，锻炼孩子对空间位置的判断能力。

4. 跑动接球。

父母先准备好塑料纸篓2个、乒乓球10个、乒乓球板2块、小皮球10个，相距2米划两条白线；孩子手拿纸篓与父母面对面站在两条线外，母亲将5只皮球分别抛入篓中，父亲将5只乒乓球分别打入篓中，进球多的为胜；孩子可以前后左右转动身体接球，但不可过线。这个游戏可以培养孩子对空间位置的判断能力。

5. 认识前和后。

孩子都喜欢做游戏，尤其是和人有关的游戏，通过猜位置的游戏很容易让孩子掌握前和后的概念。这项游戏可以全家人参与游戏，排成一排，孩子在正中间。奶奶问妈妈："你在哪里？"妈妈回答："我在你的前面。"奶奶问爷爷："你在哪里？"爷爷回答："我在你的前面。"让孩子在观察和学习的过程中知道前和后的概念。

妈妈站在孩子前面，问孩子："孩子，你在哪里？"引导孩子说："我在您的后面。"爸爸站在孩子后面，问孩子："孩子，你在哪里？"引导孩子说："我在您的前面。"

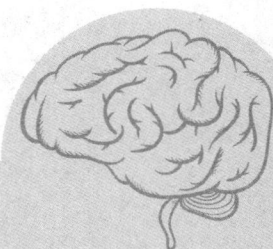

第4章

巧用心思，小技巧培养观察力和记忆力
——培养孩子特有的"超强武器"

请记住：让孩子独自去观察，不如撅着屁股和孩子一起寻找虫子！孩子降临时就像一张纯净的白纸，对这个世界的认知能力要经过学习才可以获得。孩子最初是处于惊奇和陌生的状态之中，先观察周围人的一举一动，然后再去模仿他们的行为。因为孩子尚未具备分析事物的能力，优秀的父母都懂得为孩子提供良好的模仿对象。

观察树叶的变化

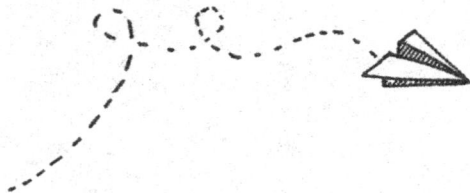

可爱的孩子一出生就对周围的事物充满了好奇，他们的小眼睛总是咕噜咕噜地转个不停，爸爸妈妈们可能不知道吧，他们正在认真地观察这个丰富多彩的世界呢！

观察，是孩子认识客观世界的主要方式之一，孩子的观察力如何，直接影响着孩子的语言能力、逻辑判断能力、创造力、独立思考能力等多种与智商有关的能力。

人类大脑所获取的信息，80%以上都是通过眼睛与耳朵获得的。难怪有人曾说过："观察是智力活动的门户！"无论是谁，如果观察力不强，那么他的智力水平也不会很高。

观察是人类智力活动的开始，一个人如果不能对身边的事物进行观察，就无法获取外界的信息，其精神世界也是贫乏的。其智力活动也就变成了无源之水。正如著名的生物学家达尔文所说："我既没有突出的理解力，也没有过人的机智。只是在观察那些稍纵即逝的事物并对其进行精细观察的能力上，我可能在一般人之上。"俄国的生物学家巴甫洛夫也将"观察，观察，观察！"写在自己的实验室墙上。这些名人的例子都说明观察的重要性。

那么，爸爸妈妈应该如何让孩子拥有敏锐的观察力呢？

意大利教育家蒙台梭利说："孩子对于细微事物感兴趣的敏感期是在5岁以前，忙碌的大人常会忽略周围环境中的微小事物，但是孩子却常能捕捉到个中的奥秘。"

假如爸爸妈妈发现自己的孩子总是对草丛中的小昆虫或者自己衣服上的小花纹产生深厚的兴趣，那么这正是培养孩子观察力的最佳时机了。

夏天，树叶的颜色还是翠绿色的，可是到了秋天，树叶就变黄了。

去年秋天，果果3岁，为了让果果对秋天有一个全新的认识，我和果果爸想了很多方法。

有一次，果果爸无意间望向窗外，正好看见一片泛黄的梧桐树叶飘飘然落下，果果爸忽然就来了灵感，他转头对我说："不如就让果果观察树叶的变化吧！"

我点头，心想：通过观察秋天树叶渐变的过程，果果一定会对秋天有一个全新的认识！

在确定了目标和观察对象之后，我和果果爸就开始寻找教育的时机。

九月末的一天，一场风雨过后，梧桐树的叶子落了一地。果果和果果爸路过梧桐树的时候，果果表现得很是兴奋，他捡起一片梧桐树叶，一边观察，一边问果果爸："叶子怎么掉下来了？"

看到果果对落叶的兴趣这么浓厚，果果爸便抓住这个教育时机问果果："果果知道树叶会变成什么颜色吗？"果果很茫然地摇了摇头。

果果爸接着说："那我们一起来观察树叶的变化，好吗？"

果果看了看手中的梧桐树叶，然后他很开心地点了点头。

从那以后，果果每天都会和果果爸一起观察树叶的变化。果果爸还为果果准备了颜料和图画本，和他一起把每天见到的树叶的颜色画出来，做好观察记录。

刚开始的时候，梧桐树叶的变化不大，绿色的还是很多，但树上长了许多黄色的小种子；几天过后，梧桐的叶子还是很多，不过绿叶子中有了不少黄色的叶子；又过了几天，梧桐树的黄叶子越来越多了，并且常常被一阵风吹落下来……这些变化都被果果记录在图画本里，果果爸只是在一旁协助。果果有时候会好奇地问果果爸："如果树叶都落光了怎么办？"

果果爸便告诉果果："秋天是落叶的季节，到了冬天，树叶就落光了，只剩下光秃秃的树枝，但是等到明年春暖花开的时节，嫩绿的树芽就又冒出了头。"果果认真地听着，表现出一副似懂非懂的样子。

当窗外的梧桐树叶基本落光后，果果爸问果果："秋天的树叶会有变化吗？"

果果瞪着眼睛，很肯定地回答："当然有变化啦，秋天的树叶会变颜色呢。"

果果爸接着问："秋天树叶会怎么变颜色呢？"

果果说："树叶会从绿色变成黄绿色，最后变成黄色。"

果果爸又问："那秋天的树有什么变化吗？"

果果回答："秋天树叶会落下来，最后一片叶子也没有了。"

果果爸故意露出一副担忧的样子："树上的叶子都落光了，怎么办？"

果果笑呵呵地回答："不用担心啊，明年春天又会长出新的叶子来。"果果的回答让果果爸很感动，因为通过这几个月的观察，果果对秋天树叶的渐变过程已经有了初步的认识。

通过观察树叶的变化，不仅增强了果果的观察力，而且让果果对秋天有了全新的认识。

在日常生活中，父母也可以采用同样的方法，让孩子在观察中提高自己的认知，学习更多的知识。当然，观察的对象可以是树叶，也可以是花朵、动物、白云、石头……只要是孩子感兴趣的，父母都可以加以引导。比如带孩子散步时，看见各种来往的车辆，可以引导孩子去观察车的大小以及颜色的不同；带孩子去动物园时，可以引导孩子观察不同类动物有什么异同点，进而使孩子的观察力得到提高。

科学研究早已证明，观察是人类智力结构的基础部分，也是大脑的"眼睛"和思维的起点。爸爸妈妈希望自己的孩子智力超群，就应该注重培养孩子的观察力，让孩子学会观察，从而促进孩子的智力开发，并且让孩子的大脑拥有一双敏锐的"眼睛"！

有的孩子在观察过程中，可能并没有取得良好的观察效果，这不是因为他们不爱观察，而是没有找到正确的观察方法。如果孩子在观察中没有找到事物的重点或规律性，那么孩子的观察行为就会显得不够准确，甚至没有太大的意义。所以，爸爸妈妈应该教给孩子正确的观察方法，让孩子学会如何观察。以下几种方法，可供爸爸妈妈参考：

方法一：顺序观察。

无论什么事物都有一定的发展顺序，比如动植物的生长。爸爸妈妈可以让孩子认识到一个事物发展的全过程，在孩子的大脑中建立一个完整的概念，让孩子养成按顺序观察的习惯。

方法二：反复观察。

有的事物或现象不易被孩子快速理解，这时爸爸妈妈可以让孩子进行反复观察，比如观看一场儿童足球比赛。反复观察能够帮助孩子形成对事物的整体认识，并且把握好各个环节的重点。反复观察还能强化孩子大脑中对于事物的认知，从而形成长久的经验。

方法三：对比观察。

德国哲学家黑格尔曾经说过："练习人们精细的观察力的最好方法是教他学会在万事万物中寻求事物的'异中之同'或'同中之异'。"所以，爸爸妈妈可以让孩子学会对比观察，比如让孩子观察其他孩子的绘画作品，让孩子进行对比，发现别人的好，认清自己的不足。

方法四：组合观察。

孩子在观察某个事物时，爸爸妈妈应该引导孩子进行组合观察，也就是对这个事物的整体及组成部分都要有所把握。比如孩子在观察夜空时，爸爸妈妈就应该让孩子观察整个夜空，同时也要观察月亮及其他星星。

方法五：重点观察。

事物在发展过程中，肯定会有一个主要环节，这便是事物的重点，比如植物从生到死最重要的环节是开花，观察植物的花朵便是一个重点。通过重点观察，可以让孩子养成抓住重点、抓住中心、掌握大局的好习惯。

由于孩子还不会写字，也不会做记录，爸爸妈妈便要成为孩子的"好帮手"。当孩子有了观察成果时，爸爸妈妈应该帮助孩子做好记录，可以用简单图画的方式记录家中小动物的成长过程，或者小植物的生长变化，这样做更能提高孩子的观察兴趣。

当孩子有了观察的兴趣，就会渐渐养成观察的好习惯；当孩子掌握了正确的观察方法，就能够更好地获得观察成果。这样长期坚持下去，孩子的观察力也会得到长足的进步。

和孩子撅着屁股寻找虫子

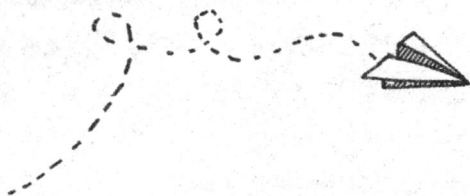

观察是孩子积累知识、认识世界的重要途径，也是智商形成的基础。

孩子通过好奇的眼睛来审视这个世界，但孩子的心智没有完全成熟，在孩子的眼中，世界显得异常庞大并且十分陌生。因此，孩子的观察和探索行为肯定也是十分庞杂且难以寻找合适切入点的，这样的探索肯定会让他们倍感迷茫。

这个时候，如果父母能主动加入他们的探索，并且在侧面为孩子的观察和探索活动指路的话，肯定会让孩子的探索之旅少走一些弯路，同时也能对症下药地帮助孩子更高效地开启智慧之门。

我也经常建议年轻的父母："让孩子独自去观察，不如撅着屁股和孩子一起寻找虫子！"

因为孩子的观察力不会像地里的种子一样，随着春天的来临而自己萌发出来，并且不停地生长。爸爸妈妈们一定不要忽略自己在孩子成长中所起的积极作用，对于孩子观察力的培养也是如此。

有一个小男孩从小就对身边的各种事物都充满了兴趣，而他的爸爸也对儿子的这份好奇和兴趣十分珍视，总是带儿子去接触各种新鲜事物。

这天晚上，爸爸下班回家的时候还将一个小客人带回了家，那是一只胖乎乎的小豚鼠。男孩从见到这个小东西的第一眼起，就彻底喜欢上了它。

整个晚上，男孩都趴在小笼子上，兴致勃勃地跟他的新朋友玩。

"爸爸，它的脑袋比一般小老鼠大好多！"

"爸爸，小老鼠的上嘴唇上有个裂纹，它是三瓣嘴！"

"爸爸，它怎么没有尾巴？"

男孩一边逗弄豚鼠，一边欣喜地将自己的新发现告诉给爸爸。他里里外外地跑动着，一会儿找吃的，一会儿让妈妈帮豚鼠弄"棉被"。

"爸爸，小豚鼠怎么不吃东西？"忙活一会儿之后，男孩又大叫着询问爸爸。

"不吃东西？"爸爸闻讯走了过来，看到儿子的样子后，爸爸笑了起来。原来，儿子正将一小块晚上吃剩下的咸鱼拼命往豚鼠眼前放，可小豚鼠却像躲避瘟疫一样蜷缩在笼子的最里端，根本不愿意看那块咸鱼。

"儿子，你认为小豚鼠喜欢吃什么东西呢？"

"我喜欢吃的它也一定爱吃！"男孩想了一下之后便将答案告诉了爸爸。

"那我们就来实验一下，看它到底喜欢吃什么！"

然后，这位爸爸便领着儿子拿了几样食物过来，男孩拿了自己爱吃的面包、糖果和乳酪，而爸爸则拿了一些生菜。之后，爸爸便让男孩将这些食物一起放到豚鼠的笼子里。过了一会儿，男孩就兴奋地喊出了答案："生菜，小豚鼠喜欢吃的食物是生菜！"

"你觉得小豚鼠是怎么辨别出哪些食物是它喜欢的？是看到的、听到的还是闻到的呢？"爸爸又问男孩。

"应该是看到的吧……"男孩想了一下之后，轻声将答案说了出来，但语气已经没有先前那么确定。

"你觉得是看见的吗？那我们再来实验一下吧！"爸爸笑眯眯地再次提议。

"你仔细看着小豚鼠啊！"爸爸说完之后，便将一片生菜放到嘴巴里大嚼起来，还故意嚼出很响的"咯吱咯吱"声。"爸爸，小豚鼠没有反应，它肯定不是靠看来辨别喜欢的食物的！"看了一会儿之后，男孩便说出了这样的结论，语气很是肯定。

然后，爸爸又将一团跟生菜颜色差不多的塑料纸和一片真正的生菜一起放进笼子里让男孩观察。男孩趴在笼子上方，看小豚鼠在真假生菜之间"犹豫再三"，最后，豚鼠还是识别出了真正的生菜，咬着美味食物大嚼特嚼起来。"是闻的，我看见了，它刚才一直在闻！"男孩兴奋地又跳又叫。

这个男孩就是被誉为神童的卡尔·维特，而那位如孩子般一起投入游戏，并引导男孩探寻真谛的爸爸，就是卡尔·维特神奇智慧大厦的缔造者。

卡尔·维特之所以能够成为"神童"，与爸爸从小的培养有着十分密切的关系。虽说每一个孩子生来就有眼有耳、能看能听，但同时接触同样的事物，有的孩子能在脑子里留下准确、完整、丰富、深刻的印象，有的孩子却只有支离破碎甚至错误的印象。

我和果果爸也不想果果成为"笼中的小鸟"，所以只要有时间，就会带果果亲近大自然。上周末带果果去市郊春游，果果爸还特意给果果买了一台儿童相机，一路踏着春色拍照。

现代心理学的研究证明："在缺少日常刺激的环境下生活的孩子，在认识的内容上苍白无力，而且注意力涣散，易受暗示，缺乏学习能力。"另一个实验则表明："仅仅遮断触觉刺激，也会使被试者智力迟钝，手指灵活性下降，感情冲动，并出现离奇古怪的思维。"

既然缺乏一般的感知就会使智力活动受到如此明显的不良影响，那么，缺乏有目的、计划的观察，对于孩子智力活动的消极影响就更大了。

那么父母应该如何引导孩子正确地观察，并且自己也参与其中呢？

1. 父母要培养孩子多方面的兴趣。

兴趣是孩子最好的老师。很多时候，孩子不愿意去听去看的原因，不是因为他们没有这方面的能力，而是因为跟前的事情并不能提起他们的兴趣。因此，父母要想办法激发孩子的兴趣。

兴趣可以提高孩子观察的敏锐性，而较高的观察的敏锐性又会对观察兴趣有积极的影响，使观察更深、更细、更持久，形成良性循环。父母怎样激发并培养孩子的观察兴趣呢？一般可以通过游戏，也可带孩子到大自然中去，让他们运用自己的各种感觉器官去认识大千世界，亲眼看看破土而出的各种各样的禾苗与小草，亲耳听听优美动听的蝉鸣鸟叫，亲手摸摸饱满飘香的麦粒谷穗，亲口尝尝凉而爽口的雪花冰块，从而认识春夏秋冬四季。如果终日把孩子关在屋里练琴、写字、计算，那么无论如何也不能培养其观察力的。

2. 父母要给孩子插上想象的翅膀。

喜欢想象的孩子目光才可能炯炯有神，这就跟画画一样。如果你是个不会画画的人，面对一张空无一物的白纸时，任凭你有万般能耐，我想你也不可能让这张画纸流光溢彩；但如果有人事先已经在上面勾勒出了轮廓，你只需要稍加着色，就能让美丽风景在这张画纸上绽放开来。在这个过程中，孩子的想象力就是那道轮廓，而父母就是给画卷着色的那个人，讲故事是激发孩子想象力的好方法，但其形式也不一定非局限于大人讲孩子听。父母可以给孩子先讲个故事的开头，然后让孩子根据自己的想象将故事编完整，也可以让孩子根据图画重新编一个完全属于他们自己的故事。

同时，在培养的同时，父母要注意保护孩子的想象，不要因为孩子的想象"不着调"就把孩子的想象定性为"瞎想"。这样不仅会掩盖孩子思维中的闪光点，甚至还会打击孩子想象的积极性。

3. 父母要帮孩子将观察延续下去。

很多父母都会觉得自己的孩子没有耐心，在大多数情况下，孩子的观察活动总会因为等待时间过长或失去观察兴趣半途而废。他们将自己的注意力转移得如此之快，以至于前一分钟还兴致勃勃地蹲在花坛边为花朵中颤动的花蕊兴奋不已，后一分钟已经拿着小树枝去捅蚂蚁窝了，这时，家长难免会为了孩子这种飞速转移的注意力而担心，生怕这种"不稳定"会对孩子智商和情商产生影响。

其实，孩子出现注意力快移现象是十分正常的，这与孩子的生理和心理发展是有着很大关系的。通常来讲，孩子的年龄越小，其注意力的持续性就越短。对同一个观察物来说，3～4岁孩子的平均观察时间是6分钟，5岁为7分钟，6岁为12分钟。

在了解到这个规律之后，父母应该尽量想办法帮孩子将对事物的注意时间延长些。当父母和孩子一起进行观察的时候，如果孩子出现不耐烦情绪的话，父母要及时采取措施抑制孩子不耐烦情绪的蔓延，比如说诱导。

"宝贝，小猴子马上要跳出来了，你不是总吵着要看一看真正的猴子是什么样的吗？再稍等一下，小猴子就立刻出来了，小猴子有长长的尾巴，而且屁股红红的……"通过一番描述，孩子通常能再安静地继续观察猴子的生活。

4. 父母要将孩子的观察活动引到点子上。

对于孩子来说，他们总是每时每刻都在观察着这个世界，但孩子的观察活动多数是没有任何实际意义或目标的。他们去听、去看、去探索的主要原因可能就是因为好玩儿或是好奇，虽然父母不能因为这样盲目地将孩子的探索行为认定为无意义，但很多探索活动只有在父母有目的的引导下才能发挥其应有的效果。

所以，当孩子在观察活动中被那些外表夺目但并没有实际意义的事物吸引住目光时，父母就应该想办法对孩子的注意力进行引导，让孩子不仅有"观赏"更有"体察"，引导孩子在对事物的外表进行了解的同时，也能对事物本质进行更为深入的挖掘和探讨。

5. 培养孩子自觉观察的习惯。

要引导孩子观察并不是最终目的，更重要的是培养孩子具有独立观察的能力，培养自觉观察的良好习惯。这就需要养成孩子进行日常观察的自觉性。如带孩子散步或郊游时，可帮助孩子采集各种各样的标本，如花草、树叶、昆虫等放在标本夹子里，让孩子进行观察比较，培养其鉴别能力。这样，经过长期的日常观察活动，可以使孩子养成良好的观察习惯。

6. 积极为孩子创设良好的观察条件。

要积极主动地为孩子提供一些观察条件，家长也可以经常带孩子到公园、动物园、商店等地方散步，引导其观察、分析他所看到的事物。另外，家长也可以带孩子参加一些美术展、画展、花展等有趣的活动，让孩子带着问题去观察、思考，提高观察的能力和效果。

鼓励孩子模仿小动物

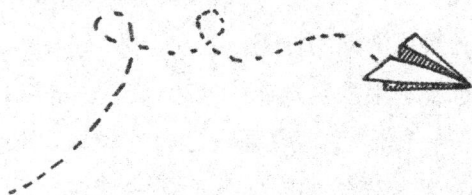

喜欢模仿是孩子的天性，尤其是1岁左右的孩子，学习模仿什么都很快。

爸爸妈妈们可能还不知道吧？通过模仿，还可以培养孩子的观察力呢！因为在模仿之前，孩子必须经过仔细地观察，才能找到被模仿事物的特征，从而模仿得惟妙惟肖。

爸爸妈妈们是孩子最初的模仿对象，他们会模仿爸爸妈妈的表情、动作，比如妈妈炒菜，他也炒菜；爸爸扫地，他也扫地。美国教育学家珍妮女士指出："**孩子降临时就像一张纯净的白纸，对这个世界的认知能力要经过学习才可以获得。孩子最初是处于惊奇和陌生的状态之中，先观察周围人的一举一动，然后再去模仿他们的行为。因为孩子尚未具备分析事物的能力，所以爸爸妈妈应当在孩子面前注意自己的言行，为孩子提供良好的模仿对象。**"

的确，肢体语言和模仿肢体语言有助于孩子智商的发展。在模仿的过程中，孩子可以对位于大脑左半部的语言皮层和位于大脑右半部的视觉神经运动皮层同时进行刺激和锻炼，这样就可以大大提高孩子手眼之间相互配合的协调性。

果果特别爱模仿果果爸的样子，有一次果果心血来潮，突然把鞋子给脱了，穿着袜子就在地板上跑来跑去。果果爸看见了，很生气地说："果果，你别穿着袜子踩在地板上，成吗？"

果果边跑边学果果爸："你别穿着袜子踩在地板上，成吗？"

果果爸说："你穿上鞋！"

果果也跟着说："你穿上鞋！"

果果爸真生气了，大声说道："这个孩子，真不听话！"

果果一点儿不畏惧，在地板上跑来跑去，嘴里还在学妈妈："这个孩子，真不听话！"

看到果果滑稽的样子，我在一旁忍不住大笑起来。

没想到，果果也跟着我笑起来，还是穿着袜子在地板上跑来跑去。

到了晚饭时间，果果爸进厨房做饭。果果也跟进来了，仰望着小脑袋，认真观察果果爸做饭的样子——果果爸拿勺子，果果也拿勺子，果果爸舀米，果果也舀米，在果果爸身边转来转去，果果爸感到很纳闷儿，心想："这个孩子怎么我做什么他做什么呢？"

最让果果爸忍俊不禁的是，果果爸最近咽炎犯了，老忍不住咳嗽，果果见了，也学着果果爸的样子弯着腰咳嗽，这不明显是跟着果果爸学吗？

模仿是孩子的天性。孩子通过仔细地观察，然后模仿父母的语言与行为，这时，孩子就会像照镜子一样，将父母身上好的、坏的、善的、恶的一切真实地在他身上折射出来。实际上，孩子的很多东西都是在潜意识中通过模仿父母以及周围人的言行获得。所以，父母在日常生活中，尤其是有孩子在场时，应使自己的一言一行都起到模范作用，以免给孩子造成不良的影响，另外，还应该鼓励孩子进行模仿活动。

当然，孩子模仿的对象不只是父母，他们对看到的一切都可能自发地进行模仿，比如家中常来的客人、经常玩耍的小朋友，甚至是自然界的动植物，都有可能成为他们模仿的对象。

在一所幼儿园里，年轻的女老师正带领一群小朋友玩"模仿小动物"的游戏。在此之前，老师曾给小朋友们布置了一道"家庭作业"，那就是观察小动物。

为了完成老师布置的"作业"，小朋友们回家后都开始寻找自己的观察对象：有的小朋友家里养着小狗小猫，他们就跟在小狗小猫身后，认真观察它们的动作和叫声；有的小朋友家里没有养小动物，爸爸妈妈就带着他们去参观动物园……

今天，老师要检查小朋友的"作业"了，她对小朋友说："我们来模仿小动物走路吧，之前老师让你们认真观察小动物，相信小朋友们都应该学会了小动物的'步法'吧！"小朋友们异口同声地回答道："是的。"然后模仿游戏就正式开始了：只见小朋友们有的模仿小猫迈着优雅的细步；有的模仿小猴蹦蹦跳跳地走；有的伸长了脖子模仿长颈鹿；还有的扭着小屁股模仿小蛇呢！

通过认真的观察，小朋友们都能够准确地抓住小动物的特征进行模仿。老师很高兴，给每一位小朋友的"作业"都打了100分。

父母可以和孩子一起玩模仿小动物的游戏，这对于培养孩子的观察力、表现力和运动能力，都有很好的作用。爸爸妈妈可以先让孩子仔细观察某一种小动物，然后做动作给孩子看，让孩子跟着做：

1. 模仿天鹅。

①双手往两旁举起，单脚站立，另一只脚则抬到膝盖的高度。

②单脚站立，另一只脚往后弯曲，以单手握住这只脚，另一只手往横向举。

③孩子和妈妈比赛谁站得久，这个游戏孩子也可以和其他小朋友一起做。

2. 模仿螃蟹。

①四肢着地，慢慢走；有时候要快步走路。

②四肢着地，横向走。

③仰躺，四肢朝上。

④妈妈用积木或坐垫做成洞穴。钻进洞穴时必须迅速，由洞穴出来时必须警戒周围有什么东西，慢慢移动身体。

美国启蒙教育家认为，模仿式教育会对孩子的智力发展产生不可忽视的影响，影响所涉及的范围包括孩子的思维能力和观察能力等许多方面。所以，聪明的父母会懂得如何鼓励孩子模仿，从而达到开发孩子智力的目的。

解放孩子的眼睛

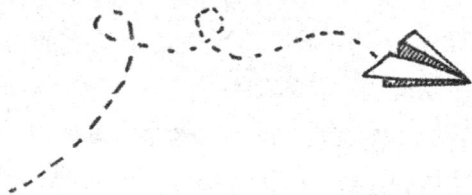

生活中，我们常常用"聪明"两个字来概括一个人的智力。聪明，也就是耳聪目明的意思，它代表着良好的听觉能力和视觉能力，即敏锐的观察力。

孩子认识事物，总是从观察开始的，有了观察，便开始有了记忆、想象和思维等。如果我们把孩子的观察活动比作小蜜蜂采花粉，那么思维等心理活动就是将花粉酿成蜂蜜的过程，如果没有花粉，就酿不出蜂蜜；同样的道理，如果没有良好的观察力，思维就会因缺少材料而得不到良好的发展。

难怪有人会说："观察是认识的基础、思维的触角。"敏锐的观察力，对于科学家、文学家、艺术家等是必不可少的条件，更是每一个孩子应当具备的一种重要能力。

法国最著名作家莫泊桑，被誉为世界"短篇小说之王"。可是很少有人知道，在莫泊桑刚开始学习写作的时候，对于写作却是一窍不通，他虽然看过很多的书，但是从来没有写过一篇不同寻常的文章。

后来经过父亲的介绍，莫泊桑拜文坛大师福楼拜为师。福楼拜让他去观察每天从家门口经过的马车，莫泊桑连续观察了三天，可是他一点儿名堂也没有看出来。

老师指点他说："虽然每天都有马车经过家门口，但通过对不同时间、不同环境、不同人的观察，就会有不同的收获。"

莫泊桑恍然大悟，按照老师说的那样去观察，果然发现每一辆马车、马车上的人、周围的人都不一样。从那以后，莫泊桑的写作水平大大提高，并最终成了一代名家。

事实上，文学史上很多像莫泊桑这样著名的作家，他们之所以能够有材料可写，都是在生活中认真观察得到的。俗话说："处处留心皆学问，勤察深思出真知。"人们通过观察，获得大量的感性材料，获得有关事物的鲜明而具体的印象，经思维活动的加工、提炼，上升到理性认识，从而促进智力的发展。观是看，察是想。观察问题，不仅仅应该知道事物是这样，而且必须知道为什么是这样。

我国著名的教育学家陶行知曾经说过："要解放自己的眼睛。"也就是说，要用自己的眼睛去观察自然、观察社会，在观察中思考，在思考中实践、探索。**对于孩子来说，一切观察活动，都是自身体验的结果，而不是来自于父母或者外界的灌输。**

果果1岁半的时候，有一次和果果爸坐在沙发上一起翻看着儿童画报。

1岁左右的孩子对色彩和图形异常敏感，所以当果果爸指着儿童画报上面那些色彩鲜艳的大树、小花、小鹿、大马等图形给果果讲解时，他总是兴奋地盯着那些图形，时不时地跟随着果果爸的讲解在嘴里"咿咿呀呀"地喊着。

看完一页之后，果果爸正准备将书翻过一页，果果却伸出小手扯着书页不准果果爸翻，另一只手还指着上面的一幅画。

"苹果树，站在上面的都是好吃的大苹果！"

果果爸见果果将手指头放在图画中的苹果树上，便笑眯眯地为果果做着解释。

可果果依然一只手紧紧地揪着这张书页，另一只手固执地指着上面的苹果树，嘴里发出"扑扑"的声音。

果果爸曾对果果模仿过鸟儿扇动翅膀的声音——"扑扑"，聪明的果果便记住了果果爸的模仿，每次看到小鸟从窗边飞过时，他总是习惯于用"扑扑"来表示自己看到了小鸟。果果爸知道这次果果也是这个意思，可他并没有从图画上看见小鸟啊！

"没有小鸟啊，哪里有小鸟？"果果爸满脸疑惑。

"在这儿！"果果依旧一动不动地指着那棵苹果树。

果果爸随着果果的指引朝那里看去，在那棵结着5只苹果的大树上方，果真有一个小黑点。仔细辨认一下，那的确是一只伸展着翅膀的小鸟。那只小鸟被画得很小，如果不注意观察的话，肯定会在不经意间就将它忽略掉。可是不到2岁的果果却从夺目的色彩中间发现了这个小细节，并得意扬扬地将自己的发现指给果果爸看呢！

周岁之前的孩子，目光会不自觉地被那些色彩艳丽或者性状奇特的东西所吸引，不过在孩子周岁之后，他们的思维已经有了明显的进步，目光也不会只锁定在那些外表奇特、色彩艳丽的物体之上。有了之前的观察与辨识，他们的大脑中已经有了足够多的清晰印象，在以后的观察活动中，他们会自然而然地将目光集中在那些比较有趣味但并不为人所注意的小东西之上，就像果果眼中的小鸟一样。

虽然观察是孩子的天性，但是观察能力的发展，也与孩子的生理和心理发展有着密切的联系。当孩子对某个事物产生深厚的观察兴趣时，可能并不是因为这个事物有多么引人注目，而是因为这个事物引起了孩子某方面的情感，其中也包含了孩子对于生活的理解。在观察过程中，孩子发现事物的独特之处，并且将观察的结果记录在大脑中，为以后的观察提供更多的经验与依据。所以，孩子的观察过程，也是不断丰富大脑知识，不断积累知识的过程。

有了这样的认识之后，爸爸妈妈更应该明白，孩子并不是完全被动的接受者，也是主动在观察中不断探索世界和认识世界的"观察者"。与生俱来的好奇心，会让孩子对身边新奇的事物充满探索的欲望，而在观察过程中，孩子的目光如此有神，甚至比成人更加犀利。很多时候，孩子的观察可能不如成人那样深沉透彻，却能够引发孩子的思考，开启孩子的智慧之门。所以，当孩子对某个事物产生兴趣，并且认真观察时，爸爸妈妈千万不要阻止，更不要用成人的目光去看待，哪怕孩子观察的事物在成人眼中显得那样微不足道。

作为新时代的父母，应该解放孩子的小眼睛，让孩子去看他们喜欢看的东西，给孩子一片自由成长的天空，因为这一切都与孩子智商有关。

激起孩子观察的欲望

前面我们已经说过，敏锐的观察力是想象力、创造力的源泉，对孩子今后的智力发展有着重要意义。那么父母怎样才能激发孩子的观察欲望，使孩子勤于观察和善于观察呢？

我想，完成观察任务的必要条件之一，就是要让孩子发挥主体能动性。

如果想让孩子主动观察事物，就要激起孩子积极地去观察某事物的强烈愿望。父母要做到这一点，可以从以下几个方面入手：

方法一：为孩子提供良好的观察环境。

良好的观察环境是激起孩子观察欲望的首要条件，父母要积极主动地为孩子提供一些观察条件，如果家里条件允许的话，可在家里增设图片展览区、种植园、自然角、科学发现室等，带孩子参观超市、商场、植物园、动物园、公园，还可以按季节组织孩子郊游，参加一些画展、花展等有趣的活动，让孩子在实践活动中增加观察的兴趣和能力。

方法二：观察对象本身要有一定的吸引力。

爸爸妈妈在为孩子选择观察对象时应该注意两点：首先，如果观察的对象不能太陌生、太复杂，与孩子现有的知识经验水平差距太大，否则会使孩子产生紧张和回避的心理；其次，选择的观察对象要具有一定的新奇性、复杂性。如果让孩子观察的对象是十分简单、熟悉的，就会使孩子产生厌倦心理，从而失去观察的欲望。

方法三：以情感和语言感染孩子。

在孩子的观察过程中，妈妈还可用自己的情感和语言来感染孩子，从而激起孩子的观察欲望。同时，爸爸妈妈要有意识地丰富孩子的词汇，在讲述过程中适当使用孩子不熟悉的名词、动词、形容词等，发展孩子的连贯性语言，纠正错误的发音与用词不当之处，提高孩子的语言表达能力。在观察过程中应尽量让孩子提问题，独立地发表自己的意见。当孩子产生兴趣后，孩子的注意力就会集中。

方法四：组织多种多样、形式丰富的游戏活动。

激起孩子观察欲望的方法有很多，但最为有效的当属游戏。玩耍是孩子的天性，只有当孩子处于游戏之中时，他们才最有活力、思维也才是最为活跃的，因此，家长可以针对孩子在观察活动中所表现出来的特点，将对孩子的培养活动放到游戏之中进行。

一个阳光明媚的周末，我和果果爸带果果到公园去玩，果果开心得蹦蹦跳跳。

果果爸提议："我们三个人比比看，谁能最先找出春天的三种标志，就说明谁的观察力最好。"果果的兴致非常高，拍着小手说："好啊，好啊！"

不一会儿，果果说他找到了："花坛里有小花，树枝上有小芽。"

果果爸听了果果的话，夸赞说："果果的观察力真是不一般。现在，咱们比比谁会动脑，会思考，谁能听到大自然的音乐，谁能感受到春天美妙的旋律。"

果果眨着眼睛，拍着小手说："好啊，好啊……"然后我和果果爸就带着他仔细观察树枝、树皮，侧着脑袋倾听各种声音，每一个小小的发现都使他感到欣喜。

平时，我和果果爸只要有时间，就会带果果到公园去玩。不管是春天还是其他季节，只要果果有新的发现，我们都能从他口中听到许多出乎意料的问题。

"爸爸，这棵小树的树叶为什么是红色，不是绿色啊？"

"妈妈，昨天的那只小蝴蝶怎么不见了？它飞到了哪里？"

在日常生活中，父母也可以利用绘画、图片、幻灯片、电视节目以及各种实物，对孩子进行观察练习，使孩子学会各种有效的观察方法。在这些观察活动中，父母要有意识地引导孩子，比较观察对象的区别和联系。鼓励孩子自己提出观察任务，找出观察对象的特点，区分不同和相同之处，学会从感知的东西中提炼出最重要的东西，即现象和本质的联系。

下面为父母介绍几个激发孩子观察欲望的小游戏，希望对你有所帮助：

1. 蚂蚁大军游戏。

天气转暖之后，各式各样的小动物也都倾巢而出了。在这个时候，父母可以带着孩子走出房间，走向户外，让孩子和大自然进行亲密接触的同时，也可以通过观察和各种小动物成为好朋友。蚂蚁就是一个不错的选择，这种小动物不仅随处可见，而且没有危险性。如果父母能陪孩子一起对蚂蚁大军进行观察，同时向孩子详细讲述与蚂蚁的习性有关的小故事的话，相信孩子会兴趣十足地加入进来。

2. 寻找家。

辨识地图是每个人必须要有的生存技能，对于孩子来说，这是一种既能益智，又充满趣味的游戏。茶余饭后，父母可以和孩子一起展开地图，或拿起地球仪，让一家人在地图上环游世界。

观察可以从孩子最为熟悉的点进行切入，比如中国的位置等等，之后就可以寻找别的地点了，比如学校的位置、他们家的位置、外婆所居住城市的位置、五星红旗升起的地方等等。这样的游戏不仅能拓展孩子的观察能力，更能让孩子在观察过程中对身边环境、对国家甚至是世界有个总体性的辨识。

3. 回想游戏。

父母可以往孩子面前放几样东西，让孩子观察一小会儿之后，将孩子的眼睛蒙上，然后让孩子回想刚才看到的几种东西，再尽量详细地描述一下那几样东西的形象。

刚开始的时候，父母可以先让孩子看一块粉红色的橡皮和一块黄色的三角形积木。当孩子经过短时间的观察和记忆将这两种东西正确回想起来之后，父母就可以继续增加观察物的数量，同时也可以让被观察的物品更复杂些，比如说画着黄色小鸭子的小瓷碗等等。

4. 购买游戏。

当你去超市购物的时候，你要记得将孩子带上。在去购物之前，你可以将准备购买的东西告诉孩子，然后让孩子讲述一下这些东西的具体形状，对那些孩子不知道或无法确定的，父母可以趁势将这些告诉他。等到达超市之后，父母就可以放手让孩子"帮忙"了。当他因为被信任而兴致勃勃地在货架前忙碌时，相信他此时的状态肯定是有目的的观察和寻找。

回家之后，父母还可以请孩子"帮忙"按事物的不同种类分放货物，他可以按照颜色、用途或是性状尽情分类。孩子有自己的分类标准，大人也不需要太过于干涉。无论怎样，对孩子的思维来说，也都是一种锻炼。

购买游戏既是一种游戏，更是一种实实在在的生活技能，父母可以好好利用这个游戏来达到对孩子培养和锻炼的目的。

打开孩子记忆力的"宝库"

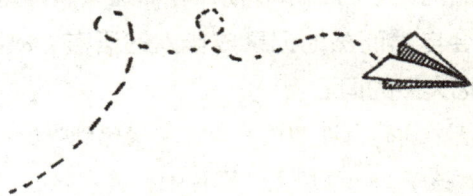

成年人有成年人的记忆方法，孩子也有孩子的记忆方法。父母们可千万不要以为孩子的年纪小，什么都不懂，其实孩子的记忆能力十分高超，一些成年人记不住的东西，往往孩子能毫不费力地记进大脑，贮存起来。

果果的记忆力也很棒，他还有一个特别的"爱好"，就是帮助我和果果爸整理东西。

一天早上，我要用梳子，东找西找找不到，正着急时，果果屁颠屁颠地把梳子送过来了。我很惊喜地问道："果果做得真棒，你是从哪里找到的？"

果果仰起小脸说："妈妈，是你那天让我把梳子放在抽屉里的，我都知道，你却忘了。"

还有一次，果果爸的打火机找不到了，问果果知道吗？

果果想了想，转身跑到客厅，从沙发的抱枕下找到了打火机。

果果爸问他："是你把打火机放在那里的吗？"

果果点点头说："昨天玩了，然后我把打火机藏在沙发下啦！"

果果爸又气又喜："果果还记得啊，没有忘了就好，但是以后不能随便玩爸爸的打火机哦！"

果果笑着说："知道啦，记住啦！"

从那以后，果果再也没有拿过果果爸的打火机。

科学研究表明，**每一个孩子的大脑都是一个拥有强大记忆潜力，能够储存海**

量信息的记忆"宝库"。孩子的记忆主要是无意记忆，所谓无意记忆，就是指在生活中自然而然地记住了一些事物，没有什么明确的记忆目的。

孩子利用这种方法，存储大量的识记材料。他们在看电视、听收音机的同时，就能把其中的音乐和插曲存储进大脑细胞里。**无论在家里，还是在幼儿园，孩子都会自然而然地记录成年人的语言、故事、儿歌，在与成年人交往的过程中，记忆大量的词汇。**

生活中的确有许多孩子会让父母感到吃惊：小家伙还不到3岁，怎么老说一些大人的话？孩子们把画册上、影片中、美术展览、生活用品中的图形能够反映到自己的个体意愿中来，创作出生机勃勃的儿童作品；聪明能干的小家伙，不会写字，也不识字，却能到广播电台熟练而生动地讲故事、唱歌、表演……而且往往一次就能成功。那么孩子的记忆力到底是如何发展的呢？科学研究发现，人类个体的记忆力在胎儿时期已经产生，自怀孕8个月起，给胎儿听音乐，出生后孩子对所听的音乐有印象。

新生儿时期：在妈妈的怀抱中吮吸乳汁是孩子最早的记忆，即使孩子还在吃奶阶段，他仍旧可以记住自己在妈妈怀里吃奶的姿势以及母乳的气味。

2～3个月：这一时期的孩子已经拥有了短时记忆，比如当他们发现自己注意的物体突然从视野中消失时，便会转头用眼睛去寻找。

4～5个月：这时孩子已经能够记住平时给自己授乳以及经常抚摸自己的人，这个人就是孩子的妈妈。孩子能够将妈妈与陌生人区别开来，也开始"认人"了。

5～6个月：孩子已经完全记住妈妈的样子，每次见到妈妈都会表露出欢快的表情，四肢舞动，不断发生哇哇的笑声。

7～12个月：孩子的记忆变得更强了。科学家曾经做过一个试验：让孩子看着科研人员找来两个同样的盆子，然后将一个玩具放进其中一个盆子里面，再用大幕布遮挡，遮挡的时间为1秒、3秒、7秒，然后让孩子找玩具。实验的结果是：8个月的孩子间隔1秒就记不得了；间隔3秒时，12个月的孩子能记住并找出玩具；间隔7秒时，70%的12个月的孩子能记住并找出玩具。

1～3岁后：孩子的语言能力不断增强，记忆力也随之增强。1岁左右的孩子能够清楚地记住一些小朋友的名字以及自己使用过的东西；2岁左右的孩子能够记住一些简单的儿歌和古诗；3岁左右的孩子记忆时间明显延长，能够保持好几个月，如果爸爸妈妈出差几个月回来，孩子仍然能够认出来。

3～5岁：孩子已经能够记住一些抽象的概念，比如数字、字母、颜色等等。这一时期的孩子能够在短时间内记忆很多信息，因为能够在需要的时候进行回忆。当然，这些大多都是机械式的抽象记忆，而不是完全理解自己所记忆的东西。如果想让这些抽象的记忆转化成实用的经验与能力，就需要孩子反复记忆，从而不断加深对事物的理解。

5～6岁：这一时期的孩子可能会在某个领域表现出超强的记忆力，他们也形成了自己的独特的记忆方法。爸爸妈妈可以观察孩子的记忆过程，并且想办法引导孩子运用自己的方法去记忆其他的东西，比如用在学习方面。

希腊大悲剧诗人阿斯基洛斯说过这样一句话："记忆是智慧之母。"英国著名的哲学家培根也曾表达过类似的思想："一切知识的获得都是记忆。"他们的话深刻地揭示出了记忆力的发展对智商的决定性影响，这样的表述并没有任何夸张的成分，只要我们看看那些在历史上取得卓越成就的人，就会发现他们大都有着活跃的思维和超群的记忆力。

"天才画家"达·芬奇从小便拥有惊人的记忆力。有一次，十几岁的达·芬奇和爸爸妈妈一同外出旅游。在一处旅游胜地，他偶然间看到一幅漂亮的壁画，经过仔细的观察之后，他将壁画的内容牢牢记在了自己的大脑中。回到家，他马上拿出颜料和画笔，根据自己大脑中的记忆，将那幅壁画完整地画了出来，不仅画的比例与细节与真作相差无几，甚至连色彩的运用与明暗变化都被他记得一清二楚。如此高的智商自然与他超强的记忆力有着密切的联系。

"音乐神音"莫扎特也拥有让人羡慕的记忆力。一次，他来到西斯汀教堂，被一支不能外传的大合唱所震撼到了，虽然他只是很专注地听了一遍，却将那支曲子完整地记忆在脑海中，回家后还完整写出了那种大合唱的曲谱。

周恩来总理同样记忆力惊人，他能够在很短的时间内，记住那些与他会面的完全陌生的客人的名字。直到多年以后再见面，他仍旧能够准确地叫出那些客人的名字。

人的大脑其实是一座拥有无限潜力的记忆"宝库"，而父母作为开启孩子智商的第一任老师，应该利用科学的方法去启迪和开发孩子的记忆潜能，让孩子拥有超乎想象的记忆力！

方法比死记硬背更重要

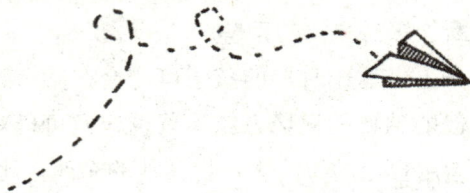

　　父母要想孩子更聪明，就应该从小培养他们的记忆力。对于孩子来说，学习较难的文字材料，单纯运用机械记忆力比开动脑筋思考要"省事"而且"容易"得多，如果父母稍微疏忽，就可能使他们不自觉地养成死记硬背的习惯，这样不利于孩子的智力发展。

　　如果父母从小就强迫孩子死记硬背，还有可能养成一个坏毛病，那就是等孩子进入小学之后，在学习上碰到稍微难懂一点的知识（如学习加法交换律、20以内的进位加法和退位减法等等），他们就只死记一通。而且他们也很可能养成一种"习惯性"的思维方式和智力活动方法，那就是死记硬背，知难而背，而不是知难而想。

　　最终导致孩子不懂也不愿意问，也不愿进行仔细地观察，更不愿开动脑筋思考，不管遇到什么难题，先背下来再说……针对孩子的这种状况，我给爸爸妈妈们的建议是：方法比死记硬背更重要，作为父母，应该掌握科学的方法来帮助孩子记忆。

　　从理论上讲，人的记忆潜能是无限的，有的人记忆力好得出奇，是因为他们能天长日久地训练自己的记忆力，脑子中的记忆方法越来越多，结果，记忆力就越来越好。因此，要想成功地改进孩子的记忆能力，关键在于要加强记忆方法的训练。

　　果果的记忆力和同龄的小朋友相比，已经算是很不错了，他现在不仅能够记住家里所有人的名字和生日，还能够背诵几首简单的唐诗呢！

果果拥有如此好的记忆力，可不是与生俱来的，之前我和果果爸也尝试过很多方法来培养果果的记忆力，甚至让他死记硬背，可是效果都不显著。

后来，果果爸想到了一个和玩具捉迷藏的游戏，通过这个游戏来训练果果的记忆力。

果果爸先准备几样果果熟悉、喜爱的玩具，如玩具小熊、小鸭子等，然后一个个地拿给果果看，并问："这是什么？"得到回答后，果果爸接着说："今天我们要用玩具小熊来玩游戏。"

然后以同样的方式把其他玩具拿给果果看。

果果爸会当着果果的面，把玩具放在不同的地方，并且对果果说："所有的玩具都藏起来了，果果快去把它们找出来吧！"

为了强化果果的记忆，一开始，果果爸让果果自己藏玩具，然后再去找。即使果果爸藏玩具，也一定要让果果看见，并且藏的范围都不太大。

每当果果找出一件玩具时，果果爸都会夸奖道："果果的记忆力真好啊，每次都能记住玩具藏在什么地方！"

开展游戏是训练孩子记忆力的好方法，高尔基曾经说过："游戏是幼儿认识世界的途径。"的确，游戏可以巩固和丰富孩子的知识，可以发展孩子的语言和智力。父母如果能把知识融于游戏之中，便可以让孩子在游戏中轻松学习，在游戏中快乐记忆。

除了开展游戏，父母还应该如何有效地培养和发展孩子的记忆力呢？

第一，目标记忆法。

无论一个人要做什么事情，都会有自己的目标，孩子也是这样。爸爸妈妈应该让孩子明白，学习任何知识都必须有一个目标。这也是提高记忆力的最有效方法。

那么，父母应该如何帮助孩子确立记忆的近期目标呢？其实方法很简单，就是安排好记忆进程，将长远的目标分割成若干不同的近期目标，一个个实现。每当孩子实现一个近期目标时，自信心便会增强。如此改变记忆效能，能够很好地提高记忆速度。

当所有近期目标都完成后，一直想要完成的长远目标也就会慢慢实现。

生活中任何学习与记忆活动，都可以运用目标记忆法，化整为零，将长远的大目标分割成容易完成的若干小目标，从浅到深，从易到难，不断浮现孩子的学习兴趣，增强孩子的记忆力。当孩子确定了自己的记忆目标，有步骤、分阶段地进行记忆，便能大大提高记忆力。

第二，形象记忆法。

很多孩子都适合运用形象记忆法来增强自己的记忆力。爸爸妈妈可以引导孩子，将需要记的东西形象化。在日常生活中，也要培养孩子对事物进行形象化的思维能力，鼓励孩子多进行形象化的联想。比如引导孩子进行联想："你觉得地面上的那摊水像不像一条鱼？"或者询问孩子："你觉得天空中的那片白云像什么小动物？"通过这样的方式培养孩子的联想能力，并且让孩子逐渐习惯于这种联想。长此以往，孩子在进行记忆的时候，便会自动启动这种联想思维，将需要记忆的事物与丰富多彩的生活联系在一起。

我曾经看过一个儿童电视节目，里面有一位十分聪明的孩子，特点擅长记忆数字。主持人不太相信孩子的记忆力，便随手写下一行数字，想试试看他能不能背得出来。

"0136158。"孩子轻声读了两遍，又闭住眼睛想了一下，然后就说已经记住了。主持人惊讶地问他是怎么做到的，孩子给出了这样的答案："我加妈妈再加我们家地址！"

主持人不明白孩子说的是什么，孩子便进一步解释说："01是我的出生年，36是妈妈的年龄，15号楼8层刚好是我们家的位置，这样我就记住了。"

第三，感官记忆法。

爸爸妈妈还可以尝试调动孩子的感官，比如孩子的视觉、听觉、嗅觉、味觉、触觉等，让这些感官也参与到记忆活动中来，可能会取得不错的记忆效果。比如爸爸妈妈想让孩子认识葡萄，便可以让孩子看一看、摸一摸、闻一闻、尝一尝等，以这些感官认知来了解葡萄的颜色、形状和味道。最后，还可以让孩子画一画葡萄，以此加深对葡萄的记忆。

第四，理解记忆法。

所谓理解记忆，就是通过深入思考，达到深刻理解之后的记忆。理解记忆法的最基础条件，就是对材料进行思维加工，以理解材料内容为记忆前提。这种记忆法要求孩子不仅要看懂材料，还要理解材料各分部之间的逻辑关系。简单来说，就是让孩子在记忆某个事物时，提出"先理解，后记忆"的要求，而不是死记硬背，机械式地记忆。

第五，分类记忆法。

如果孩子的年龄较小，要一次性记住某个事物可能并不容易，这时便可以将记忆的内容进行分类，这样记忆就会变得轻松很多。其实，给事物分类的过程，也是理解事物的过程，本身就已经具有了记忆的功能。孩子在分类时，便开始理解和记忆了。比如爸爸妈妈可以让孩子对以下几种物品进行分类记忆：小猫、鞋子、小狗、裙子、小猪和帽子。

睡眠是守护记忆的"小卫士"

孩子每天都要玩各种各样的游戏，如果上幼儿园了，还要读课文、唱儿歌、写字，当他们回到家里的时候，已经感觉非常疲倦了。

这时候，良好的睡眠可以帮助小宝贝们恢复体力、修养身心，促进孩子的身体发育，另外，睡眠还能够增强孩子的记忆力，使孩子更加聪明健康！

既然睡眠对孩子的记忆力有所帮助，那么，父母是否对睡眠足够了解呢？

睡眠是一个整合的过程。良好的睡眠是守护记忆的"小卫士"，而睡眠时间不够是孩子记忆的"小杀手"。这是由于睡眠不但做好了编码新记忆的准备，还给大脑提供了一个整合信息、巩固信息的机会。所以，睡眠能让记忆更加长久，帮助大脑抵御干扰。比如，孩子可以通过一晚的睡眠来更好地记忆前一天晚上的学习内容。同时，睡眠能选择、识别、保存需要记忆事物的关键特征，以便让留下来的记忆更有价值。

另外，良好的睡眠还可以帮助孩子舒缓神经，减轻压力。对于成年人来说，如果感觉压力太大，很多人会通过减少睡眠来继续工作、学习。但懂得自我调节、疏导情绪的人面对压力，不但不会减少自己的睡眠，还会增加自己的睡眠。父母如果要让孩子增强记忆，就必须有足够的睡眠，只有让孩子睡够了，才能充分发挥记忆力的潜能。

科学研究表明，孩子睡觉的时候大脑也在学习。当孩子睡着时，大脑仿佛把记忆的事物转移到了更"安全"、更有效的储存区域。因为，当孩子醒来之后，在进行记忆时会更加准确、更加快速，同时减少了焦虑与压力。如果想让孩子充满活力、思维敏捷，并拥有良好的记忆力，就要让孩子每天保持至少八小时的睡眠时间，并根据孩子的年龄确定不同的睡眠时间长度。孩子年龄越小，需要的睡眠时间越长。

大学时，有一位室友名叫张雪，是一位文艺爱好者。结婚后，她想把自己的儿子康康也培养成"文艺儿童"，为此，她也是费尽了心思。

她不但花重金给康康报了好几个学习班——什么美术、书法、舞蹈、小提琴、钢琴班等等，把康康玩耍和睡觉的黄金时间都占用了，而且还专门请了一位家庭教师来教康康国学。

小小年纪的康康要承受各种学习负担，原本该玩耍和睡觉的时间也没有了。4岁的他虽然会画画、会写字、会跳舞弹琴，还会扭着小脑袋念几句"子曰"，可是和同龄的其他小朋友比较来，康康明显要呆滞一些，没其他小朋友活泼，也没其他小朋友反应快。

张雪还不知道呢，在幼儿园里小朋友们都管康康叫"书呆子"。

最近，康康的问题越来越严重了，不但双眼无神，妈妈交代的事情也总是记不住。这下张雪可着急了，以为康康是生病了，便带着康康到儿童医院做了检查。那位医生对张雪说："孩子是缺少睡眠，才导致精力不集中，记忆力下降的。以后要注意睡眠。"

张雪这才想起，为了让康康尽快学会各种才艺，她常常规定康康要完成某一阶段的学习才能够睡觉。也许正是这样才让康康睡觉不足的吧！想到这里，张雪感到很惭愧，决定以后不再要求康康学这学那了，都说"身体是革命的本钱"，她要还康康一个快乐健康的童年！

康康之所以会出现那些状况，是因为人的大脑也有自己的生物钟，如果孩子为了学习而不睡觉不休息，就会人为地打破大脑工作的规律，这样不仅达不到理想的学习效果，而且会对身体产生不良的影响。

如果孩子在记忆一些学习内容后马上睡觉，在睡觉过程中的前两个小时内，记忆的内容会逐渐减少，但两小时后就不会再有所减少；若是孩子记忆学习内容之后一直不睡觉，那么记忆的内容会不断遗忘，不会停止，所以，孩子可以在读书之后马上睡觉，那么学习、思考的内容反倒不容易被遗忘。

很多爸爸妈妈都不知道，孩子的睡眠质量不好，也会影响到智商发展。科学家早已证实，良好的睡眠质量，对于孩子的大脑发育和血液循环十分重要，因为当孩子躺卧在床上时，大脑能够获得充足的血液流量，比站立时至少多7倍，丰富的血液循环能够让大脑获得充足的营养。而当孩子睡眠质量不好时，大脑便会因为缺乏营养而得不到充分的休息，从而出现精神萎靡、食欲下降等情况，甚至会影响到孩子的身体发育和学习能力。为此，爸爸妈妈更应该努力给孩子创造一个良好的睡眠环境，让孩子在香甜的睡梦中获得成长。

父母应该知道，孩子高质量的睡眠需要注意哪些因素：

1. 睡前准备：让孩子在睡觉之前洗个热水澡，或者做一会儿有氧运动。不要让孩子在临睡时喝可乐、茶、咖啡等饮品，也不要让孩子吃巧克力。可以让孩子吃一些香蕉，或是喝杯热牛奶。

2. 生物钟：如果孩子每天都能按时起床，那么孩子的生物钟会正常运转，这一点对提高孩子的睡眠质量至关重要。

3. 体温：人体的体温波动与光照有关，同时对人体的生理规律有影响。当夜晚来临时，人的体温下降，孩子也会随着体温的改变而有困意。如果孩子体温调节失控了，那么孩子的睡眠也即将进入紊乱状态。

4. 充足的睡眠时间：要想提高孩子的睡眠质量，就需要注意孩子的作息时间，让孩子在晚上八九点钟就要入睡，因为凌晨一点至三点是人体的深度睡眠时间，孩子在深度睡眠中可以更好地恢复体力和改善记忆。中午十二点至一点半是午睡时间，让孩子有良好的午休也能促进记忆。

5. 噪音：保持孩子的睡眠环境安静。如果孩子经常生活在某种噪声中，久而久之，孩子就会习惯这样的噪音环境，但会减少孩子深度睡眠的时间，降低孩子的睡眠质量，因此，家长要尽量避免噪音对孩子睡眠的干扰。

另外，父母还可以在晚餐时让孩子喝一杯热牛奶，或者让孩子吃一些促进孩子睡眠的食物，比如面包、馒头、鱼、牡蛎、虾、瘦肉、鳝鱼等食物，还可以让孩子吃一些水果，比如香蕉、奇异果等，通过这些食物来帮助孩子睡得更香甜。

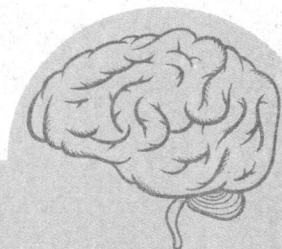

第5章

不二法门，寻找孩子不可思议的语言文字才能

——锻炼孩子的说话能力

语言学习的机制是内外结合，环境能决定语言潜力开发到何种程度，父母在静待孩子开口说话的同时，不要让孩子"孤军作战"，一定要抓紧时间，掌握好的方法，刺激孩子在早期便开始学习语言，您所做的一切会伴随孩子成长的整个过程，并不断提高孩子语言学习的能力。

尽早让孩子说出第一句话

当孩子降临到这个世界的那一刻，伴随着第一声啼哭，他正式地向这个世界宣布："我来了，一个全新的生命诞生了！爸爸妈妈都准备好了吗？"

不过，这个时候的小小生命还只是生物意义上的人，而不是一个完整意义上的人。

只有当孩子逐渐掌握了与人类社会正常交流的能力，具有丰富完整的社会性之后，他才算一个完整意义上的人。而使人具有沟通能力从而具有社会性的唯一工具就是——语言！

语言是人类生存和交流的必备工具，是传递信息的一种载体，人们学习各种知识、技能，积累各种精神财富，都主要是利用语言来完成的。可见，语言能力的产生和发展对于人类的每一个新生命来说都是至关重要的。

在多元智能理论中，语言智能是最重要的智能之一。它是指一个人获得和使用语言的能力，包括语言接受能力和语言表达能力。简单来说，语言智能就是听、说、认、读、写、口语及文字的理解能力和应用能力。语言智能表现为个人可以顺利而高效地利用语言描述事件、表达思想并与人交流的能力。孩子语言智能的发展。可以促进其记忆能力、注意能力、观察能力、理解能力、想象能力。概括能力、创新能力以及抽象思维能力的提高和拓展。

我和果果爸也很重视果果的语言智能开发，在果果还不会说话的时候，果果爸就经常抱着果果，给他念唐诗和儿歌，我也经常和果果"聊天"，虽然他无法全部听懂，可是，每当他听到我和果果爸的声音时，都会很专注地注视着我们的眼睛，歪着小脑袋若有所思。

在果果8个月大的时候，他就开始附和果果爸说出唐诗的最后一个字，这让果果爸兴奋不已。这时我也会立即鼓励和夸奖果果，想尽办法保持他说话的热情。

作为母亲，最幸福的事情就是听孩子开口叫自己"妈妈"吧！我也时刻期盼着果果能够说出第一句话。可是果果说的第一句话并不是"妈妈"，而是"不啊"。

在果果11个月大的时候，常常发出非常清晰的"不啊"，来表示他对某件事情的反抗和不满意，逗得我和果果爸笑个不停。

一天早晨，果果想让我带他出去玩，可是果果爸正在给他把尿。他挣扎几下，然后伸出小手往我怀里扑，却被果果爸制止了。小家伙因此显得很不高兴，他把两只脚绷得直直的，一边反抗，一边喊"不啊"，那场面真叫一个混乱啊！

我连忙走过去，将果果抱起来，摸了摸他的小脑袋，安慰说："呵呵，我们家果果真会说话啦，人家第一句话都是叫'妈妈'，你的第一句话是'不啊'！"

事实上，果果最初并不会发出这么清楚的音，大概是两三周之前，他还只会噗噗地使劲吐口水，发出声音，自娱自乐地玩。后来，他发"不"的音越来越清晰，"不"后面还加一个叹词："不唉、不啊……""不"字拖得长长的，只在他不高兴和不满意的时候才发这个音，我和果果爸猜想，果果大概是知道这个词可以表示某种反抗情绪吧！

虽然果果说的第一句说不是"妈妈"，不过我还是感觉很幸福，因为他的成长之路又前进了一步，以后可以和他说话，和他聊天，听他说话，听他讲故事、唱儿歌了。

一般情况下，孩子在8～9月的时候就能含含糊糊地发出类似"爸爸""妈妈"的声音，在10个月之后直到1岁半才会出现语言交际功能。语言的出现是孩子智商成长的飞跃，是孩子思维形成的标志。说话在孩子智商发育的过程中，起着举足轻重的作用。

心理学家将孩子两种语言现象的出现作为他们说话早的标志：一是会说除了"爸爸""妈妈"之外的第二个词语；二是可以将任意两个不同的词组组成句子来表达需要。如果你的孩子在这两个方面均早于其他孩子的话，那么恭喜你，这

说明你的孩子在语言方面很有天赋，只要父母引导得当，他一定会成为一个聪明伶俐的孩子。

事实上，每一个孩子生来就具有获得语言的潜在能力，这种潜能存在于自身的器官和智力天赋中。只要父母掌握好的方法，通过培训和教育就能够尽早让孩子说出第一句话。

第一，父母应该明白语言胎教很重要。

孩子出生以前，父母就可以开发孩子的语言智力，这对于孩子以后的语言发展有十分重要的作用。比如准妈妈在怀孕五个月的时候就可以与胎儿说话，因为这个时候的孩子已具备听觉功能。准爸爸和准妈妈应该常常呼唤孩子的名字，让孩子在妈妈肚子里熟悉你们的声音。

第二，父母要重视孩子思维的发展和表达的欲望。

从孩子出生开始，聪明的父母就应该对孩子进行"爱"的教育。一方面，可以通过抚摸或关注的方式，让孩子知道你在关注他，从心底里喜欢他，从而帮助孩子适应这个对他来说完全陌生的世界，让他在感知世界的同时开始自己的思维活动。另一方面，当孩子发音时，父母要及时地给予奖励。要想开发孩子的语言智力，让孩子尽早说出第一句话，最重要的是要激发孩子说话的欲望。这并不很难，只要在孩子牙牙学语的时候给予奖励即可，比如摸摸孩子的头、抱抱孩子、亲亲孩子之类的爱抚。这会使孩子产生一种满足感与安全感，进而激发孩子再次发音、说话的欲望。

第三，父母应该经常呼唤孩子的名字。

可能很多人不明白，呼唤孩子的名字与发展孩子的语言智力有什么关系？一般情况下，孩子半岁以后就对自己的名字开始有了意识，别人叫他的名字时他会有所回应。**孩子知道了自己的名字，等于认识到自己和别人是不同的，是自我意识的一种早期表现，而这种自我意识往往会促使孩子产生自我表达、与别人说话的欲望。**

第四，培养孩子对语言的好奇心。

无论孩子学习什么，最开始产生的都是好奇心，孩子学习语言也是同样的道理。如果父母在孩子很小的时候，就懂得培养孩子对语言的好奇心，那么孩子会对语言产生学习的欲望和浓厚的兴趣。那么，父母应该如何培养孩子对语言的好奇心呢？方法很简单，只要时常对孩子进行各种优美声音和语言的刺激，经常给孩子讲故事、唱儿歌、朗诵诗文，以引起孩子对父母所用声音和语言的向往，把孩子的学习欲望激发出来。不过需要注意的是，父母对孩子进行声音和语言的刺激时，要适可而止，避免孩子由于过于疲倦而对语言感到厌烦。此外，父母在对孩子进行语言刺激时，不用着急地让孩子开口说话，否则会违背孩子语言发展的规律。

第五，帮孩子将语言物化成形象。

孩子在最初接触语言的时候，肯定会觉得莫名其妙，因为孩子实在无法在头脑中将枯燥的语言和那些活灵活现的事物联系在一起。所以，父母要尽可能地帮孩子将语言物化，这样才能促进他们对语言的理解并使用。比如，父母在教孩子说"芳香"这个词语的时候，可以将孩子领到院子里，让孩子在鲜花中感受芳香的同时，学会"芳香"这个词语，并且还能让他们在大脑中将香气和花朵联系起来；父母在教孩子说"水"这个词语的时候，可以让孩子将小手伸到水龙头下面，让孩子在记住这个词语的同时，真正感受到水的轻柔。

总之，只要父母能够做到以上几点，孩子说出第一句话便是指日可待的事情！

了解孩子的"语言爆炸"现象

　　细心的父母可能会发现，还在蹒跚学步的孩子似乎在一夜间词汇量有了迅猛的增加，这种突然的变化让父母欣喜不已，真有种"一夜春风，百花竞放"的感觉。

　　这时候父母除了惊喜，还应该知道：这可能是因为孩子进入了"语言爆炸期"。

　　孩子的语言会有一个"跳跃式"的发展过程，这就是人们常说的语言"爆炸期"。在这个特殊的时期，孩子的语言功能会呈现出"跳跃式"的发展，比如孩子在2岁还只能说一些简单的词汇，可2岁后的某一天，掌握的词汇量却成倍增长，甚至可以说出一些完整的句子。

　　国外的心理学家研究发现：孩子2岁左右掌握的词汇量约为300个；到了6岁左右，孩子掌握的词汇量便达到了几千个，这些词汇大多都是孩子在无人教导下"自主学习"的。正如美国心理学教授鲍勃·麦克默里所说："孩子学习说话的过程大多是父母注意不到的，正是在这些不被察觉的学习过程中日积月累，产生了令父母惊异的必然结果。"

　　当孩子进入"语言爆炸期"之后，虽然可以通过简单的词句来表达自己的想法，和爸爸妈妈进行日常简单交流，不过在语法上还是存在一定错误，这种情况下，爸爸妈妈就要用心去理解孩子的话，小家伙所表达的东西，可能与字面意思不同。

在孩子1～3岁期间，他们自己能够学习多个词汇，且学习的中等难度词汇比简单词汇多。这就意味着父母无须为各种声称能提高孩子词汇量的"新发明"而花费时间和金钱。抓住这一时期，多跟孩子说话、多读书给孩子听，才是提升孩子语言能力的关键。

果果的语言智能发展还算不错，很早就开口说话，也没有明显的"语言爆炸"现象。

同事家的儿子贝贝与果果同岁，语言智能发展方面却出现了明显的"语言爆炸"现象。

贝贝是一个可爱的小男孩，两岁半的他长得白白胖胖、虎头虎脑的。只要有人逗他，他就会咧着小嘴笑个不停，肥嘟嘟的小脸上还会泛出两个浅浅的小酒窝。不管是家里人，还是同一个小区的叔叔阿姨，只要见过贝贝天使般的笑容，都会深深地爱上这个"微笑的小天使"。可是同事却高兴不起来，因为两岁半的贝贝还不能完整地说出一句话。

从出生开始，贝贝的语言功能似乎就不太发达。起初他也和别的孩子一样，用大人无法理解的"咿咿呀呀"来表达自己的情感和需求。

可是当别的孩子在某个早上因为急切地想要下床玩耍而清晰地喊出"爸爸妈妈"时，贝贝却依然只能舞动着小手，"咿咿呀呀"地叫个不停；当别的孩子已经能够用虽然不够有逻辑，但也能让大人理解的话语来告诉大人自己的需要时，贝贝却还是固执地将"妈妈"叫成"花花"，将"爸爸"说成"帕帕"，将"叔叔"叫成"兔兔"……

同事为儿子的这种情况整日忧心忡忡，也因为这个问题咨询了很多专业人士，但得到的结论都是贝贝是个很健康的孩子，不用担心他的语言问题。虽然是这样，可不能清晰表达自己的贝贝还是成了同事的心病。

直到一个月前，同事惊讶地发现，贝贝的词汇量仿佛在一夜之间增加了许多。

那天，同事带着贝贝去公园散步。走着走着，贝贝突然停下来，眼睛死死地盯着旁边花坛里的万寿菊，嘴里不停地叫嚷着："我要花花，我要花花……"

同事简直不敢相信自己的耳朵，之前她和老公想了多少办法，费了多少工夫也没能让贝贝说出一句话，如今小家伙自己就会说话了？

同事兴奋得大叫起来："天啊，我们家贝贝终于会说话了！"

回到家后，同事迫不及待地将这个好消息告诉了贝贝的爸爸，贝贝的爸爸也很激动，他一把抱起贝贝，亲了又亲，然后对同事说："这难道不是传说中的'语言爆发'吗？"

同事点了点头，幸福的眼泪不自觉地流了下来，嘴角还挂着笑意。

国外的一些专家将2岁作为孩子语言学习的分水岭。在2岁之前，孩子主要通过耳朵这个"精密仪器"，学习到一些事物的名称，以及一些能表达清晰含义的简短词汇，比如说"吃饭""玩耍"之类，这个过程主要是在父母的协助下完成的。

2岁之后，孩子便会将源源不断注入大脑中的人类社会所特有的信息整合起来，在大脑中构筑出自己的语言世界，这些当然是在无意识的情况下完成的。当孩子意识到语言其实与自己和周围其他事物有关的时候，孩子便开始有意识地尝试说话了。虽然他们的话在大人们看来就像是"外星语"一样让人难以捉摸，但他们的确是在按照自己的方式表达着自己的需求，而且他们表达自己的需求会越来越强烈。

因此，2岁左右的孩子随时随地都可能出现"语言爆炸现象"，这个时期的孩子就像是刚刚开垦的肥沃土地一样，正张开怀抱，等待着接受语言文化的播种。

如果父母能够抓住这个时期，对孩子进行适时的培训和教导的话，就会让他们在语言运用方面出现质的飞跃；如果父母无视这个时期而将其错过的话，就会阻碍孩子的语言发展。父母应该知道，语言学习是一个漫长而系统的过程，在这个过程中，父母切不可操之过急，揠苗助长；同时，语言学习的机制是内外结合，父母在静待孩子开口说话的同时，也不要让孩子"孤军作战"，一定要抓紧机会，掌握好的方法，从而发展和提高孩子的语言能力。

一般情况下，6岁孩子的语言表述已经非常准确了，他们了解并且能够使用母语的一些规则。到了这个年龄段，我们的孩子已经独立完成了学习语言的整个过程。正是由于他们拥有这种自觉、自然的学习语言的能力，人类的历史上才会取得如此众多的辉煌成就，可以说，正是语言的不断发展，才推动了人类文明的进步。

为孩子创造语言生长的"沃土"

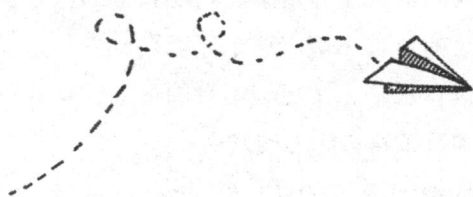

你知道吗？每个孩子在出生时，都已经拥有可发挥语言智能的物质基础和潜在能力。

但是，影响这种潜能得到发挥的因素有很多，除语言器官及大脑皮层语言中枢区的发育成熟外，还与周围的语言环境因素有关。

孩子语言智能的发展在很大程度上依赖于所处的语言环境，即使新生的孩子即使不会说话、不了解语言，爸爸妈妈所说的话也会不断灌输到孩子的头脑里。虽然表面上看不出来，但其刺激会对孩子的脑细胞产生惊人的影响。因此，父母为孩子创造丰富的语言环境，针对自己孩子的特点制定适合他们发展特点的语言交流，这对于孩子的心智发展极为重要。

我曾听一位育儿专家说过，婴幼儿的语言智能是一个自主学习的过程，而非成人教育的结果。当然，虽然人类社会环境能轻而易举地帮助孩子学会说话，但这并不表示任何在人类社会环境中长大的孩子都能做到吐字清晰、语言流畅、用词精准。

小区里有这样一个孩子，他的爸爸妈妈都是聋哑人，他自己的听力是正常的。

平时，爸爸妈妈之间只能用少量的手势进行交流，他们多么渴望自己的孩子能学会正常人的语言啊！由于这个孩子患有严重的气喘病而不能外出，所以爸爸妈妈只能让他在家里跟着电视机学习语言。这个孩子虽然听到了很多话，但只是单向地听，没有语言交流实践。

直到3岁时，他还不能像同龄孩子那样说话，也听不懂别人说的话，最后只能使用从父母那里学来的一些简单的手势语。

可见，孩子语言能力的发展，离不开与成人进行正常交际的语言环境。

优秀的语言能力是不能轻易获得的，它需要各方面因素的配合，这些因素构成了孩子的语言环境。这个环境是成人与孩子共同构成的相互交流的情境，家庭成员的语言水平、常用词汇量的多寡、文化程度、家庭教育的侧重点等因素，都会影响到孩子语言能力的发展。

我们都知道，父母是孩子模仿的榜样，会对孩子的语言甚至是智商和人格的发展产生至关重要的影响。因此，**父母在对孩子的语言能力进行培养的同时，也要为孩子创造一个良好的语言环境，开拓一片能让其语言能力蓬勃生长的"沃土"，让孩子得以顺其自然地发展。**

第一，语言交流开始得越早越好。

父母可以从婴儿期开始，就和孩子进行语言交流了。父母要经常对孩子说话，用丰富的声调、表情、眼神、手势来吸引孩子的注意。这种交流能够促进孩子的大脑发育，培养他们对语言的反应，为以后真正的语言交流打下良好的基础。

第二，注重语言环境的规范性。

很多父母为了逗弄孩子或拉近与孩子的关系，在和他们交谈时，就会故意模仿他们的发音或表达方式，用"儿语"来和他们进行对话。比如，会模仿孩子的发音方式，将"哥哥"说成"朵朵"，根据孩子的表达方式将"陀螺"叫成"转转"、将"汽车"讲成"滴滴"等。

父母这样讲话的时候，孩子可能会因为切近而变得高兴起来，但这样的行为对于孩子语言能力的发展有百害而无一利。因为在语言的初级发展阶段，孩子学习语言的主要方法就是模仿，他们会学着大人的发音和口型说话，虽然他们并不知道那些词汇的确切含义，但却在潜意识里揣摩着词汇的发音。

因此，当父母教孩子说话的时候，一定要按照语言规范将语音准确表达；在平时说话的时候，父母也要注意语音的规范和准确，因为在你旁边，小孩子可能正竖着耳朵在听呢！

第三，语言环境越简单越好。

有的家庭成员来自不同的地区，家庭语言环境较为复杂，家庭成员说的是不同的方言。这种相对复杂的家庭语言环境，对孩子的语言发展十分不利，会让正在学习语言的孩子产生混乱，不知道正确的语言符号是什么，最终出现说话时间延迟、表达不清等语言障碍。所以，那些语言环境相对复杂的家庭，最好可以统一对孩子说普通话。

第四，注意室内环境的布置。

父母可以在孩子居住和常活动的房间里，摆放各种幼儿感兴趣的玩具、物品和材料，让他们一边探索一边学习说出它们的名称和用途。

第五，从词到句逐步扩展口语。

孩子刚开始说话的时候，只会用一两个词语来表达意思，比如看见妈妈在吃糖，他就会说："妈妈糖糖。"这时你应该把孩子的词语加以扩展，改成一个完整的句子，说给孩子听："妈妈在吃糖。"通过这种方式，孩子就能逐渐学会用规范的语法表达他的意思。

第六，教孩子认识生活用品及玩具。

孩子有一双充满好奇的小眼睛，他们喜欢观察身边的新鲜事物。聪明的爸爸妈妈早就发现了这点，于是便利用生活环境中的一些物品，来教孩子学习新的语言。比如，爸爸妈妈可以通过教孩子认识玩具及生活用品，告诉孩子它们的用途，让孩子在积累新名词的同时，也积累更多生活常识，这样既提高了孩子的语言智能，又增长了孩子的见识。

第七，带孩子去欣赏外面的世界。

父母经常带孩子走出家门去商店、动物园、公园，在不同的环境中充实孩子观察、体验的经验，从而激发孩子学习语言的兴趣和表达的愿望。

第八，鼓励孩子与同伴和成人"交朋友"。

平时父母应该常带孩子外出，让他与外人交流，在社会环境中培养他的语言能力，也能同时培养孩子的交际能力。父母应该明白，语言智能发展是一种不可抑制的人类特性，当孩子想表达时，消极词汇变成积极词汇，由听到说才成为可能。

找机会与孩子多"对话"

"想要提高孩子的语言智能，就应该多对孩子说话，要不停地说……"

我经常听到育儿专家这样建议新爸爸新妈妈，这一建议确实有一定的科学依据——研究发现，父母多对孩子说话，有助于他们语言能力的发展。

不过，美国科学家的最新研究发现，父母与孩子多"对话"比多"说话"更加有效。

美国医学教授弗雷德里克·齐默尔曼进行了一项名为"成人独角戏"的研究，他和同事选取了275个不同阶层的家庭进行跟踪调查，这些家庭的孩子年龄都在2~48个月之间。参与研究的家庭，每个月只需要随机选择一天，将孩子一天中所说的和听到的话全部录下来。

两年后，调查结果出来了：这些家庭的孩子在两年内平均每天说400个单词，成人说1.3个单词。此外，弗雷德里克·齐默尔曼教授还测试了两种情况：一是让孩子多听成人说1000个单词；二是让孩子每天多说100个单词。结果表明，多让孩子说话对于他们的语言发展十分有效，而让孩子多听成人说话则效果一般。

齐默尔曼教授总结说："现代育儿专家都建议爸爸妈妈多对孩子说话，以讲故事等方式对孩子'输入'语言，虽然这样的建议有一定的道理，但并没有重视让孩子'多说'。"

成人对孩子说话确实有助孩子语言能力的发展，但更有效的方式是相互交流。

与孩子"对话"，是促使其语言能力发展很重要的一方面。孩子说得越多，他们的能力加强越多。因为在对话过程中，父母自然而然地回应孩子，纠正孩子的错误，同时也调整了自己对孩子说的话，更有助于孩子发展语言能力。

齐默尔曼教授的"成人独角戏"研究成果得到了同行的认可与赞许。美国宾夕法尼亚州匹兹堡儿童医院语言病理学家玛克辛·奥林格说："这项研究成果与我们给出的建议相同。"她也认为，成人与孩子多"对话"，才能让孩子的语言能力得到明显的提升。

每位孩子都会犯错，尤其在学习语言的过程中，经常出现语法错误也很正常。爸爸妈妈应该耐心引导，纠正孩子的语法错误，并且给孩子更多说话的机会。

玛克辛·奥林格给爸爸妈妈的建议是：在平常生活中，可以告诉孩子自己正在做的事情，比如"我在给你拿玩具""我要给你兑牛奶"等等。同时，也要给孩子说话的机会，可以问孩子"你想要哪个玩具""你喜欢喝牛奶吗"等等。

我认识一位育儿专家，她也是幼儿园的老师，自从女儿小英临到这个世界以来，她的脸蛋上就多了许多幸福的笑容。也许是因为平时做幼教工作的原因，她对小英的早期智力开发很是重视，特别是语言智能方面，从小英几个月大的时候，就没有丝毫放松过。

刚开始，她也不管小英有没有反应，总是想方设法地与小英进行"对话"。比如当小英挥动着小手，发出"噢、啊、咿"等单个音节的声音，她就会很兴奋地对小英说："你好啊，小乖乖""和妈妈笑笑"之类的话。虽然小英的发音与表达某种意思的语言不同，但是当小英学着妈妈发出某种声音时，就表示已经在和妈妈"对话"了。

这时，她也会对小英的"话语"做出回应，让小英感受到"说话的乐趣"，从而激发小英再次与妈妈"对话"的欲望。这种教育方式果然很见成效。在小英1岁半的时候，就能够和妈妈进行一些简单的"对话"了。

我觉得这种教育方式很不错，也尝试着运用在果果身上，比如在果果1岁多的时候，我会把苹果拿到果果面前晃一晃，然后问果果："想吃苹果吗？这是苹果！快说苹……果……"

果果看到红彤彤的红果，又急又馋，只能跟着说："苹……果……"

通过类似这样的引导，果果的语言能力得到了有效的开发，和同龄的孩子相比，果果可算说话很早的语言小天才了。

事实上，孩子一出生，就能通过聆听他人的声音来学习语言。大多数孩子在两周大时，就会听到熟悉声音后停止哭泣。身体和智商发育正常的孩子，从6个月开始就已经在"默默无闻"地学习"说话"了。以后，随着孩子身体的成长和智商的进一步发育，孩子会越来越依赖语言，并且希望能够运用语言。

当父母很亲密地和他们说话时，孩子还会伸胳膊踢腿，显得非常高兴，这时候你就知道他正在听你说话，并且很喜欢这样。在这样的情况下，父母想要孩子的语言能力获得良好的发展，就应多和孩子"对话"。为了使对话更有效果，父母们可参考以下几点：

1. 利用孩子熟悉的生活环境、事件，使孩子易于理解成人的语言。如爸爸妈妈去上班时，让孩子用动作或语言表示"再见"。在外面散步时，看见小猫、小狗，就告诉他小动物的名字等。父母应尽量使语言与具体的事物相联系，这样有助于孩子的理解。

2. 与孩子的交谈应是轻松、愉快的。游戏时、散步时、玩玩具时都是与孩子进行交流的好时机，而且在这样的气氛中，孩子也比较愿意接受成人的"指导"。

3. 为了便于孩子理解语法规则，要使用简短的句子。比如喂孩子吃苹果时，就可以说"苹果"；或者用一个短语"这是苹果"。但并不是指不要对孩子说交代来龙去脉、前因后果的长句子。有时对孩子说一些长句子，能让孩子较早学会使用复杂的句子。

4. 父母可以重复或者大声强调想要孩子学习的词语，比如："这是苹果。苹果。"一个词要重复很多遍后，孩子才能理解并且记忆，最后自己说出这个词。对孩子重复相同的话、唱同样的歌、念相同的歌谣，这一切都能在照顾孩子的过程中自然发生，而且能起到强化的作用。丰富的语言输入量是非常必要的。

5. 父母在对孩子说话的时候，应该面对着孩子，因为孩子学说话是从模仿开始的。当爸爸妈妈面对着孩子时，孩子才有机会看见成人说话时的口形、表情，听见成人发出的语音，这样更有助于孩子进行模仿。

训练孩子的准确发音

孩子咿呀学语标志着他的发音进入了新的阶段，也就是说，孩子开始学习说话了。

这时爸爸妈妈又要面对孩子发音不准确的问题。要知道，孩子发音不准确对其成长是非常不利的。它会影响到孩子与其他小朋友或与成人的交流，不利于传递情感，表达思想。不能从别人那里获得更多信息，会影响孩子了解客观世界，影响孩子智力的发展。另外，孩子发音不准确，说话不清晰，会被同伴讥笑，容易造成胆怯、自卑的心理，进而形成孤僻的性格。

一般情况下，孩子在3个月以前只能发出a、o、e等几种简单的韵母声音。

3个月以后，孩子发出的韵母逐渐增多，也有了b、d、g、p、n、f等声母的音。同时常常出现重复连续音节，像ba～ba～ba、da～da～da等，并且在大人反复教导下，可以渐渐把大人的词语跟具体的事物联系起来。例如大人说"灯"，同时把灯指给他看，经过反复训练，大人再说到灯时，半岁左右的孩子有的就能看灯了，但是还不确切、不稳定。

9个月到1岁的孩子会经历"学话萌芽阶段"。在这一阶段，我们可以记录到孩子几十个、几百个音节，出现了不同的声调，开始模仿大人发音了。

1岁到1岁半可以叫作"学句阶段"。在这一阶段，孩子一步步地把语言和具体事物结合起来，是从无意义的发音到说有意义的词的过渡阶段。发展较快的孩子可能会说短句了。

1岁半以后，孩子语言发展就非常快了，发音由不准确逐步过渡到准确，句子逐渐增多，并且越来越复杂了。

2～3岁的孩子发不出的语音逐渐减少，但发zh、ch、sh、r、l普遍困难，部分孩子发g、k、h、u、e、n、f有困难。如孩子把"里面"说成"你面"，称"哥哥"为"多多""得得"，将"飞机"说成"灰机"等。

孩子的发音之所以产生错误，一方面是因为发音器官还不成熟，导致发音不准；另一方面是由于生理上的缺陷，个别孩子的舌根短或软腭有缺陷而影响发音，导致发音不到位。随着年龄的增长及治疗，这两种原因造成的发音不准确现象会越来越少。

在果果3～4个月的时候，我和果果爸就开始对着镜子教果果发音，同时让果果看着我们的嘴发音。当果果11个月时，就能够喊"爸爸"和"妈妈"了，而且发音绝对标准。

可以说，果果从8个多月时开始了"说话之旅"，那时她就开始喊"爸爸"和"妈妈"，并且开始学狗叫猫叫，狗叫学得快，也就是八九个月时就会发出"汪、汪、汪"的声音了；猫叫难学，滞后了一两个月才学会的。

果果爸老家在四川，平时偶尔会说几句四川话，果果听了似乎也所影响。

从果果8个月开始"说话"起，除了平翘舌发音模糊和把"房（fáng）"念成"王（wáng）"外，其他发音都清清楚楚。遇到发音不准时，我们就会及时纠正他。

后来，果果遇到自己读不好的那两个音时，就主动说"妈妈教"，比如她说"吃饭"这个词时，说完就接着说"妈妈教"，我就抱着教他，他就盯着我的嘴学。我教完后还和他玩闹，捅捅他的腋窝，挠挠他的胳膊，逗得他"咯咯"笑。

值得一提的是，果果早在1岁左右接触英语单词时，发音就很准确。比如他的英文名gogo，从我告诉他起，他就读得非常棒！

人类语言发展是有规律的，一般说来：3～4岁时孩子的言语器官还没有得到充分发育，发音不清，词汇量贫乏的情况仍然存在；5～6岁时孩子的发音已基本没有问题，而且积累了一定的同汇。所以，当您的孩子刚刚3岁或4岁，存在着发音不清的情况时，不必过分着急。如果到了6岁，仍有许多音发不清。就要引起重视了。

父母们可用以下方法对孩子进行发音训练：

方法一：爸爸妈妈要做好孩子的标杆。

爸爸妈妈是孩子模仿学习的对象，爸爸妈妈发音正确、清楚，对于孩子学习发音有着很大的影响。为此，在日常生活交流中，爸爸妈妈应该坚持说普通话，并且注意自己的发音是否正确，努力做好孩子的标杆，让孩子掌握好发音的方法，能够分辨不同音节的微小区别。比如在孩子面前示范发音的口形，告诉孩子发音的正确方式（"d"音要用舌尖，"g"音要用舌根，"zh、ch、sh"要用翘舌），让孩子在日常生活中时刻注意使用正确的发音。

方法二：爸爸妈妈要注重孩子的听音与发音练习。

爸爸妈妈想让孩子尽早掌握正确的发音，就要注重孩子听音与发音的练习，让孩子能够分辨出不同音节的细微变化，能够区分正确与错误的发音。通过这样的反复练习，能让孩子的发音器官更加协调。在练习发音的过程中，应当考虑到孩子的特点，注意练习的游戏性与趣味性，比如孩子通常对小动物比较感兴趣，爸爸妈妈可以在孩子练习听音与发音时，对孩子说："小狗小狗汪汪叫，小猫小猫喵喵叫，小鸭小鸭嘎嘎叫……"也可以让孩子学习这些小动物的叫声，从而训练孩子的准确发音。

方法三：对于孩子的错误发音要及时纠正。

当爸爸妈妈发现孩子发音错误时，不能取笑或者强化这种行为，而应该及时纠正，鼓励孩子使用正确的发音。在纠正孩子的发音错误时，爸爸妈妈不能责怪孩子，更不能急于求成，而要有一定的耐心，不伤害孩子的自尊心和积极性。此外，爸爸妈妈千万不要重复孩子的错误发音。如果孩子到了五六岁还存在发音错误，则要注意检查孩子的发音器官是否正常，及早发现问题并且采取相应的措施，从根源上纠正孩子的发音错误。

方法四：用绕口令训练孩子的发音。

绕口令是训练孩子正确发音的"好帮手"。通常情况下，孩子在3岁左右便能说一些简单的绕口令，并且可以说得非常棒。爸爸妈妈在用绕口令训练孩子的发音时，要注意选择一些发音简单、具有趣味性的绕口令，要一句一句教孩子读，就像念儿歌一样，缓缓加快语速。这样会让孩子感觉很好玩，自然也会模仿爸爸妈妈的发音与语速说绕口令。

通过学习绕口令，能很好地纠正孩子的发音错误，比如翘舌音、平舌音不分，n、l不分等。当孩子学会一个绕口令时，会产生一种成就感，从而更爱学习绕口令。

正确对待"口吃"的孩子

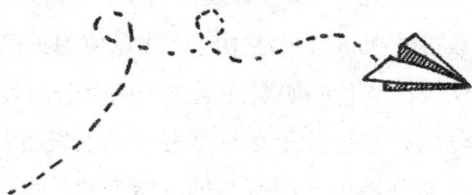

面对正在牙牙学语的孩子，爸爸妈妈们最开心的事情莫过于听到自己的孩子能够连贯地说出许多"小人精"的话。孩子每学会一句话，就代表着他们又长大了一点。

现实生活中也有这样一些父母，看着别的孩子都能流利地背诵唐诗宋词，而自己的孩子却憋得小脸通红，半天才挤出一句："离、离、离离原上、上、上草……"面对这样的孩子，爸爸妈妈都十分着急，甚至希望自己和孩子能换张嘴！

口吃是孩子的一种常见的语言障碍，表现为讲话不流畅、阻塞和重复。

孩子在2～5岁时容易发生口吃，作为父母，应正确对待孩子的"口吃"问题，耐心帮助孩子跨过语言的难关，而不是过于急躁，不知所措。

果果最近也有一些"口吃"的现象。

上周末带他去少年宫玩，有一位5岁的小哥哥说话结巴，果果和他一起玩了堆沙子，回家后果果就开始学小哥哥说话，自己莫名其妙也变得结巴起来。

当他在背唱儿歌时，或者在大叫着疯玩时，说话却很流利，就是在表达什么事情时会出现这种情况。比如在说到"我去叫爸爸吃饭"时，他就会这样说："我我我我去叫爸爸吃吃……吃饭"或者"你你你你怎么怎么那个那个……"

面对这种情况，我和果果爸都很着急，生怕果果变成"口吃"孩子。

为了矫正果果的"口吃"，我和果果爸会放慢语速，提醒果果慢慢说。

有时候，我还会让果果重复一遍他说的话，同时也让他再慢慢地说一遍。当果果慢慢说话时，他就会说得很顺溜，不过，当他下次想说什么事情时依然会出现"口吃"的现象。

我想，果果的"口吃"现象在生活中并不少见，一般2～5岁的孩子，都很容易发生暂时性口吃的现象。这现象通常只会维持数周，如果爸爸妈妈处理得当，应会自然消失。

只有一少部分孩子的口吃现象可能维持一段较长的时间，但爸爸妈妈们也不必过分担忧。当我查阅了相关资料后才知道，绝大部分孩子的口吃都只是"发展性语言不流畅"的正常现象，男孩比女孩更容易发生。**孩子的口吃，可能是生理与心理因素交互影响所产生的，也可能是此时孩子的语言发展飞速，脑子里要表达的内容已经成形，但嘴巴还没准备好。所以，许多孩子的暂时性口吃都发生在语言快速成长的阶段之后。**

但是如果孩子的口吃比较严重，则是需要及时治疗的。造成口吃严重的原因，有的可能是遗传问题，但更多的是由于后天环境造成的。有的孩子口吃是模仿别人的结果；有的是由于家庭中存在紧张气氛；也有的是父母对孩子要求过严。另外，患有感染性疾病，使大脑受到了损伤，功能降低，也能造成孩子的口吃。

还好果果的"口吃"现象没有持续多久，几天后就"不治而愈"了。

邻居家的小左就没这么幸运了。小左今年才4岁，已经能背不少唐诗了，这可让小左的父母高兴得合不拢嘴，逢人便夸："我们家孩子这么小就具有语言天赋，将来一定能靠着嘴皮子吃饭！"不光是背唐诗，小左和人正常交流时也能说出不少"小人精"的话了，父母听了更加得意扬扬。

到了该上幼儿园的年龄，小左的父母万分不舍得，可是为了儿子的"远大前程"，父母还是把小左送进了幼儿园里。

小左并没有像别的孩子那样，离开父母便大哭大闹，相反，他在幼儿园里和小朋友们玩得很开心。直到半个月以后，有一天晚上妈妈回到家时，带回了小左最爱吃的绿豆糕，哄小左只要背三首唐诗就让他吃个够。谁知道，小左放下了手里的玩具小汽车，扬起小脸憋得通红，却一个字都背不出来。

妈妈感觉很纳闷儿，于是问小左："床前明月光，下半句是什么？"

本以为小左只是暂时性的"大脑缺氧"，妈妈开始循循善诱。

"床……床床前……"小左好不容易憋出了几个字，还重音结巴着。一边结巴着，小左一边站了起来，"我我我我……要吃绿豆糕。"

一个"我"字孩子重复了整整四遍，后面说话就流利了，而且发音也挺准确的。

这天晚上，小左的妈妈一宿没睡，到了凌晨两三点钟的时候，还把小左的爸爸摇醒了："唉，我们家孩子怎么会突然结巴了呢？"

第二天早上起床，妈妈帮小左穿衣服时又开始了实验性的"演练"。

"孩子，今天是星期几呀？"

小左一愣："不不不不不知道。"

不仅重复了五遍"不"字，说话时还喘着粗气，小脸憋得通红。

妈妈急了，当即就在小左屁股上打了两下，并且对小左大声吼道："不知道就是不知道，干吗结巴地说那么多不字啊！"大清早的就被打，小左委屈地哭了起来。可是当天晚上妈妈回家后的"唐诗检查"小左依旧是结结巴巴，妈妈这下可是真的着急了。

为了弄清楚小左说话结巴的原因，妈妈特意到幼儿园里进行了"人口普查"，结果发现小左在幼儿园里最好的朋友小乐就是一个标准的结巴，妈妈在心里暗自猜测："一定是和小乐待久了，小左才会学着结巴的！"妈妈又想："我们家小左可是个拥有语言天赋的小天才，千万不能被别的结巴小朋友带坏了呀。"

于是当小左放学回家后，妈妈就开始给小左洗脑："小左，以后在幼儿园里不可以和小乐一起玩，知道吗？他是个坏孩子，会带坏你的。"

小左忽闪着大眼睛觉得非常无辜，他还不能理解这个平时和自己玩得特别投缘的伙伴为什么就是妈妈嘴里说的那个"坏孩子"。

同时，妈妈还找到了小左在幼儿园的老师，要求老师把小左和小乐的座位调开，理由很简单，"小左是拥有语言天赋的孩子，不能被小乐带坏了。"

小左妈妈的做法当然是不正确的，因为小左的"口吃"现象并不是真正的口吃。由于大多数孩子在学说话的时期，大脑中已经学会了思考很多事情，但是孩子因为学习语言的快慢，大脑里思考的事情急于表达，语言又不太完善，最终成了看似口吃的现象，其实，这不是真正的口吃。针对孩子语言不流畅的现象，父母只要多加引导，慢慢会好的。如果打骂，会造成孩子心理上的阴影，时间久了，孩子就变得内向自卑不爱说话。

像上面那个故事，妈妈发现小左说话不顺溜，虽然很着急，但是也不能表现出来，而应该每次都耐心地告诉小左要慢点说，想好了再说。如果他实在说不好，就转移话题，这样随着孩子词汇量的增加，口吃结巴的现象就会逐渐改观，甚至消失。

对孩子口吃的矫正，主要是一种心理上的治疗，以下提供几种解决孩子口吃的方法，希望父母能够帮助到正在学习说话的阶段的孩子们：

1. 爸爸妈妈不要产生紧张心理，即使发现孩子有口吃问题，要也不要惊慌失措，更不要暗示孩子那是一种错误，而应该用轻松的态度去面对与纠正。

2. 爸爸妈妈千万不要在他人面前指正或取笑孩子的口吃问题，而应该给予孩子心理上的理解与支持。当孩子感受到爸爸妈妈的理解与支持时，才能更好地纠正自己的口吃问题。

3. 在和孩子对话时，爸爸妈妈可以放慢语速，将每个字都说清楚，同时也让孩子不要着急，慢慢说话。当孩子出现拖长音或重复音时，爸爸妈妈不要马上打断他，而是等他说完，过一会儿再让他重复一遍。孩子第二次再讲同一句话时，就会顺畅很多。

4. 爸爸妈妈可以让孩子多听一些声音优美、表达流畅的小故事或儿歌，等孩子熟悉之后，再引导孩子和爸爸妈妈一起说、一起念，这样的反复学习能让孩子说话不再口吃。

5. 在纠正孩子口吃问题成效不明显时，爸爸妈妈也不要对孩子表现出不耐烦或者失望的情绪，这样只会给孩子带来更多精神压力，从而加剧口吃问题。

相信父母们已经深刻地体会到，养育一个聪明的孩子真不是一件容易的事情！有时候见到自己的孩子长得乖巧伶俐，可是张口说话时却磕磕绊绊，一个字要重复好几次，半天说不出一个完整的句子……父母真是心急如焚啊！

其实，面对孩子的"口吃"问题，父母更应该调整好自己的心态。如果您已掌握了以上的方法，和孩子共同努力，假以时日，孩子就一定能纠正"口吃"的毛病，可以和任何人流利地交流。

和孩子一起享受阅读的乐趣

幼儿时期是发展口语的最佳时期，孩子在这个时期对外界的声音、语调等刺激都非常敏感，也学得非常快，父母如果能够抓住孩子语言学习的关键期，就可以让孩子逐渐形成良好的习惯，对今后孩子的智力发展、口头语言、书面语言以及理解知识的能力都有帮助。

有好几位父母向我咨询："应该如何最好最快地发展孩子的语言智能呢？"

每次我的回答都是："阅读故事对于孩子语言智能的发展十分有益处。"

在日常生活中，我们不难发现，那些在学龄阶段表现出色的孩子，都或多或少地进行过早期阅读教育。不可否认，阅读会使孩子的记忆力得到提高，根据阅读内容进行简单的推理判断，可以对孩子的思维进行锻炼，但是父母们千万不要忽略了最重要的一点：阅读也是日常语言交流中不可或缺的一环！因为阅读物中的内容能丰富孩子的知识量，提高他对于语言的理解能力，言谈举止中就会让你的孩子口吐莲花，智高一等。

阅读是一种快乐的游戏，是一种寻找、发现符号、图画、文字"意义"的游戏。父母应该和孩子一起享受阅读的乐趣，而不要把阅读变成枯燥无味的、功利性的"学习活动"。

在向我咨询的年轻父母中，有一位典型的80后白领一族，在儿子东东出生不到两个月的时候，她就重新回到了工作岗位，整天为工作上的事情忙得不可开交，对于东东的早期智力开发并未给予足够的重视。直到东东5岁的时候，她才发现自己的儿子在语言表达方面有点问题，首先是吐词不清，另外生活很多常用的词语东东都不能理解，更不知道如何运用。

由于这位妈妈整日忙于工作，在心里对东东十分内疚，如今东东又出现了"语言问题"，妈妈便毅然辞掉了工作，在家专心教育孩子。

"针对我家东东的情况，不知道您有什么好的建议没有？"她这样向我咨询。

我建议她坚持每天晚上和东东一起阅读睡前故事，因为果果也有一样的好习惯，每天晚上我都会和果果爸轮流陪他阅读睡前故事。

她按照我的建议去做了，开始两三天，她从网上搜了几个小故事讲给东东听，后来又去书店买了几本《儿童故事集》回来。由于东东的识字量不够，所以东东不能独立阅读，所以很多时候是她一个字一个字地教东东阅读的。东东也对这些小故事很有兴趣，经常会要求妈妈重复地讲一个故事或一个章节很多次，这样他便能够听明白，并且能够记下来。

这样坚持了一段时间，东东的语言表达能力有了明显的进步。在和妈妈一起阅读的过程，他经常会问妈妈很多问题，比如小红帽今年几岁啦？青蛙王子为什么会说话……有时候在阅读的同时，这位妈妈还会叫上爸爸，然后一家人来扮演故事中的角色，分角色地对话，以此来锻炼东东的语言能力。

如今的东东不仅从故事中学到了许多新鲜的词汇，而且能够复述一些简单的小故事，比如"白雪公主""灰姑娘""小红帽"等，俨然已经成了小朋友中间的"故事大王"呢！

很多父母都喜欢在孩子睡觉前，讲一些故事来帮助他入睡，其实这宝贵的"亲子共读"除了可以帮助入睡外，对孩子的免疫系统、倾听的技巧以及语言智能的发展都是十分有益的。适合孩子阅读的文字，最好是孩子能够理解的，也就是孩子已经掌握的文字代码。这样的文字能够接通孩子的口头语言，还能够引起孩子的联想。因此，爸爸妈妈在给孩子选择睡前故事时，最好选择那些语言浅显生动、朗朗上口、易懂易记的故事，阅读材料最好选择色彩鲜艳、图文并茂的，画面之间最好有明确的逻辑关系。这样的故事书本，才能让孩子运用自己掌握的知识和经验去理解，从而让孩子充分体验到阅读的乐趣。

此外，爸爸妈妈在给孩子制订阅读计划时，还应该考虑到不同年龄段孩子的特点。

1岁：孩子能够理解一些简单的图画，这时应给孩子选择只有几页的简单图画故事书，在给孩子讲故事时，要注重突出图画主题，背景故事越简单越好。

2岁：孩子的思维能力不断提高，比较适合这个年龄段的孩子读物，是那些画面简单、色彩艳丽的辨物图书，书中的内容应该贴近日常生活，最好能够引起亲子之间的温馨交流。

3岁：孩子能够读一些儿歌和韵文了，这时可以为孩子选择一些措辞简短、易于吟诵的读物。此外，还可以利用附有连续性图片的读物，让孩子的推理能力得到提升。

4岁：孩子的语言水平明显提升，对于各种故事的兴趣也更加浓厚，这时爸爸妈妈可以给孩子选择一些富有想象力和创造力的故事，或者一些需要观察力的图画书。

5岁：孩子已经积累了丰富的词汇量，这时可以选择一些较为复杂或者拟人化的故事，让孩子从在这些故事中获取生活经验以及处理问题的能力，此外还可以加入简单的科普读物。

6岁：孩子的理解能力和接受能力到达一定水平，这时可以给孩子选择不同学科的少儿读物，扩大孩子的阅读兴趣，让孩子在阅读中养成自觉学习和总结归纳的能力。

有的爸爸妈妈错误地认为，阅读故事对于孩子来说意义不大，因为孩子年龄太小，听不懂也学不会，可事实上，爸爸妈妈时常与孩子阅读故事有很大好处。

第一，阅读中的文字韵律，可以提高孩子对语言的感受力与鉴别力，还能提高孩子的口语表达能力。第二，阅读能够激发孩子对文字的兴趣，让孩子养成爱听、爱说的好习惯，使孩子的词汇量增加，特别是在睡前的安静环境中，与孩子一同享受阅读的乐趣，更加有益。第三，爸爸妈妈完全不用担心孩子听不懂，只要孩子能记住一些东西，久而久之便能积累更多词汇量，有时甚至会脱口而出一些新鲜的词汇。

为了让孩子拥有良好的阅读习惯，爸爸妈妈应该注意以下三点：

1. 爸爸妈妈做出好标榜。

孩子的阅读习惯是从小养成的，更是会受到爸爸妈妈的影响，所以无论工作多忙碌，爸爸妈妈都要安排时间与孩子一起阅读，就算一周只有一次也要做好榜样。如果爸爸妈妈平时没有阅读的好习惯，反而要求孩子阅读，孩子便会产生一定的逆反心理，从而更不爱阅读。

2. 给孩子安排固定的阅读时间。

爸爸妈妈可以给孩子安排固定的阅读时间，比如在每天早晨或睡前阅读15分钟，并且一直坚持下去，让孩子养成良好的阅读习惯。如果这个习惯可以坚持到孩子上学甚至更久，爸爸妈妈就会惊喜地发现，阅读的好习惯对于孩子的学习有很大的促进作用。

3. 不同年龄段的孩子应该有不同的时间安排。

每个年龄段的孩子，注意力集中的时间也不同。通常情况下，孩子的阅读时间可以这样安排：3周岁前一次为3分钟，3～4岁一次为5～8分钟，5～6岁一次约15分钟。如果孩子对阅读内容十分感兴趣的话，也可以适当延长阅读时间。

鼓励孩子主动与人交流

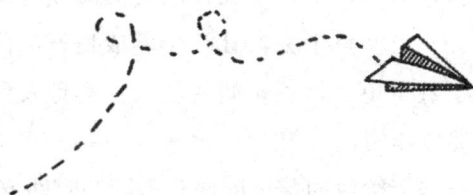

生活中，可能有一些父母会很疑惑：自己的孩子全身各个方面均发育正常，父母本身也没有问题，可是为什么孩子总是迟迟开不了口呢？

"多元智能理论"的创始人加德纳教授说过，语言历来就是人类社会不可或缺的一种"人类智能的卓越范例"，是一种高度进化的社会行为。

虽说语言智能是人人都有的，但是每个人的语言智能水平却是参差不齐的，这既是先天的语言智能天赋不同的原因，还与后天所受到的语言智能的教育、训练的不同有很大关系。

父母想要培养和开发孩子的语言智能，一定要掌控好自己手中的力量，多些耐心，多些认真，并且采取科学的方法和态度，比如鼓励孩子主动与人交流，就是培养孩子语言智能的最好方式之一。

美国加州大学洛杉矶分校的齐默尔曼曾和同事进行过一项关于"交流"对孩子说话能力有无影响的调查研究，其结果表明：语言重在操练，如果父母能多让孩子说话，或者鼓励孩子多与他人交流，那么他们的语言能力就会有很大发展；如果父母能更多地参与到他们的话语活动中的话，不管是倾听也好，还是积极置身其中也罢，都会极大地提高孩子的语言能力。

一次带果果去儿童理发店理发，店里的阿姨见果果长得可爱，都跑过来逗他玩。

店长是一位成熟知性的阿姨，她摸着果果的小脸蛋夸道："小家伙真可爱啊，快叫阿姨！"

"嘻嘻，阿姨，你好啊！"果果也很活泼，拉着店长阿姨的手跳来跳去。店长阿姨开心地笑了，还蹲在地上把果果抱进了怀里，面色失落地对我说："我家宁宁今年5岁了，长得也很可爱，但是不太爱说话，也不活泼，在幼儿园里都没什么朋友，我都愁死了。"

店长阿姨告诉我，她家宁宁两岁的时候，只懂得少量的词汇和一个简单的句子，那就是"……走"。她只能用这句话来形容和描述她所看到的东西，比如"狗……走""妈妈……走"等。如果她想要什么，就拽着父母走过去拿。有时候，她有什么要求自己说不出来，手势也表达不清楚，妈妈横竖猜不着，她就急得像热锅上的蚂蚁一样，又哭又叫。眼看着和宁宁一样大的孩子已经能够学会说很多完整的句子，甚至还有小朋友能够背诵简单的儿歌，店长阿姨都快愁死了，为什么宁宁不能像别的孩子一样，说很多句话呢？

4岁的时候，店长阿姨将宁宁送进了幼儿园，可是宁宁在幼儿园的表现同样不容乐观，老师反映她从来不主动和小朋友交流。班上活动时，老师让她回答问题，宁宁也不能像其他小朋友那样很快说出完整的语句，而是非常小声一字一字地往外吐。回到家里，左邻右舍的孩子小嘴甜甜地说这说那，宁宁却总是不理人。

看着店长阿姨一筹莫展的样子，我告诉她："其实对于宁宁这样语言能力发育迟缓的孩子，最好的办法就是让她多听，每天都和她进行交流，进行相关的语言训练。宁宁的年纪还小，正处于语言能力突飞猛进的黄金时期，如果你能够给她提供一个良好的交流环境，那么宁宁的语言能力很快就能追上其他小朋友了。"

店长阿姨听完后点了点头，脸上又多了一丝期待的表情。

第二次带果果去那家儿童理发店里，正好宁宁也在店里玩，店长阿姨脸上也多了喜悦。看来，这一个月的时间，宁宁的"问题"已经得到了解决。

在聊天中，店长阿姨告诉我，那天回到家里，她马上就开始对宁宁进行语言训练，并且鼓励宁宁多与爸爸妈妈或者左邻右舍的小朋友交流。

清晨，店长阿姨告诉宁宁："天亮了，你看看太阳公公起得多早啊！"然后带着宁宁去到人多的地方，鼓励宁宁主动说话，多交朋友。

平时，店长阿姨也加强了和宁宁的沟通，例如出门时，她会说："宁宁，妈妈带你一起去散步，高不高兴啊？"久而久之，宁宁的话也多了起来，会说的句子也慢慢丰富了。

看着果果和宁宁开心地玩耍、聊天，店长阿姨真是开心极了。

父母想要自己孩子的语言智能得到发展，就必须重视黄金期的教育，鼓励孩子主动说话，多与人交流，从而在生活中不断地学习新的知识，增加语感和词汇量。

可是生活中总有一些孩子不喜欢主动开口说话，如果孩子身体各个部位都发育正常，那么，除了遗传因素之外，就极有可能是父母没有训练孩子的语言表达能力。

如果孩子在成长中不愿主动讲话，那么父母可以细心观察孩子日常生活中的表现，把影响孩子与人交流的主要因素找出来，并做出有针对性地调整。一般情况下，让孩子主动进行言语交流可以通过下面几个方法来实现：

第一，给孩子营造轻松、无压力的交流环境。

父母最好能够为孩子创造一个轻松没有压力的环境，在这样的环境中孩子才更愿意主动说话。当孩子不想说话的时候，父母就不要逼着孩子说，避免让孩子产生紧张、焦躁的情绪。孩子说话时，父母不要急着对孩子出现的言语错误进行纠正。因为常常被人纠正的孩子会逐渐失去说话的信心和兴趣，语言发展比其他孩子慢就不足为奇了。

第二，为孩子创造讲话的机会。

现代家庭大多数都居住在楼房里，很少与邻居们来往，再加上父母的工作比较繁忙，孩子与外人交往的机会几乎为零。对此，父母可以邀请邻居小朋友到自己家里玩，或带着孩子串门，创造孩子与其他小朋友在一起玩耍、交流的机会。同样，父母可以带着孩子多与其他人做游戏，在游戏中，孩子会有很愉快的心情，很容易对自己最感兴趣的事情做出反应，并让孩子通过一次次的交往得到锻炼，为孩子的语言能力提供良好的锻炼机会。

第三，爸爸要和孩子多交流。

不同家庭成员对孩子交流能力发展有不同的作用。和妈妈相比，爸爸更能让孩子学会拓展和调整交流技能，所以，爸爸要多与孩子谈话，为孩子与外界沟通搭建"桥梁"。可以为孩子提供一些支持，比如让孩子与陌生人谈论家庭生活范围以外的话题。

第四，丰富孩子的生活经验。

丰富孩子的生活经验，逐渐扩展孩子的视野，会让孩子的交流体验在观察周围人和事物的实际活动中逐渐增加。父母可以让孩子多讲述一些自己经历过的事情，或发生在自己身边的事情，并对孩子加以鼓励，不但可以让孩子的语言表达能力得到提高，还可以激发孩子言语交往的主动性和积极性。

第五，利用一些技巧引导孩子主动说话。

父母也可以利用一些技巧来耐心地引导比较内向和腼腆的孩子，鼓励孩子开口说话，激发孩子的讲话兴趣，比如，妈妈说"小狗跳，小兔跳，我的孩子跳不跳"，反复重复"跳"字，让孩子学会这个字。另外，带孩子到外面玩耍的时候，看到猫、狗、小白兔等动物，可以教孩子说出这些动作的名称。例如，看到兔子在蹦蹦跳跳，就可以抓住时机教孩子说"兔子""跳"等字音。

著名的意大利儿童教育家玛利亚·蒙台梭利曾经说过："一个人的智力发展和他形成概念的方法，在很大程度上取决于他的语言能力。因此，从小培养孩子的语言能力，对他智力的发展是至关重要的。"

父母自然应该在生活给孩子创造更多说话的机会，鼓励孩子多与人交流。

提升语言能力的趣味游戏

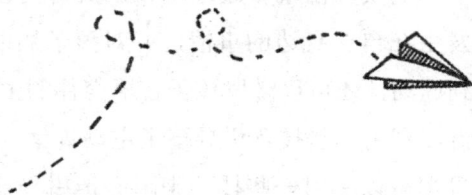

孩子的语言能力直接关系到他的智商水平，因为所有思维表达的载体都是语言。

正如法国作家爱尔维修的一句话："人刚生下来时都是一样的，仅仅由于环境特别是幼小时期所处的环境不同，有的人可能成为天才或英才，有的人则变成了凡夫俗子甚至蠢材。即使是普通的孩子，只要教育得法，也会成为不平凡的人。"

这充分说明了教育环境和教育方法在孩子成长过程中是多么重要。

然而在现实生活中，许多父母看到别人家的孩子能说会道、伶牙俐齿的时候，都表示教导有方，很是羡慕。那么，别人究竟是用了什么神秘的方法来提高孩子的语言智能呢？

果果爸有一位朋友很爱喝酒，我们叫他老张。老张不惑之年才喜得贵子，取名文文。

文文是家里的独生子，从小就受到家人的过度宠爱。老张很怕文文出事，所以很少带他出去玩；每次文文还没有开口，老张就猜测出他的意图并满足他。

在幼儿园里，老师也反映文文不善于和其他小朋友交往，不爱说话，不到迫不得已的情况下，他是不会开口的，而且，即使说了也往往表达不清楚。

老张似乎意识到儿子的语言智能不如别人家的孩子，他可不希望家里的"独苗"输在起跑线上，于是开始想办法提高文文的语言表达能力。

上周末，老张来家里找果果爸喝酒，说起了自己的苦恼，还向果果爸取"育儿经"。

果果爸谈起对果果的教育，可是头头是道，其中很多观点我也十分认同。果果爸告诉老张："孩子都对游戏感兴趣，你可以尝试用一些趣味游戏来提高文文的语言能力。"

老张听了，若有所思地点了点头。

回到家里，老张将十几个大小不同、形状不一的小玩具，比如乒乓球、小娃娃、小汽车、小盒子等，放进一只纸箱子做的"百宝箱"里——这些玩具都是文文平时喜欢玩的。然后将这个装满玩具的"百宝箱"放在文文面前，故作神秘地说："文文，快来看啊，你喜欢的玩具它们自己跑到'百宝箱'里去啦！"

文文看到自己的玩具都在"百宝箱"里，表现得很兴奋。这时老张从"百宝箱"里取出一个玩具，问文文："这是什么啊？答对了，爸爸就把它从'百宝箱'里放出来！"

如果文文可以准确地回答，妈妈还在一旁故作夸张地大叫"太棒了！太棒了！"以示鼓励，让文文知道他做对了，爸爸妈妈都很高兴。

另外，老张给文文玩具或食物时，妈妈在一旁要讲"谢谢"，并要求文文模仿点头或鞠躬的动作以表示"谢谢"，文文觉得这样做很有趣，所以很乐意这样做。

平时，老张夫妇有时间就和文文做一些语言游戏。这可是真是管用，他们利用生活的点滴，和文文做各种各样的游戏，现在文文的语言能力提升了，人也变得开朗了许多。

父母想要进一步发展孩子的语言能力，仅靠平时与之交谈还是远远不够的。因此，父母可想方设法利用散步、睡前时间和孩子做一些有趣的语言游戏。这对于提升孩子的语言能力效果十分显著。

下面就为父母介绍一些能够提升孩子语言能力的趣味游戏，希望对您有所帮助：

游戏一：念童谣。

游戏方法：

①妈妈可以将孩子抱在怀里，轻轻地摇，或是让孩子坐在边上，然后口中念儿歌："摇啊摇，摇啊摇，摇到外婆桥。我给外婆行个礼，外婆夸我好孩子。"

②不需要孩子明白童谣的意思，只要他在听，妈妈声音柔和，朗朗上口的押

韵儿歌反复重现，就可以培养孩子的语感。

游戏目标：培养孩子的语感

游戏二：反向类推

游戏方法：

父母对孩子说："现在我要说一个短句子，但我说到一半就会停止，所以你要仔细听，看看接下去要说什么。"然后问他："糖是甜的，那么盐呢？"引导孩子回答："咸的。"如果他答不出来，就让他尝尝实物的味道，也可以让他回忆以前的经验，从而思考相反的意思。可参考下述问题：

①冬天冷，夏天……

②白天亮，夜晚……

③热水热，冰水……

④绿灯前进，红灯……

⑤火车快速，三轮车……

⑥大人大，小孩子……

⑦苹果红，香蕉……

⑧鸟在空中飞，鱼……

⑨山高，海……

游戏目标：让孩子进行相反词的类推，提高思考力。

游戏三：鹦鹉学说话

游戏方法：

①要孩子仔细听父母说的话，然后再复述一遍，例如"你好吗？""我很好。""今天天气很好。"

②先从一些简单的话开始，再慢慢进展到较为复杂的，甚至也可以试试一些简单的绕口令，如"妈妈骑马，马慢，妈妈骂马"。

③除了简单的话语外，也可以模仿各种声音，如动物的叫声、有节奏的敲击声或几个简单的乐音等。

游戏目标：训练孩子的语言表达能力

游戏四：身体各部分的名称

①妈妈问孩子："你的鼻子在哪里？用手指指看。"让孩子正确指出鼻子的位

置，接着问他：“妈妈的鼻子在哪里？你摸摸看。”让孩子摸摸看。

②以同样的方法进行眼、耳、头发的触摸；

③或者不要用手指，说眼睛时就眨眨眼，谈到嘴巴时就张口，这也是个好方法。

游戏目标：让孩子指出自己身体的部分，熟悉人体生理常识。

游戏五：小小营业员

游戏方法：

①家长准备孩子的玩具5～10件，并准备一条围裙；

②将玩具逐一放好，家长先系上围裙当营业员，向孩子介绍商品；如指着玩具狗说：“这是只小狗，白白的毛，鼻子会闻气味，它有4条腿，有1条卷的尾巴，它会帮人们看门，你喜欢它吗？你想买它吗？”

③孩子将小狗“买”回去，然后由孩子当营业员介绍商品，游戏反复进行。

游戏目标：培养孩子运用口语进行连贯讲述的能力，巩固其对物品特征的认识。

游戏六：食物的名称

游戏方法：

①妈妈将橘子、苹果、香蕉、黄瓜、胡萝卜、大葱、洋葱等放在报纸上，一一指出这些东西，并提问：“这是什么？你知道吗？”让孩子说出正确的答案，如果孩子用儿语回答，妈妈应告知她正确的说法，

②孩子用方言回答时也可以，但妈妈最好再用普通话说明物品的名称。

游戏目标：让孩子说出水果或蔬菜的名字，配合不同年龄的接受能力，让孩子学习到丰富的常识。

游戏七：动作表现

游戏方法：

①家长准备好一套彩图卡片；

②家长指着卡片，问孩子：“这个小朋友正在做什么？”让他指着每张图片，说出图中小朋友正在做的动作，一张图画中有很多动作时，家长可以提醒孩子，让他说出各种动作；此外，针对孩子在日常生活中会出现的动作，家长也可以设计出各种场景，让孩子说出来。

游戏目标：家长使用动词说明孩子的样子，发展其语言能力。

游戏八：工具的名称与用途

游戏方法：

①父母将孩子所熟悉的家庭用品一一指出来，问孩子："这是什么？"让孩子回答，再问他："这是做什么用的？"让孩子详细说明，孩子不懂时，就解释给他听。

②父母在超市或商店购物时，可以将商品一一指给孩子看，并告诉孩子其名称和用途，回家后再让孩子和家中的物品作比较，让他指出它们的不同点。

游戏目标：在日常生活中让孩子了解每天使用的物品的名称、用途，丰富其生活常识。

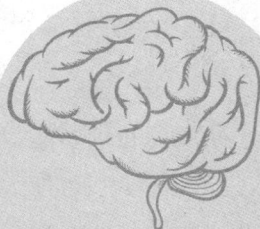

第6章

艺术教育开启多智能大门，小小"艺术家"要这样炼成
——培养孩子的图形美术才能

你是否会羡慕别人家的孩子可以画一幅漂亮的画、弹得一手好琴、跳舞也像快乐的小精灵一样？你是否清楚智力与艺术之间的关系呢？……请记住，如果你为孩子选择的领域不是孩子的天赋和潜能里最优秀的，那么，在孩子的启蒙教育中，你就已经在开始扼杀孩子特有的天赋与潜能了。

正确对待孩子的艺术教育

有人说："艺术是孩子认识和把握这个世界的方式之一，是对世界认识和表达的一种方式。"科学研究发现，孩子在3岁前已经具有了一定的艺术能力，比如父母会发现，有的孩子对颜色特别敏感，他们可以随性涂抹出自己认为好看的图案，并且随着年龄增大，孩子对颜色的认知与怎么表现的能力会越来越突出；还有的孩子喜欢随着节奏感强的音乐晃动手臂、随着摇滚乐扭动自己的小屁股……

大多数的父母都会羡慕别人家的孩子可以画一幅漂亮的画、弹得一手好琴、跳舞也像快乐的小精灵一样，在他们眼中，懂艺术的孩子看起来都非常有气质，而且非常聪明。那么，智力与艺术到底有没有关系呢？

多元智能理论的倡导者加德纳教授曾经说过："**每个人与生俱来都在某种程度上拥有九种以上智力的潜能，每种智能都能导向艺术思维的结果，即表现智能的每一种形式的符号，都能（但不一定必须）按照美学的方式排列。**"

艺术教育不仅是现代素质教育的重要组成部分，也是开发孩子智商的重要途径。那些高智商的文学家、科学家、艺术家，大多都在幼年时期接受过艺术启蒙教育或者艺术相关的培训，正是艺术教育给这些人带来了绝佳的形象思维能力及创造性思维。

孩子喜欢涂鸦画画，其视觉和空间智能必然发展良好；孩子喜欢跟着音乐节奏摆动身体，其身体协调性和节奏感必然不错；孩子喜欢说话，精于日常交谈，其语言艺术能力必然非凡，语言智能也是诗歌、小说创作中离不开的美学原则；孩子好动，其身体运动智能必然发展良好，这说明孩子有成为舞蹈家或演员的天赋。

总之，对孩子进行艺术教育与智商开发是相辅相成的，也是相互促进的。

人们常说"艺多不压身"，即使在现代信息化社会，对于孩子的艺术教育也不能忽视，因为它是开发孩子智商的重要手段。年轻的爸爸妈妈更应该注重孩子的艺术教育和潜能开发。

如果孩子的艺术潜能得不到有效的开发，则会被扼杀在萌芽阶段，从此便少了一个天才。

然而现实的情况却是，大多数爸爸妈妈都不懂艺术。艺术不是生活中的柴米油盐，也不是简单的加减乘除，更不是每个孩子都通用的东西。爸爸妈妈只有对孩子进行正确的艺术教育，才能让孩子拥有艺术的气质，才能让孩子通过艺术教育开启多种智商大门。

刚开学没多久，幼儿园里就要举行"孩子才艺大赛"了。

果果下午放学回家，贴着果果爸的耳朵说："爸爸，明天有才艺比赛，我参加了合唱团。"

果果爸竖起大拇指，夸奖道："果果真棒啊，你还可以参加绘画比赛啊，你画得那么好，才艺比赛有绘画这个项目吗？"

"有啊，有啊。"果果得意地说，"但是一个人只能参加一个项目。"

果果爸说："这样啊，那果果专心参加合唱团吧，明天我和妈妈去给你加油！"

果果开心地笑了，随便又表情低落下来，小声地说："爸爸妈妈也为小豪加油哦。"

果果爸问："小豪是谁啊？"

果果说："小豪是我的好朋友啊，他没什么才艺，连合唱团都没有参加……"

原来，这次才艺比赛小朋友们都踊跃参加，有的小朋友表演电子琴独奏，有的表演舞蹈，有的献上书法作品，可小豪什么都没参加，因为他都不会。于是，老师让他参加小合唱。

可是排练的时候小豪总是默默地站在角落里，用羡慕的目光看着其他小朋友，最后连合唱团都没有参加，只能成为幼儿园"啦啦队"的一员。

果果爸很爽快地答应了："没问题，我们一起为小豪加油！他也是棒棒的。"

生活中，父母们总是很羡慕那些拥有艺术特长的孩子，不仅因为他们小小的年龄具有艺术气质，还因为他们更聪明，在任何场合都能够表现得更自信。于是很多父母在孩子很小的时候，就开始对孩子进行艺术方面的培养。可是有很多父母会错误地认为，让孩子学习歌唱、舞蹈、绘画、乐器等技能就是学习艺术，为了让孩子在未来有更好的发展，父母总是给孩子报许多兴趣班，这也是如今幼儿园以及商业街上各种兴趣班遍地开花的原因之一。

虽然现在的父母越来越重视对孩子艺术修养的培养，但如果心态不正确，不但不能进一步提高孩子的能力，还可能扼杀他已有的天分。因此，树立正确的观念是父母在培养孩子艺术修养前必需的工作。

1. 是否要给孩子报名才艺班。

不是拥有绘画才能的孩子，才能去学习绘画，而是每个孩子都有接触绘画的机会。在学期阶段，孩子要选择哪一门艺术课程并不重要，重要的是孩子是否健康快乐。这也是孩子以后能否发挥才能的关键。才艺班能够给予孩子的，是一种艺术的环境与氛围。如果爸爸妈妈发现了孩子在音乐、舞蹈、美术等方面的艺术天分，而自己又没有时间和能力给予孩子这方面的教育，便可以给孩子选择一个适合的才艺班，让孩子接受正规的艺术教育。在报名才艺班之前，爸爸妈妈应该多询问一下孩子的意见，尊重孩子自己的选择。

2. 爸爸妈妈应该给孩子选择什么样的才艺班。

通常情况下，3～4岁的孩子精力十分旺盛，假如爸爸妈妈希望孩子的精力得到有效释放，不妨给孩子报名一个才艺班。下面是一些适合这个年龄段的孩子的才艺项目：

①音乐

音乐能够发展孩子的节奏感和韵律感，可是对于学龄前的孩子来说，并不都适合学习一种乐器，伴随着身体运动的音乐可能更适合孩子的天性。如果爸爸妈妈发现孩子喜欢听音乐，喜欢可以发音的玩具，喜欢跟随音乐跳动，都可以尝试对孩子进行音乐上的培养。

②美术

美术能够有效提高孩子在色彩、图案、纹理等美术方面的感觉，能够激发孩子的创造性。如果你的孩子喜欢色彩鲜艳的物品，喜欢填色和黏土，便适合进行美术培养。爸爸妈妈需要注意的是，不要强调最后的结果，也不要在意孩子画了什么，而应该关心孩子是否画得开心。当孩子将自己的绘画作品展现在爸爸妈妈面前时，爸爸妈妈可以鼓励孩子讲讲画的内容，这样更能激发孩子的学习兴趣。

③舞蹈

那些喜欢跟随音乐节奏摇摆身体的孩子，比较适合学习舞蹈。通过学习舞蹈，能够让孩子的身体协调性得到增强，还能让孩子的行为举止更加优雅。孩子的年龄较小，动作过于复杂的舞蹈，可能让孩子久学不会，所以动作自由随意的舞蹈更适合孩子学习。孩子在上舞蹈课时，往往会把自己幻想成各种美妙的事物，比如风中摇摆的小花等等。

④游泳

很多爸爸妈妈对于游泳课都存在误解，好像只要孩子在水中就需要受到监督。其实，孩子学习游泳有很多好处，游泳能够增强孩子身体的力量感与协调性，让孩子的身体更加强壮，也获得更多的自信心。如果孩子对水有恐惧感，游泳则会让孩子更害怕水，这时便要对孩子进行一定的心理辅导，并且要给孩子请一位经验丰富的游泳教练。

⑤体操

体操适合那些平时活泼好动，总喜欢在床上蹦来蹦去的孩子。通过学习体操，可以增强孩子的身体弹性和协调能力，让孩子的体质更强健，同时还能让胆子较小的孩子建立自信心。不过，学习体操也存在一些不利因素，比如练习弹簧床时容易造成伤害。所以爸爸妈妈应该给孩子请一位专业的幼儿体操教练。

3. 在孩子的艺术教育上，爸爸妈妈应该做些什么。

①要知道让孩子上才艺班的目的。

孩子参加才艺班，并不是为了获得一技之长，而是为了陶冶孩子的性情，激发孩子的艺术才能。因此，爸爸妈妈不能强迫孩子去参加各种艺术教育班，否则只会让孩子产生畏惧心理，从而导致孩子兴趣全无，更谈不上激发孩子的艺术潜能。

②不要进行虚荣的比较。

在给孩子选择才艺班时，最好能够尊重孩子的兴趣爱好，而不是见别的孩子学习什么，就让自己的孩子学习什么，也不要给孩子制定艺术"目标"，按照自己的愿意把孩子往那个方向逼。同时，也不要给孩子报多个才艺班，那样只会让孩子的注意力分散，最后都学不好。

③对孩子的要求不要太高，而应该用发展的眼光看待孩子。

面对太高的学习目标，成人都会产生畏惧心理，更何况孩子。为了不让孩子失去自信心，爸爸妈妈可以给孩子制定一个简单的、容易完成的目标，这样孩子便能充满兴趣地去学习。

④为孩子创造一个良好的艺术环境与艺术氛围。

如果家庭条件允许，爸爸妈妈应该注重家庭的艺术氛围。家中可以有温馨的音乐，墙壁上挂着色彩鲜艳的画作，再给孩子准备一张跳舞毯，当然也不能少了儿童书房。孩子在充满艺术气息的环境中，更能激发自己的艺术潜能。

⑤要重视孩子的艺术启蒙，而不是过早定向。

爸爸妈妈可能并没有完全发掘孩子身上所蕴藏的艺术潜能，所以应该给孩子创造学习机会，接受更多艺术教育，而不是过早定向，让孩子只能获得单一的发展。

⑥多发现孩子的兴趣与潜能所在。

对孩子进行早期的艺术教育，其目的并不是让孩子多唱几首歌、多画几张画、多跳几支舞，而是激发孩子的艺术潜能，发掘隐藏在孩子身上的艺术天赋，让孩子更早踏上属于自己的艺术之路。通过艺术教育，开启孩子的智商大门，丰富孩子的生活经验，开拓孩子的视野。

⑦根据孩子的特点设计学习方式。

每个孩子的学习特点不同，有的孩子喜欢学别人的样子去做事，有的孩子喜欢在游戏中掌握知识。爸爸妈妈应该根据孩子自身的特点，制定适合孩子的学习方式。

⑧培养孩子的毅力。

如果爸爸妈妈想让孩子学好舞蹈，就要从生活的方方面面培养孩子的毅力和吃苦精神，这样孩子才能拥有坚持学习下去的毅力，而不会半途而废。

善于发现孩子的艺术特长

生活中我们往往会发现，拥有一定艺术特长的孩子走到哪里都是焦点，他们是才华横溢的"小天才"，是智力超群的"小神童"。

很多父母都希望培养孩子的艺术特长，可是想来想去，好像自己的孩子没有哪方面的优势。**每一个孩子都有属于自己的艺术潜能，只不过父母没有发现而已。父母们与其埋怨自己的孩子不够聪明，不如花点时间去发现孩子的艺术特长，让他能够闪耀出夺目的光彩！**

有这样一个孩子，每个人见了他都会露出厌烦的神情，所有人都认为他是个不折不扣的白痴，包括他的父母。

当这个孩子6岁的时候，还不能说出一句完整的话，甚至连背诵一个单词都十分困难。逐渐地，他开始不愿意见到任何陌生人。

医生诊断后告诉他父母："他得了自闭症，"并感叹道："多么可怜的孩子！"没有人能教育他，无奈之下，他的父亲把他送到一家儿童教养中心。

在那里，老师也对他无可奈何。课堂上，他时不时地发出尖叫声，以至于让其他儿童惊吓不已。他的手在不断玩东西，一刻也不休息，即使睡觉的时候也在运动。

老师也认为这样的孩子没救了，建议他的父亲让他自生自灭。

然而有一天，这个孩子发现了地上有一支水笔，就用它在地上画了一道线，他感觉很有意思。然后，他就不停地玩着这支水笔，不断在地上画着线条。细心的老师发现后，不可思议地惊呼起来："天呐，他竟然会画画！"其实，孩子画的只是一些线条而已，并不是什么真正意义上的画，只不过一个白痴儿童能画出这样的"画"来，着实令人惊讶。

一时之间，这个无可救药的白痴孩子变成了老师眼中的天才儿童。教养中心的老师再也没有像往常一样夺走他手中的东西，而是在地上铺上白纸，让他在纸上画；又给他不同颜色的水笔，让他尝试着用它们画出不同的景色。这个白痴孩子就这样一直抓着他的水笔，即使在吃饭的时候也还紧紧地握着它，除了睡觉之外的时间都在专心地做他的画。没有人知道他，他的世界里只有他的水笔和画。

直到十年后，他的画意外地出现在拍卖会上，而且被许多资深的画家看好，最后都是以高价卖出。现在，我要告诉你，这个白痴就是苏格兰爱丁堡画家理查·范辅乐。

这个"白痴天才小画家"让我们想到了什么？孩子可能在某些方面存在一定的不足，但这并不代表孩子就是一个笨蛋，他或许在另一方面是一个天才。比如果果，在声乐、绘画、语言方面很有天赋，果果爸还经常说"果果以后肯定会成为一位优秀的主持人"。

作为父母，应当敏感地捕捉孩子的艺术特长，让他的优势得到充分的发挥，这也是培养孩子成才的一种方式。我们都知道，3～6岁不仅是开发孩子智力潜能的最佳时期，也是培养孩子艺术特长的敏感时期。每个孩子的艺术特长是后天培养出来的，因此父母要善于发现孩子的艺术特长，并且根据孩子的兴趣爱好来培养孩子的艺术特长。

那么，父母应该如何发现孩子的艺术特长呢？

1. 观察孩子的兴趣爱好。

父母可以观察孩子的兴趣爱好，从中发现他们的艺术潜能，比如有的孩子喜欢到处乱写乱画、有的孩子喜欢随着音乐翩翩起舞，父母便可以考虑让孩子往绘画和舞蹈方面发展。有可能的话，父母应该尽量给孩子一些空间和时间，让他们去做自己喜欢的事情。假如父母并不赞成孩子的兴趣爱好，首先应该站在孩子的角度上去考虑一下，然后慢慢地与孩子进行善意地沟通而不是强行他们来做一些他们不想做的事情，这样的话，孩子不仅不会发挥他们的艺术潜能，反而会适得其反。

2. 与同龄的孩子作比较。

根据美国著名的哈佛大学教授加德纳提出的"多元智能理论"，虽然每个人都存在着八大智能，但是这八大智能并不是平衡发展的，每个人都存在着某些领域的优势，开发优势领域的潜能事半功倍，容易获得成功。因此，父母可以通过与同龄孩子作比较，发现自家孩子有哪些优势，通常优势反映了孩子的天资禀赋，孩子感兴趣，天分充足，乐学易学。

3. 培优班观摩选择艺术领域。

等孩子到了一定的年龄，父母就可以带孩子去培优班观摩各种艺术活动，特别是有幼儿训练的艺术活动场景，观察孩子喜欢什么艺术形式，对什么艺术领域感兴趣，必要时可以让孩子尝试体验一下训练活动，让孩子自主选择感兴趣的培优班，从而针对性地培养孩子的艺术特长。

4. 从孩子关注节目发现兴趣。

孩子的具体形象思维占优势，通常喜欢观看电视节目，不少孩子甚至迷恋电视。如今的电视节目也是声色并茂，直观形象，使人获得声色之美、视听之妙的感受。父母可以在陪同孩子观看电视节目时，观察孩子对哪些艺术领域的电视节目感兴趣，比如唱歌、舞蹈、绘画、武术、手工等，比较孩子关注的时间长短、兴奋程度高低、模仿行为多少，一般而言，关注的时间长、兴奋程度高、模仿行为多的节目就是孩子的兴趣爱好领域。

5. 给孩子提供各种机会。

父母要想发现孩子的艺术潜能，最重要的一条是要让孩子接触各式各样的知识，鼓励孩子参与广泛的活动，积极地表现自己的才能。因此，父母应该给孩子提供各种机会，留心观察孩子在各种表现中显露出来的才能。

孩子的最佳才能区往往是他最感兴趣、最专注、最擅长的领域，如果孩子对一项活动聚精会神，在某一类活动中玩的时间长，表现特别好，父母就应该有意给他提供更多的机会。有的孩子听到音乐就想动，这个孩子可能比较擅长肢体活动。这是父母需及时发现并注意培养的。

总之，父母应该尊重孩子的兴趣和爱好，根据孩子本身所具有的艺术特长，让孩子自然地朝着符合自己的实际方向发展，而不应该很早就把孩子放进了一个固定模式中，这对孩子的成长十分不利。

让孩子在绘画中体会到快乐

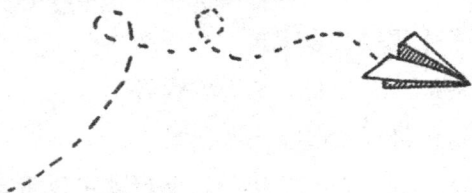

    生活中有很多父母都想让自己的孩子学习绘画。的确，孩子学画画的好处有很多，不仅能够培养孩子的艺术才能，还能锻炼他们的想象能力和肢体与头脑的协调能力。因为绘画是眼、手、脑紧密配合的活动。**学习绘画，可以促进孩子智力的发展。透过绘画能力还可以窥见孩子智能发育水平，所以有人说：绘画能力是孩子智力发展的一项重要标志。**

    孩子过了周岁就能够画画了，2岁左右就会使用铅笔或蜡笔，画一些圆圈或直线，并试图用自己所画的简单线条来表示周围的事物；在3岁左右，孩子开始有了表现意图，能用自己掌握的简单形状和线条表现事物的特征，绘画造型具有一形多义的特点，比如孩子画了一个圆形，可能表示太阳，也可能是饼干、灯、碗、盘子等等；到了4岁左右，孩子能有意识地运用造型、构图和色彩等技巧表达他的认识经验和想法愿望；5岁以后的孩子逐渐能自己画画了，他们会把自己知道的事物和动作一一排列地画到纸上。

    幼儿美术最大的特点就是能够发展孩子的创造性思维，为孩子今后的成长打下了良好的基础。除此之外，美术活动还可以培养孩子敏锐的观察力、灵活的动手能力和初步的审美能力。孩子一旦具有了这种能力，就可以促进其他方面的学习，促进孩子的全面发展。然而，现实生活中有的父母会有一种误解，他们认为孩子在小时候有一定的绘画才能，将来长大了就很可能成为画家。其实，小画家和大画家之间并没有直接的联系。大量的事实证明，幼儿时期画得相当出色的孩子，长大后真正成为美术工作者的为数并不多。但是，许多医生、科学家、设计师和画家的成才之路却常与儿时爱画画有着密切的联系。因此，不管孩子是否有美术天赋，也不管孩子长大后当不当画家，鼓励幼儿参加美术活动，培养孩子的绘画才能，通过参加美术活动发展孩子的智力和能力，无论对孩子的今天还是明天都有好处。

自从上次果果和梦梦在衣柜上"涂鸦"之后，果果就爱上了画画。在上幼儿园之前，果果就喜欢用彩色粉笔在地上涂鸦，画出五颜六色的花朵和各种小动物，入幼儿园以后，果果对画画的兴趣更强烈了。为了培养果果的绘画才能，果果爸还专门给他购买了彩色画笔和图画本，有的时候，果果一晚上就能画上一小本。果果爸只教了果果握笔的姿势和认识红、黄、绿、蓝等颜色，果果想要画什么，完全由自己来决定。

在果果的画中，我们可以看见一个五彩缤纷的"童话王国"：飞机全部都是千奇百怪，有的长着小鸟的翅膀；汽车、枪炮是最新"研制"的；人和动物的某些特征相互"移植"，有时头比肚子大，有的后脑勺多长了一只眼，说是"外星人"；小鸡跟在妈妈身边不是在走路，而是张开翅膀像鸟儿一样飞翔。果果还画过一艘飞船，还说以后长大了，要带我和果果爸去世界各地旅游，把我和果果爸都逗乐了。

果果的想象力在绘画中得到了发挥，这让人感到很欣慰。爱因斯坦曾经说过："**想象力比知识更重要，因为知识是有限的，而想象力概括着世界的一切、推动着前进，并且是知识的源泉。**"大量事实证明，那些爱好画画的孩子比不喜欢画画的孩子智力相对高，因为在画画的过程中，孩子要观察、记忆、思维，更重要的是想象。由此可见，孩子借助画画可以充分施展自己的想象力，发挥自己的创造才能。

不过早教专家也提醒各位父母，**让孩子学画画，并不表示想让孩子当画家，而是要通过绘画活动，培养孩子的审美能力和高尚情操，开发孩子的想象力，培养孩子的观察力、记忆力和创造力，锻炼手的灵活性，使孩子在绘画中舒展自己内在的想象和情感，通过绘画把自己对周围事物的认识表达出来，从而培养儿童的审美情趣和修养，尤其是培养良好的心理素质和毅力、耐力。**

那么，父母应该如何指导孩子画画，让孩子在绘画中体会到快乐呢？

1. 关注孩子的兴趣。

爱玩是孩子的天性，父母想要孩子对绘画产生兴趣，可是在绘画活动之前，父母应该尽量多给孩子提供一些绘画工具，油画棒、毛笔、彩色水笔、水粉颜料、胶水、毛条、手工纸、铅画纸、卡纸、白报纸、彩色卡纸、旧报纸、广告纸等等，和孩子一起玩绘画游戏、手工游戏，吸引孩子动手参与到绘画活动中来。

2. 多给予引导，少做示范。

父母在指导孩子画画的过程中，重要的是多给予引导、少做示范、不能让孩子对着已有的画"照抄"。可以先画给孩子们看，然后将示范画收掉，鼓励他们自己画，画得不一样也很好。

3. 不要限制孩子的想象力。

美国的孩子画太阳可以画红的、白的、黄的，而中国的孩子画太阳只能是红的，这充分说明了限制儿童想象力造成的弊端。现在各种少儿美术培训班乃至幼儿园、小学的图画课，大部分从临摹入手，强调以"教师为主导"，限制了孩子想象力的发展。那种单纯把绘画技术、技巧作为美术启蒙教育重点的做法是脱离孩子生活实际的，也是违背儿童心智发展规律的。

4. 实物观察。

经常带孩子进行实物观察，比如带孩子去公园爬山玩水，去田野里看稻谷麦苗，去动物园里看各种小动物等等，让孩子将画笔和画册随时带在身边，在观察动植物时进行即兴创作，这样比待在家里画画要好得多，孩子对照实物画出来的作品也会更加灵动。

5. 尊重孩子。

孩子有自己的想法和喜好，在选择色彩时也如此，爸爸妈妈应该尊重孩子的喜好，哪怕认为孩子选择的色彩并不好，也不要进行干扰，而应该让孩子成为画作的主人，让孩子能够随心所欲地使用自己喜欢的色彩。另外，也不要拿孩子的画作与别人做比较，因为每个孩子都是独一无二的，孩子画作也是独一无二的。

6. 交流讨论很重要。

父母应该注重和孩子交流讨论，帮助孩子丰富画面的内容。从主题交流开始，收集相关的资料和实物，鼓励孩子大胆发言说出自己的看法。画画的同时也要多交流，当孩子画不下去的时候，进行一些引导性的交谈，鼓励孩子运用已有的经验进行想象，自己来丰富画面。

"天籁"开启孩子的智慧大门

加德纳曾经说过："**音乐才华比其他任何一种智能天赋出现得都早，它的力量是其他智能所无法企及的。**"早在孩子诞生之前，就已经在妈妈的腹内聆听妈妈的心跳声了，妈妈均匀和谐的心跳和呼吸就像美妙的音乐一样，为孩子营造了一个温馨愉悦的环境。

音乐智能每个人都拥有，每个人都能学习，而不是少数人的"专利产品"。童年期是音乐智能发展的关键时期，特别是3～5岁的孩子，对于节奏和音调的敏感性都极强。如果爸爸妈妈能够把握好这一时期，对孩子进行正确的音乐培养，便能更好开发孩子的思维能力。

那些从小便学习乐器的人，反应能力总是超过常人，他们的悟性也很高，注意力也能十分集中。他们之所以拥有这些能力，是因为从小学习乐器的过程中，他们的手眼协调和反应能力得到了不断训练，甚至识谱时还能锻炼他们的记忆能力。所以，那些从小接受音乐熏陶的孩子，在学习和多元智能开发方面，都优于常人。

法国大文豪雨果曾经说过："**音乐、文字、数学，是开启人类智慧的三把钥匙。**"

音乐能够促进孩子的听力、记忆力和数学能力的发展。这也就是科学界的泰斗为何大多具有较高音乐素养的主要原因。

果果在音乐方面也很有天赋。在幼儿园举行的"孩子才艺大赛"中，果果参加了合唱团，我和果果爸都以为他只是合唱团的普通一员，没想到他却是领唱。

那天风和日丽，我和果果爸专门去给果果加油。果果穿着黑色的小礼服，站在舞台中央，身后是身穿白色小礼服的男孩女孩。我们只知道平时果果爱唱儿歌，声音也挺好听的，没想到在老师的教导下，果果居然还学会了唱"美声"。

他的声音犹如天籁般美妙，我和果果爸一边听他唱歌，一边激动地拍照、鼓掌，为他加油。

当然，果果的好朋友小豪，也在"啦啦队"里为果果加油助威。

音乐能够帮助孩子快乐成长，也能帮助孩子优化大脑，让孩子的多元智能得到有效发展。此外，音乐还能让孩子拥有更强的责任感和情感控制力，让孩子的动作能力和沟通能力得到提升，同时也让孩子更具有创造性。虽然音乐拥有如此众多的功能，但只有让孩子喜爱音乐、倾听音乐、理解音乐，身心都沉浸在美妙的音符中，才能让音乐的功能真正发挥到孩子身上。对于本身就喜爱音乐的孩子来说，他们可能早已在音乐中找到了打开多元智能大门的钥匙。

1. 音乐能让孩子的听觉得到发展。

孩子最早发育的器官之一便是听觉器官，在孕期4个月左右，孩子便能在母体中听到妈妈的心跳声和说话声，甚至能听到母体之外的声响。一位科学家进行了一项实验：他给一位刚出生不久的孩子听莫扎特和海顿的作品，持续了一段时间。6个月之后，当那个孩子再听到熟悉的旋律时，竟然发出了咯咯的欢笑声，这说明那个孩子早已记住了这些音乐旋律。

2. 音乐可以增强孩子的记忆力。

这是加拿大安大略省汉密尔顿市麦克马斯特大学的研究人员进行的一项研究：孩子尽早接触音乐，能够让记忆力得到有效提升。研究人员挑选了两组年龄在4～6岁的孩子，其中一组在幼儿园放学后上音乐课，而另一组则不用上。4个月之后，研究结果出来了：那些坚持上音乐课的孩子，记忆力明显优于那些不上音乐课的孩子。研究人员还让两组孩子分别记忆一串数字，上音乐课的孩子能够轻松记忆，而没有上音乐课的孩子则无法做到。这说明，孩子在接触音乐后，记忆发展更好，智商也更高。

3. 音乐可以提高孩子的时间与空间推理能力。

科学家还在洛杉矶做了一个实验，研究人员在一个学前班里挑选了33名孩子，并且将这些孩子分成两组进行测试，其中19位孩子每周接受10～15分钟的音乐课程，另一组则不用接受任何音乐训练。8个月之后，研究人员对这两组孩子进行了同样的测试，结果发现：没有接受音乐训练的孩子，其时间与空间推理能力只提高了6%，而接受了音乐训练的孩子，时间与空间推理能力提高了46%！

音乐是世界上最美的语言，美妙的音符就像无形的图画，让孩子陶醉、激奋。假如世界上缺少音乐，那就像生命中没有了春天，一切都变得寂静无声，毫无生机。

爸爸妈妈也应该明白，孩子更不能缺少音乐，因为它是孩子智慧蓬勃发展的动力与源泉。

文学滋养孩子的艺术细胞

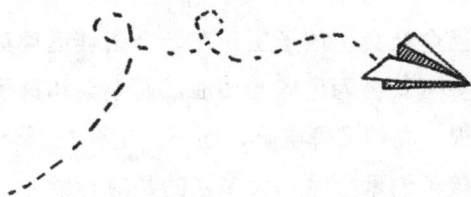

文学是孩子成长过程中不可缺少的精神食粮，也是早期艺术教育的重要内容之一。

文学作品除了具备教育、认识和审美功能以外，还能够给予孩子的思想的启发、艺术的熏陶。父母引导孩子阅读文学作品，不仅能促进孩子的观察力、想象力、知识的转换能力及语言表达能力，还能够提升孩子整体素质，使孩子浸染一身书香。

如今的人类大步跨入e时代，"终身学习"已成为现代人的生活方式，而阅读则是终身学习的必备能力之一。孩子在入学以后最重要的技巧是阅读，阅读兴趣的浓淡，阅读能力的强弱都是孩子入学以后学习成绩优劣的先决条件。

因此，在孩子入学以前，父母就要注意培养孩子的阅读兴趣，训练孩子具备一定的阅读能力，这样才能使孩子在以后的学习中具有较强的竞争能力，获得优良的学习成绩。

平时，我和果果爸也会给果果讲睡前故事，不过他都是听着听着就睡着了。刚上幼儿园的时候，果果爸曾让果果写"电子日记"，就是用录音器记录下生活中的一些事情，果果也没有坚持下来，反而把录音器弄坏了。

果果爸又气又笑，说："果果以后成为作家的机会不大啊，不过很有可能成为科学家。"

后来，果果爸还给果果买了一本布书。我有时间就和果果一起读布上的故事，果果现在自己还会讲上布上的故事给幼儿园里的小朋友听呢！

我和果果爸没想过让果果成为"艺术全才"，只要果果开心，他喜欢读书就读书，喜欢画画就让他去画画。我想，自由的教育方式，或许更能让果果快乐地成长。

在当今社会，孩子生长在一个崇拜运动员和电影明星、歌星的社会文化氛围中。许多家长会为足球赛加油，而不会和孩子一起读书；许多家庭拥有的是高清晰度电视、高档品牌电脑，而不一定会有一个收藏书籍的书柜。

当孩子们聚会时，大多谈的是流行歌曲、游戏、球星、歌星，而很少谈一部好的作品或一本畅销书。所以说，当今社会并不是所有的孩子从小就喜欢读书。因此，父母肩负着一种义务与责任，竭尽全力地去鼓励孩子多读书，好的办法就是为孩子营造一个良好的家庭阅读氛围，创造让孩子自己选择阅读的条件，培养孩子的阅读兴趣与阅读积极性，教给孩子正确地阅读课外读物的方法以及选择好书的原则，循序渐进地培养孩子爱读书、多读书、读好书的习惯。

1. 孩子应何时开始读书、读什么书。

泰戈尔曾经说过："**从母亲嘴里听来的儿歌便是孩子们最初学到的文学，在他们的心上最有吸引盘踞的力量。**"

孩子在3岁以前能欣赏的文学作品主要是儿歌和十分短小浅显的故事，尤其是图画故事。这时父母的朗读不要太具表演性，因为变换太多的语调会干扰孩子的注意力，使他忽略故事情节。对于3岁以后的孩子来说，首选的应该是一些童话故事书，其次是科学幻想故事书，而后是传奇故事和英雄人物故事书，再次是数学游戏、发明创造、科学知识、动物世界、海洋、旅行、战争、历史、笑话、娱乐、诗歌、传记和天文、地理等方面的书籍。

另外，古诗词是中国古典文学艺术中的瑰宝，它博大精深，瑰丽灿烂，千百年来，以其精湛的语言，深邃的意境而脍炙人口，吟唱千古。

幼儿时期是一个人记忆力最强的时期。古诗篇幅短小，工于音韵，句式工整，读起来朗朗上口。在幼儿期学习古诗、诵读古诗，可以让孩子了解中华民族的灿烂文化，提高孩子的审美能力，丰富知识、启迪智慧、发展潜能、陶冶情操。

当然，由于孩子的理解能力有限，父母应选择浅显易懂的古诗词，引导孩子由浅入深。在孩子刚学习时，父母有意识地选择一些易于孩子理解、好记的，这样孩子记得很快，会激发孩子的求知欲望，起到事半功倍的效果。

在孩子学习独立阅读的时候，常常会碰到不认识的字，而且常会因这个"拦路虎"而使阅读兴趣减退。这时父母应该事先有所估计，及时地帮助孩子纠正读音，告诉他正确的读法，还要有意识地帮助孩子区分近形字和近音字之间的微小差别，只要经过几次反复，是并不难记住的。对于一些难懂的字词，父母要以最简单生动的方式给孩子讲解，从而让孩子加深对作品的理解。

2. 父母给予孩子正确的引导。

有的父母可能会担心孩子识字不多，不能对文学作品有更深刻的认识，其实，在孩子入学以前，认识多少个字这并不重要，重点在于激发孩子对文字的好奇心和兴趣，使孩子产生认字、写字和阅读的强烈愿望和动机。在这方面父母一定要做好示范，有效地带动孩子养成阅读的习惯。

我们常说"言传不如身教"，想让孩子爱上文学，父母首先应该发挥榜样的力量。有的孩子最初对阅读没有兴趣，父母要有耐心，不要急于求成。孩子一次两次不学就放弃了，父母要想办法培养孩子的兴趣。比如和孩子比赛谁背得快、假装遗忘让孩子帮忙教你等很多方法。无论做什么都要持之以恒，阅读也是一个循序渐进的过程，需要有足够的毅力。

父母在培养孩子阅读兴趣的时候，不能"三天打鱼，两天晒网"。正如作家周宁所说："慢慢地走，稳稳地走，总有一天，你会发现自己是那个走得最远的人。"

懂得"欣赏"孩子的作品

孩子正一天天地长大，他们每天都会有很多进步和收获，特别上幼儿园以后，孩子学会了写字、画画，学会了制作各种卡片，学会了讲故事、表演节目等等。

这些都是孩子不断成长和进步的表现。如果某一天孩子把自己心爱的"作品"呈现给爸爸妈妈时，父母应该如何正确面对呢？

在我们的周围不乏这样的父母，他们对于孩子的"作品"常常不屑一顾，或者将孩子的"作品"随手一扔，只说几句宽泛的赞美之词："嗯，很好，不错！"

这种漠视或敷衍的态度，对于培养孩子的兴趣和自尊心是极为不利的。都说**"赞美和表扬能将傻瓜变成天才，批评和谩骂能将天才变成傻瓜。"**孩子虽然小，但也有自己的想法。有时候孩子比我们成人更需要得到他人的尊重。不管孩子画的画像不像、捏的泥塑好不好、剪的剪纸是否精细……在他们心里都是最好、最美的，因为那是他自己亲手做的，凝聚着他的兴趣、热情和创造。孩子希望大家都来关注他的作品，欣赏和赞美他的作品。

因此，父母在面对孩子的"作品"时，首先应该给予肯定："嗯，真漂亮！让我来欣赏欣赏""这个东西太奇特了，我都做不出来"……**当孩子感觉自己被认可的时候，他会对各种"创作"充满信心，还会给爸爸妈妈兴致勃勃地描述当时创作的情境和赞赏。**

果果最近迷上了摄影，没事总让我或果果爸打开手机上的相机给他玩。

我悄悄问果果爸："果果怎么突然这么爱拍照啦？"果果爸告诉我："前两天果果看《动物世界》，看到有摄影师在给小企鹅和小海豹拍照，他就说自己也要拍拍。"

于是，我和果果爸商量，要送给果果一份礼物。

当果果爸将包装精美的礼物拿给果果看时，果果开心得手舞足蹈，嘴里还"哇"地大叫一声。而当果果将礼物拆开，发现里面是一台儿童相机时，更是开心地跳了起来。

自从有了相机之后，果果总喜欢拿着它东拍拍，西照照。哪怕是家里很普通的家具电器，他都要从很多角度去拍，而照片中的"主角"往往是缺胳膊少腿，但他总是拍得不亦乐乎。有时候，看着什么也没有的蓝天，果果照样不停地按着快门，也不知道他在拍什么。

我和果果爸都很支持果果的这种爱好，果果爸还常常夸果果照得好，"有专业摄影家的水平哦！"我有时候也会张大了嘴巴，表示出惊讶，然后从果果的"摄影作品"中找出许多值得"欣赏"的地方："这张拍得真精彩，虽然只有小猫的尾巴，但是给我们留下了许多想象的空间……""天空很蓝，没有云，也没有飞鸟，但是有宝贝小指头的阴影……"

我和果果爸从来不会因为果果拍得不"专业"而笑话他，因为我们知道，在果果心中，那些不完整的画面也是美的一种，而空无一物的蓝天也正是他所乐意去欣赏的。

一位著名的摄影家说过这样一句说："**我们都需要偶尔停下脚步，带着一种轻松的心境和幽默的感觉看看我们自己和周围的环境，记得去鉴赏在生活中很简单的东西，而这些东西往往却是最重要的。**"

其实，不是孩子的作品缺少美，而是父母缺少发现美的眼光。

在很多时候，尽管孩子做出来的东西并不符合成年人的审美标准，但那是孩子经过一番辛苦、花费了大量心血创作出来的，他渴望得到他人的肯定和赞赏，这时候父母就应该给予适当的表扬和鼓励，比如"你剪得真好""你画得真棒""你又进步了""你给我讲讲你的作品好吗？"哪怕是一句再平凡不过的鼓励，孩子都会很在意很开心，这对于孩子以后自信心的提升都有很大的作用。

当然，仅有赞赏是不够的，当孩子兴致勃勃地把自己的"作品"交到父母手上的时候，他要获得的不是父母简单的赞赏"好""棒"，事实上，他们更期待的是父母惊奇的眼神、赞许的目光和有价值的提议。那些简单空洞的评价"有进步""很好""不错"，孩子也是很不屑的，可能会认为父母是在敷衍他。所以，当父母准备赞赏孩子作品的时候，可以惊讶地看着他们说："这是你做的吗？怎么这么漂亮，我相信这是世界独一无二的，你能告诉我你做的是什么，你是怎么样做的啊？"听完孩子的介绍后，再给他提出一些建议，"很好的想法，如果能……那就更好了"这样说孩子就会很开心，在下一次的操作过程中，不仅会注意到父母提的建议，而且还会更加认真、更有兴趣。

在给予孩子赞美与评价的同时，父母还应该细心地倾听，走进孩子的内心世界。因为孩子的作品带有很大的随意性，有很强的想象力，很多时候以成年人的目光是根本看不懂的。当孩子将自己的"作品"呈现在父母面前，而父母自己看不懂、不认同或不理解的时候，父母不应该立即全盘否定，而应谦虚地向孩子请教，倾听，要善于发现"作品"背后故事，说不定还能从中发现许多意外的惊喜呢！

如果父母真心爱自己的孩子，就请不要错过看似平凡的日子里每一朵小花带给我们的惊喜，这里面有孩子太多的精彩！

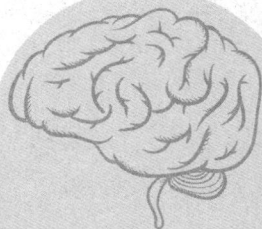

第7章

动手动脑10分钟，让孩子玩转逻辑思维
——培养孩子逻辑思维才能

一个人智力的高低百分之九十取决于他逻辑思维能力的高低，而知识仅占百分之十。所以说，只拥有知识是不够的，因为知识本身并不能告诉我们，该如何运用知识？碰到问题该如何解决？而这一切，都要靠人的大脑——逻辑思维能力去解决。如何让孩子拥有"令人钦佩"的逻辑头脑，这需要父母最具智慧的陪伴。

发现孩子的逻辑天赋

在我们成年人看来，一个人如果拥有细致而系统的逻辑思维和缜密而严谨的推理能力，那么他一定是一个充满智慧的杰出人物，比如我们熟知的大侦探福尔摩斯，还有当今社会的商界精英——他们都拥有"令人钦佩"的逻辑头脑。

科学研究也表明，逻辑思维能力发展好的孩子，日后成为数学家、会计师、财务分析员、科学家、工程师、电脑程序员、发明家和逻辑学家的可能性较大。

正因为如此，现今越来越多的父母开始重视孩子逻辑思维能力的培养。那么，父母们是否了解，什么是逻辑思维能力呢？

一个人的逻辑思维能力也称为逻辑智能，众所周知，在加德纳教授的"多元智力"理论中，逻辑智能是主要的结构之一，它与语言智能一起作为整个智能的主体，也是智力评价的主要指标。加德纳认为，逻辑智能是有效地运用数字和推理的能力，能清晰地看到事物的全貌，看到事物之间的关系与因果联系。比如托盘里散放着各种图形，有的人看过几秒之后，马上说出有多少个，月形、星形、树形分别是多少个。当图形的数量在16个以上时，一般人很难说对总数，分类图形的数目也会错误百出。但如果排序之后再数，则一目了然。

这就是逻辑智能的魅力！

在现实生活中，有的孩子加减乘除计算的能力比较强，人们便认为这个孩子的逻辑智能比较强。其实，这是一种比较片面的看法。

逻辑智能所包含的远远不止这些。它是一种处理一连串的推理、识别模式和顺序的能力。除了加减乘除计算之外，还包含逻辑和推理、模式、可能性和科学的分析。

果果2岁多的时候，就表现出了异于常人的思维能力，比如果果爸每次随意念一些数字，像11、32、142等，他都会兴奋地手舞足蹈，并且表情中流露出一种渴望的表情——如果果果爸继续念下去，果果就更兴奋了。

果果不仅对数字的声音感兴趣，而且他还对抽象的数字符号感兴趣。

虽然果果还在上幼儿园小班，可是他每天总是积极地给小朋友们分发餐具，因为他喜欢数每一排有几个小朋友，一共需要几个小碗，几只小勺子。

当老师把小馒头放在小朋友的小碟子里时，他也要数一数一共有几个。

平时果果爸接果果回家，在路上他也喜欢数路边的行道树，喜欢数小区里一共有几栋楼，几个门。果果还喜欢问果果爸"为什么"，然后再对果果爸给出的答案进行反问，他总喜欢探究一些问题内部深层次的因果关系，而不满足于简单的结论。

有一次，果果爸告诉他："现在已经是春天了，所以天气就要温和起来了。"

他马上就会问："那我是不是就要脱掉我的小棉袄了？"

果果的思维能力总是让我和果果爸感到很意外和惊喜。

虽然有不少儿童心理专家认为，孩子在3岁以前自身是无法形成抽象逻辑思维的，可父母并不能因此而忽略甚至放弃培养孩子的逻辑智能。因为更多的早教专家指出，父母应该及早培养孩子的逻辑智能，最好从孩子开口说话，能够用语句与人交流开始培养。这时候正是培养孩子逻辑智能最关键的时期。那么，父母如何知道自己的孩子是否拥有逻辑天赋呢？

科学研究表明，那些逻辑天赋较强的孩子，拥有以下一些共同特征：

1. 嘴上总是挂着"为什么"。

2. 喜欢数数，喜欢上数学课。

3. 喜欢思考类游戏或者实验。

4. 喜欢做脑筋急转弯和逻辑难题，喜欢听童话故事。

5. 喜欢有序地排位收集物品，喜欢比较大小、轻量、多少，喜欢玩不同形状的东西。

6. 心算能力极强，特别喜欢玩数字组合类游戏。

7. 对电脑计算类游戏特别感兴趣。

8. 喜欢玩策略游戏，喜欢做数学方格游戏。

现代科学研究早已证明，儿童逻辑智能发育的最佳时期为7～13岁，因为在这一时期，大脑中负责逻辑、数字和抽象推理的顶皮质区会迅速成长。

尽管7岁以下的孩子并不具备复杂的推理能力，可是也需要进行逻辑启蒙教育。父母只有重视孩子的逻辑智能培养，才能让孩子拥有超常的逻辑推理能力。

首先，父母应该培养孩子的求知欲，鼓励孩子平时多想多问。

其次，父母应该鼓励孩子时常进行独立思考，为孩子创造动手、动脑的环境，让孩子的动手能力也得到提高。

最后，父母可以在家里给孩子建立一个"数学逻辑角"，放置一些数学操作材料，比如儿童棋类、与逻辑相关的图书和图片等等，和孩子一起走进逻辑的世界。

给孩子讲解 "数" 的概念

生活中，有很多学龄前的孩子在2、3岁时，掌握的词汇量会逐渐呈飞跃性增长，而另一方面，数的概念也在这个阶段开始渐渐萌芽了。

数，是一种比较抽象的概念，掌握 "数" 的概念比掌握具体事物困难。

比如爸爸妈妈要教孩子认识什么是笔，什么是纸都不困难，可是想让孩子理解什么是 "1"，就很不容易了。因为 "1" 代表的是事物的数量，而不是某个物品，或者某种东西的特征。爸爸妈妈想让孩子真正解理 "数" 的概念，就要从很多具体事物中，将 "数" 抽出来，这样才能在孩子的大脑中形成 "数" 的概念。

爸爸妈妈首先要明白，"数" 的概念和数学、算术的意义完全不同。

有的孩子刚满2岁，可是在爸爸妈妈的硬性灌输下却能算出十以内的加减法，爸爸妈妈为此洋洋得意，以为自己的孩子就是数学小天才。可现实的情况却是，孩子并没有理解那些数字背后的含义，对于孩子来说，记忆那些题目和对应的答案，就像背诵儿歌古诗一样。因此，父母教孩子识数、计数不在于多，而在于是否能够理解，是否知道如何运用。

我们知道，学习计算的意义在于锻炼孩子逻辑思维的能力，然而在现实生活中，有的父母以为教得越多越好，把数学当成一种死的知识来教，让孩子数一百以内的数、背口诀、做加减法。由于孩子模仿性强，机械记忆的能力好，所以，在父母的指导下不断地重复模仿，也可以记住数，记住几加几等于几，但孩子并不是真正理解了数和数之间的关系，这种死记硬背学数学的方法，不仅仅是让孩子学到了死板的知识，而且还会造成孩子思维呆滞、缺乏举一反三的能力和创新精神，影响孩子的智力发展。

有一位心理学家来到一所幼儿园，他要做一个逻辑思维测试。

首先，心理学家选择了十几位"数学"较好的小朋友作为测试对象，这十几位小朋友的年龄在3～5岁之间。然后，心理学家要求被选中的小朋友做出"13+21=?"这么一道题，对于3～5岁的小朋友来说，这道题算比较难了，不过最后还是有三位小朋友算对了。于是心理学家问他们是怎么算出来的，三位小朋友给出了不同的答案。

第一位小朋友说，自己先在纸上画道道，先画了13个，又画了21个，然后一起数，总共是34。这种孩子不是靠运算，而是靠数实物得出答案。心理学家微笑着点了点头。

另外一位小朋友说，自己是靠数手指头和脚趾来算的。这个孩子和前一个差不多，是依靠具体实物得出的答案。心理学家同样对他微笑。

最后一位小朋友说，自己是把21变成7和14，用13加上7等于20，再加上14等于34，这个孩子纯粹是用数的概念在脑子里进行分析运算。

心理学家竖起了大拇指，依然微笑着说："很好。"

从上面的案例中我们可以看出，孩子们的计算能力和智力水平，由于训练方法不同而有着明显的区别。我和果果爸在教果果数数时，也费了很大工夫，因为要让3岁多的果果完全理解数的意义，弄清数和数之间的关系，掌握数的概念，并不是一件容易的事情。

当父母问孩子"9和6哪个大？"，他可以很熟练地，不假思索地回答你"9"时，那么，恭喜你，你的孩子已经具备了初步的数字概念，而这比他知道"9-6=3"更有意义。

如果父母希望自己的孩子能够尽快理解"数"的概念，可以从以下五个方面着手，即计算、测量、形状、空间和时间：

1. 数数。

父母可以教孩子从1数到10，再从10数到1，等孩子能够熟悉数到10之后，再让孩子用手指点实物数数，然后让孩子说出实物的总数，比如"孩子，数一数桌子上有几双筷子？"

2. 10以内的数。

父母应该让孩子理解10以内的数的概念，也就是说，要让孩子知道每一个数都是在前面加1形成的，也要让孩子知道一个数字里面包含几个"1"，比如让孩子知道3是2加1形成的；3里面包含3个1，2比3少1，3比2多1。

3. 10以内的序数。

孩子应该知道10以内的序数，也就是一个数字前面是几，后面是几，比如2前面是1，后面是3。孩子应该学会从前往后数是第几，从后往前是第几；从上往下数是第几，从下往上数是第几；从左往右数是第几，从右往左数是第几。

4. 10以内各数的相邻数。

爸爸妈妈可以告诉孩子，所谓相邻数，就是一个数两边的"邻居"，比如2的相邻数是1和3；3的相邻数是2和4。

5. 10以内数的分合。

孩子还应该学会将除1外的数，分成两个数，或者将两个数合成一个数，比如3可以分成1和2；5可以分成2和3、1和4；3和2可以合成5等等。

6. 10以内的加减法。

孩子在理解了数的各种概念之后，便可以学习10以内的加减法，如果孩子能够学好，并且练熟10以内的加减法，对于孩子以后学会乘除法运算将很有帮助。

7. 认识几何图形。

爸爸妈妈可以先教孩子认识平面的三角形、正方形和长方形；然后教孩子认识立体的球体、正方体、长方体等；最后再认识生活中的各种物体形状，比如七巧板、积木拼出的图形。

8. 认识不同的形状。

孩子应该区分物体的大小、长短、粗细、高矮、远近、轻重等等。

9. 认识方向和位置。

孩子应该区分上下左右、前后里外、两边中间等。

10. 认识日期。

父母应该教会孩子看日历，知道今天是星期几；还要教会孩子看钟表，知道半点和整点。

11. 认识货币。

教孩子认识硬币和纸币也十分重要。

上面这些内容，孩子可以不用完全掌握，但是爸爸妈妈必须根据孩子的情况，让孩子循序渐进地学习，能够掌握的知识越来越多，一时没有学好，爸爸妈妈也不要着急。

和孩子一起"玩"数学

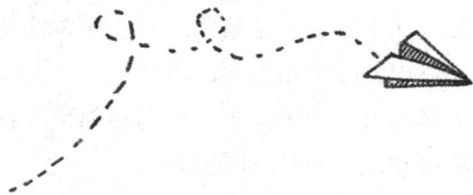

　　不喜欢数学的人会觉得数字是枯燥无味的，如果没有得到很好的启发和引导，孩子也会这样认为。但事实上，父母完全可以把数字变成一群有趣的"小精灵"，让孩子喜欢上数学。

　　只要爸爸妈妈用心，就会发现生活中到处都隐藏着这些可爱的"小精灵"——父母完全可以利用这些"小精灵"，和孩子玩一些简易有趣的数学游戏，寓教于乐，只要是可以用具体事物表达出来的数学概念，都可以借着玩游戏的方式，提高孩子的数学智能！

　　果果在2岁的时候，就表现出很强的数学智能，从1数到100都不是什么难事。

　　前几天，他突然对墙壁上的挂钟产生了兴趣，观察了老半天，然后告诉果果爸说："上面写着九点二十八分，就是说三十二分钟后便是十点了。"

　　果果爸对于果果的这个"发现"感到十分惊讶，还夸果果真是个数学天才。

　　果果爸和我都是文科生，没想到果果在数理逻辑方面表现出众。其实在果果还是一个婴儿的时候，我和果果爸就用很多具体的游戏来培养果果的数学智能。果果不但学得快，而且凡是跟数学稍微沾一点点关系的事物，他都极感兴趣。

　　因此我们配合他的兴趣，不断地和他做很多数学智能提升游戏。在很自然的熏陶下，果果的数学智能得到了很好的发展，别看现在果果才3岁半，他在算术、代数、几何、统计学上都有了一定的认识。这让我和果果爸感到很欣慰，心想：果果一定是一个数学天才！

父母们想知道果果的妈妈都和果果做了哪些提升数学智能的游戏吗？父母们是不是也希望自己的孩子像果果一样聪明，长大入学后，对数学的学习驾轻就熟，成绩斐然呢？

事实上，在如今的早教课程里，关于提升孩子数学智能的游戏有很多，可是适合任何家庭的简易游戏却很少。

以下几种游戏不仅有趣，而且简单易行，适合所有的家庭，希望能够对父母有所帮助。

第一，给孩子读一些带有数字的小故事。

父母可以通过给孩子读带有数字的小故事，来提高孩子的数学智能，比如"今天是小红的生日，有5个小朋友对小红说了生日快乐。小红的妈妈很开心，买了10个苹果给小朋友分享，每个小朋友分到2个苹果。小红的妈妈说：'2个苹果，自己吃1个，留1个回家给妈妈吃。'""小明家的母猫下了4只小猫，其中2只是白色的，2只是黑色的。猫妈妈和小猫一共5只，住在小明家的阳台上……"

孩子在听这些带有数字的故事时，可以在无形中学到许多简单的算术概念。

第二，在日常生活时随兴计数。

父母在陪孩子上楼梯的时候，可以叫上孩子一起数："1级、2级、3级、4级……哇，孩子真厉害！自己走了10级楼梯啦！"孩子吃小饼干的时候，父母也可以叫孩子一起数："1块、2块、3块、4块……10块，孩子要吃几块小饼干？6块好不好？1、2、3、4、5、6……这6块小饼干给孩子吃，剩下的也都是孩子的。"

这样的计数方式，能够让孩子很自然地对数产生基本的概念。

第三，厨房里的数学。

父母在厨房里做饭的时候，可以让孩子选择几个他喜欢吃的菜，然后由父母给孩子做，由孩子负责准备原材料。父母可以给孩子一个有刻度的杯子、小碗、小勺等物品，并且告诉孩子应该如何使用。做饭的时候，父母可以让孩子准备1小碗的米和4杯水；炒菜的时候，可以让孩子准备2勺油、1勺酱油和半勺醋。孩子在参与做饭的过程中，会获得无穷的乐趣，同时还能够建立数量的基本概念。

饭菜做好之后，父母可以让孩子将厨房里的碗筷分类摆放好，然后让孩子帮忙分发碗筷，每人分1个碗、2根筷子和1个汤匙。平时，还可以让孩子帮忙，拿2个鸡蛋、3棵葱等，让孩子通过这样的方式掌握数字的概念。

这里需要注意的是，不要让孩子靠近火炉、热汤等危险物，保证孩子的安全才最重要。

第四，切生日蛋糕学习分数。

家里人过生日的时候，父母可以利用切生日蛋糕的机会，教孩子学习简单的分数知识。比如将蛋糕切成8份，让孩子了解什么是1/2、1/4、1/8。一家人在吃蛋糕的时候，可以给孩子说一说简单的分数关系："宝贝，你看，我们把蛋糕切成了8块，你手中这块是8块中的1块，妈妈手中这块是8块中的另1块，爸爸那里还剩下8块中的6块！"

第五，通过拼图分辨形状的差异。

数学所包含的内容，不仅仅只是简单的加减乘除，还有几何学、三角学等外形数学的变化。所以，父母也不能忽略对孩子进行图形教学。这方面最有趣、最简单的游戏就是拼图。

目前，市场上的拼图有很多种：

1.一幅图画被切成各种形状的小块，拼好后会出现原来那幅图。

2.一组组的几何形拼块，可以个别拼入不同形状的几何框框。

3.能够拼成各种各样图形的七巧板。

第五，利用孩子的小手小脚建立度量衡的概念。

测量大小长短并不一定要用尺子，孩子的小手小脚也可以成为度量衡单位。父母可以告诉孩子："现在你的小脚就是一个单位，你可以从这边墙壁走到那边墙壁，看看这个房间有几步宽？"还可以对孩子说："现在你的小手就是一把尺子，你可以用自己小手量一量家里的沙发有几个小手那么长……"这样，孩子在玩耍过程中，便能掌握度量衡的概念了。

像小松鼠一样学习分类

果果2岁的时候，果果爸就开始为培养果果的逻辑智能而忙得不可开交了。

我对果果爸说："做任何事情，好的方法总比盲目付出更有效果！"

果果爸信心满满地说："我早就查阅了相关资料，培养孩子逻辑思维能力的最佳方法，就是教孩子学会寻找并将各种事物之间的关系进行分类。"

我白了果果爸一眼："能说得简单易懂一点吗？"

果果爸得意地说："我们应该给果果灌输一些类别的概念，比如沙发、椅子都属于家具；小狗、松鼠都是动物；花、草、树都是植物；面条、苹果都是食品等，使果果的头脑中有类别的概念，然后再让果果了解类别下面还会再分类别，如植物——花——玫瑰花、牡丹花、月季花；面条、米饭是主食；苹果、香蕉是水果，它们都属于食物等等。"

我对果果爸竖起了大拇指："说得真棒，看来没少花心思啊！"

在日常生活中，父母们常常会发现，孩子在玩分类游戏的时候，经常会出现分类标准不一致的现象，他们一会儿把圆形的物体放在一起，一会儿把同一颜色的物体放在一起或者干脆按自己的喜好分类。孩子分类的时候为什么会出现这种现象呢？

原来，孩子在1.5~2.5岁，开始理解动物、人以及物品都有不同的属性。他们知道有的物品软、有的物品硬，有些物品是红色的、有些物品是蓝色的……这是孩子开始认识事物之间的不同的属性进而对他们进行分类的前提，但这个时候，孩子对事物属性的认知基本都是外在的、表面的。因此在分类的过程中，经常会看到孩子把同样颜色或形状的物体放在一起，而不是把属于同一类别的物体分为一类。

星期天，阳光明媚地照在窗台上，给人暖洋洋的感觉。

果果爸一大早就搜罗了一大堆东西——有象棋、黑白棋、小盒子等。我很好奇，果果爸找来这些东西要干什么呢？原来，他又要和果果玩分类游戏了。

果果爸首先将黑白棋的黑子与白子每三个混在一起，让果果分开黑与白。果果爸把先前准备的两小盒子递给果果，说："果果要将相同颜色的棋子放在同一个盒子里哦，一个盒子里放白色，另一个盒子里放黑色……"

果果很顺序地完成了果果爸布置的"任务"，把黑与白的棋子分开了。

接着，果果爸又拿来象棋，告诉果果："红色的棋子放入这个盒子，黑色的棋子放入另外那个盒子。"果果再一次进行了归类，同样很顺利。

果果爸摸了摸果果的小脑袋，夸奖道："果果真聪明！"然后又找来一些图形玩具，慢慢地将分类游戏进展到3种颜色混合，让果果分为3堆；接下来再分成不同颜色的四堆……

虽然果果在分四种颜色时发生了"状况"，但果果爸还是微笑着鼓励他。

果果爸已经制定了长期的培养计划，随着果果分类能力的进一步发展，他打算尽量多找一些颜色，将不同的颜色混合，让果果将其分类。等果果对颜色分类驾轻就熟以后，再让果果进行以形状分类的游戏，然后让果果依照圆形和四边形、三角形和四边形的集合加以分类……最后，他再以蔬菜、水果、杯子、汤匙为素材，让果果进行类似形状的集合训练。

果果爸相信，通过这些训练，一定会使果果拥有优于常人的逻辑思维能力的。

其实，父母只要留心观察就不难发现，孩子总是喜欢像小松鼠一样，将自己喜欢的东西按照自己的分类和归类的技巧摆放在一起。父母正好可以利用孩子这一特性，在日常生活中对孩子进行分类训练，这对于提高孩子的逻辑思维能力，有着十分显著的作用。

第一，利用孩子最感兴趣的东西进行分类训练。

父母在对孩子进行分类训练时，最好能够选择孩子最感兴趣的东西，比如孩子喜欢小火车玩具，爸爸妈妈便可以多准备一些颜色不同、大小不同的小火车，让孩子把颜色相同、大小相同的小火车分类到一起，这样能够起到事半功倍的作用。

第二，让孩子整理自己的物品。

父母可以鼓励孩子自己动手，将自己的物品分类整理好，比如孩子的衣服应该放在衣柜的哪一层，裤子应该放在衣柜的哪一层；冬天穿的鞋子应该放在鞋架的哪一层，夏天穿的鞋子又应该放在鞋架的哪一层。孩子的书桌过于杂乱，父母也可以教孩子将书本分类摆好，比如按类或者大小分类放好；同一类别的书本再按大小放好。孩子从小学会分类整理自己的物品，其动手能力会不断增强，还能养成爱整洁的好习惯。

第三，在日常生活中让孩子多分类。

父母可以利用生活中的各种小物品，来训练孩子的分类能力，比如形状大小不同的衣服、袜子、杯子、水果、玩具等等，让孩子根据不同的颜色、不同的大小、不同的形状进行物品分类，比如在给衣服分类时，父母可以告诉孩子，先将大人的衣服和小孩的衣服分类，然后再将不同的颜色把衣服分类。这样的分类游戏能够大大提高孩子的分类能力。

第四，利用动画、绘本、故事书让孩子进行实际操练。

父母还可以给孩子购买专门学习分类的玩具，和孩子在玩耍中学习分类；还可以陪孩子一起观看学习物品分类的动画片、绘本、故事书等。

教孩子正确排列顺序

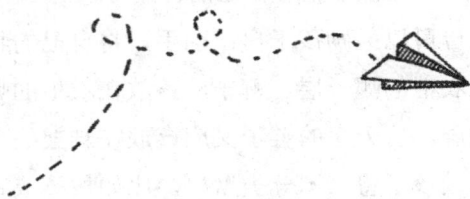

　　果果的表哥文文今年5岁，人长得特别"喜庆"，一双乌溜溜的大眼睛总是转个不停。

　　文文可是爸爸妈妈眼中的"小机灵"，他不但自己会读儿歌、会看小故事，还会算一些简单的加减题呢！文文的爸爸妈妈都是上班族，在文文3岁的时候就被送进了幼儿园，如今已经上大班了。这学期幼儿园的老师安排小朋友们学习按规律排序，可是从小就十分"机灵"的文文居然学不会，总是不记得应该谁先谁后。

　　老师将情况反映给文文的父母，还说文文上课的时候比较喜欢玩闹，注意力不集中。

　　文文的父母感觉挺奇怪的，文文会自己读儿歌、会看小故事，还会算一些简单的加减题，却不会按规律排序，这是怎么回事呢？带着满腹的疑问，他们跑来请教果果爸。

　　果果爸认真地分析了文文的情况后，对文文的爸爸妈妈说："文文的逻辑思维能力较差，所以排列顺序的时候不如别的小朋友。你们只要平时多给文文做一些按规律排序的训练，就可以提高文文的逻辑思维。当然，孩子的逻辑智能发展存在个体差异，有的孩子逻辑智能的萌芽和发展较晚，所以你们也不必太担心啦！"

　　听了果果爸的讲解，文文父母悬在空中的心终于放下了，他们决定，以后好好训练文文的逻辑排序能力，让文文成为真正的"小机灵"。

　　现实生活中，有些父母可能会发现，自己的孩子在排列顺序方面，似乎比5岁的文文要强一些。有的孩子才8个月大，就会习惯性地把玩具排成某一顺序。事实上，这种现象与孩子秩序感的形成有关，也说明了孩子已经意识到排序，开始发展排序思维了。

排序，是指根据一组物体的某种特性的差异或按某种规则，按序进行排列。

孩子最初的排序活动表现在物体的大小、长短的比较上。当孩子学会将物体按一定的特征分类后，逐渐地，他开始懂得比较物体之间的大小，在3岁左右，孩子就已经可以比较两个或三个物体之间的大小和长短了。

父母想要培养孩子的逻辑思维能力，最有效的途径就是让孩子进行排序活动。

孩子通过排序活动，可以获得按序排列物体的经验，在思维中逐渐建立起序列结构，帮助孩子理解数的顺序，促进孩子的可逆性、传递性、双重性思维能力的发展，引导孩子学习排序，也是发展逻辑智能的一个重要方面，应当受到父母的足够重视。那么父母应该如何帮助孩子自然学会排序呢？

1. 按大小排序。

父母准备洋娃娃大、中、小各一个，先让孩子观察洋娃娃的大小不同，然后对孩子说："洋娃娃要去上学了，宝贝来帮他们排好队吧……"在孩子将布娃娃排队的时候，父母还可以在一旁问孩子："哪个洋娃娃最大，哪个洋娃娃最小？"当然，除了洋娃娃，父母也可以用其他有大小型号玩具代替，只要是孩子感兴趣的都可以。父母只需要注意一点，那就是玩具之间除了大小其他都很相似。

2. 按长短排序。

孩子每天接触最多的物品便是筷子，父母可以在每天吃饭前拿出长短不同的筷子摆在桌子上，让孩子按照长短排序。妈妈可以让孩子找出最长的一双筷子递给爸爸，然后再找出最短的那双筷子递给妈妈，每天让孩子练习几次，孩子很快便能掌握筷子棍棒的长短了。

3. 按高矮排序。

爸爸妈妈可以准备5个高矮不同的塑料瓶，让孩子给塑料瓶进行高矮排序。如果孩子没有排列好，爸爸妈妈则可以先让孩子找出最高的塑料瓶，然后找出最矮的塑料瓶，最后再依次给剩下的塑料瓶排序。另外，也可以让孩子比一比家人的高矮。

4. 按厚薄排序。

父母找几本厚薄不同的书，让孩子先从厚到薄，再从薄到厚进行排序。

5. 有规律地排列物品。

父母还可以利用各类壳，和孩子玩分类游戏，比如和孩子一起收集贝壳、开心果壳、花生壳等。父母可以先排出几颗，让孩子说一说排列规律，再让孩子接着往下排。当然，父母也可以鼓励孩子自己探索规律，按照自己的想法给这些壳进行排列。

6. 户外观察排序。

父母可以选择在周末和孩子一起到户外进行观察排序，比如去公园、广场、超市等地方，让孩子观察周围的景物，找找哪些东西是有规律地排列，并且让孩子说一说它们是按照什么顺序排列的，比如公园花坛里的盆栽是如何排列的，超市货架上的饼干是如何排列的。

总之，训练孩子排序的方法有很多，父母可以结合自己的条件，举一反三、合理创设。只要在日常生活中，多留心就能想出更多有趣又有效的方法。这里需要提醒父母的是，在训练孩子排序的过程，应该注意以下几个问题：

1. 排序的规则。

孩子的年龄较小，通常正排序要比逆排序简单一些，正排序就是从小到大排，逆排序就是从大到小排。爸爸妈妈应该根据孩子排序的认知特点，先教孩子正排序，再教孩子逆排序。

2. 排序的方向。

父母应该让孩子知道，排序也要有方向，比如从上到下排，从左到右排，或者从前到后排。如果物体的数量较多，则可以从中任意找一个序数作为中心，然后向两边排序。

3. 排序物的数量。

对于刚学习排序的孩子来说，排序物的数量最好控制在5个以内，排序物要有明显的差异。随着孩子年龄的增长和知识的增长，排序物可以加到10，排序物的差异也要逐渐缩小。

4. 排序物的放置点。

当孩子在进行物体长短、高矮的排序中，排序物的放置点也很重要，最好能够让排序物处于同一水平之上。如果物体的水平不同，孩子则会因为排序物离的远近而产生视觉误差。

推理，让孩子成为小侦探

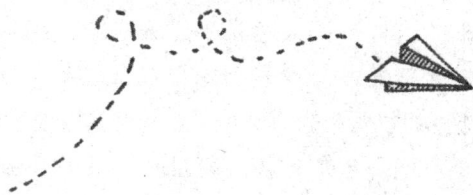

孩子虽小，却拥有许多令人意想不到的能力，比如有的孩子在四五岁的时候就具有了一定的推理能力。不过，这只是极少数而已。

我记得一位教育学家曾经说过："孩子那充满了支离破碎、毫无联系的知识的头脑，就像一个混乱的储藏室，在那儿连主人自己也找不到任何东西，只有体系而没有知识的头脑，则像一个小店铺，里面每个盒子上都贴着标签，然而盒子里却空空如也。"

对于学龄前的孩子来说，他们往往已经具有不错的形象思维，而抽象的逻辑思维却处于萌芽状态。逻辑思维的最基本形式就是推理，也就是通过一个判断或几个判断推出另一个新的判断的思维过程。孩子的推理能力是智力活动的核心因素，也是孩子学习能力的构成基础。如果孩子的逻辑推理能力强，那么学习和分析问题的能力也会很强。

人类通过逻辑推理来认识事物，并且揭露事物的内在联系，发现事物存在的规律性。逻辑推理能力强的孩子，能够更加准确有序地表达自己的思想，拥有较高的听、说、读、写能力，还能够及时发现事物存在的问题，让孩子拥有更强的明辨是非的能力。

有一次，果果爸从市场上买了几条金鱼回来，开心地教果果认识金鱼，并且告诉果果："金鱼生活在水里，它会游泳，你看它们在水里游来游去，多快乐啊！"

第二天，果果和我一起去菜市场的时候，看见市场里有一位叔叔在卖鱼，果果问我："这是什么？"

我告诉他："这是鱼。"

果果疑惑地摸了摸自己的小脑袋："怎么这种鱼和爸爸买的鱼不一样呢？"

我解释说："在水里游泳的都是鱼！"

果果恍然大悟，很开心地点了点头。

周末的时候，果果爸带果果去游泳，当他看见果果爸跳进游泳池里后，便大声地"告诫"果果爸："爸爸不要在水里游泳，在水里游泳就变成鱼了！"

果果的思维听起来有点可爱，却是真实地反映了3岁左右婴幼儿的思维方式特点。

孩子在四五岁的时候，就能够对生活中熟悉的事物进行正确地推理。但限于经验贫乏，他们的推理经常不合逻辑，还表现出经常用自己的生活逻辑和主观愿望来替代事物和现象本身客观逻辑的特点，就像果果的推理过程：鱼会游泳、爸爸也会游泳，所以爸爸会变成鱼！

父母想要培养孩子的推理能力，让孩子成为像福尔摩斯那样的"小侦探"，首先要丰富孩子的生活经验，使他积累大量的事物和现象的印象，打好正确推理的感性基础。

第一，让孩子亲自去感知事物。

爸爸妈妈要多给孩子创造条件，让孩子有机会亲自去感知事物的变化规律。如果孩子能够亲眼所见、亲耳所闻、亲手触摸，那么将会更好地把握和认识事物的本质。比如想让孩子认识什么是冰，便可以让孩子亲手将水冻成冰，然后通过看、摸、闻、尝、放在水中、扔在地上等方式，去了解冰所具有的冷、滑、坚硬、遇热化成水等特征。

第二，多让孩子进行逻辑思考。

爸爸妈妈可以时常引导孩子进行分类、理解、概念形成方面的练习，让孩子的思维活动逐步地摆脱具体形象的知觉限制，逐步地由半逻辑思维过渡到逻辑思维，进一步完成正确的推理。经常鼓励孩子进行逻辑思考，能让孩子更好地建立逻辑思维。

第三，及时纠正孩子的逻辑错误。

当父母发现孩子的逻辑错误时，要及时进行纠正，并且用适当的方式指正，最好能让孩子自己理解、纠正自己的逻辑错误。比如一位孩子跑到窗台边欣赏盆栽，正好有一朵小花掉落了，孩子以为是因为自己的"打扰"才让小花掉落的，这时父母就应该及时进行纠正，可以用几天时间，和孩子一起观察一朵花从开放到凋谢的过程，从而让孩子自己理解，小花掉落是自然规律，而不是因为受到"打扰"才掉落的。

第四，引导孩子多运用概念思考。

提高孩子推理能力的最好方法，就是引导孩子多运用概念思考，比如带孩子出门之前，天空突然阴暗下来，父母便可以问孩子："你看天空是不是快下雨了？"如果孩子观察不出来，则可对孩子说："你看看，天空中有一片大大的乌云，小燕子也飞得很低了，所以马上快下雨了。"也可以在下雨之前，让孩子找一找下雨之前的征兆，比如小蚂蚁是否在搬家、水管外是不是有小水珠等等。

当然，任何能力的培养都离不开游戏，父母也可以通过以下几个游戏，寓教于乐，培养孩子的推理能力。

1. 应该放几个。

父母准备好3个盘子，并在每个盘子里放上几个苹果；让孩子数一数每个盘子里苹果的数量，并把总数用圆点或数字表示出来，然后问孩子第二个盘子的苹果比第一个盘子里多一个，比第三个盘子里少一个，那么第二个盘子里应放多少个才能与第一个盘子和第三个盘里一样多？父母让孩子把苹果放在盘子里，用实物对孩子进行10以内数的训练。

2. 猜猜这是谁的脚。

父母先告诉孩子，一些动物由于它们生活的环境不同，因此它们脚爪的构造也有所不同。然后拿出画着鸡、猪、马、鸭身子的卡片，再拿出画着它们脚的卡片，让孩子用线把它们的脚与身子连起来。当然玩这个游戏之前，父母最好带孩子去动物园，让他对每个动物做详细的观察，观察动物要按顺序进行——从头、颈、身、四肢到尾巴。

3. 躲猫猫。

父母在家的时候，可以利用家中的许多东西和孩子玩，比如父母可以藏到门背后，让孩子来找。反过来，让孩子藏起来，父母去找。这个时候父母会发现，孩子会藏到您藏的地方。当您再藏起来让孩子找的时候，孩子仍然会到上次的地方去找。所以家长要有至少3个藏东西的地点，让孩子通过反复的游戏知道什么是"藏"，并逐渐掌握推理的思维能力。

4. 车子跑得快。

父母与孩子一起玩玩具车时，可以和孩子讨论：怎样可以把玩具小车推得最远？鼓励孩子就这个难题作假设，然后按他自己已有的经验作逻辑推理，如要车子推得最远，第一应该……然后应该……看假设是否成立，再和孩子讨论和总结。

当然，父母提出让孩子发现和要解决的问题须符合孩子的能力，既能挑战孩子的思考，又不会因太困难不成功而使他产生挫败感。

勤于思考的孩子更聪明

生活中，人们常说男孩比女孩聪明，其实除了特殊情况，男孩刚刚出生时的智商与女孩没有太大的区别。所不同的是，男孩的思维方式与女孩不同——他们更擅长逻辑思维，也就是说他们往往会通过分析、判断、推理去思考问题，因此，他们看问题往往比女孩更深入。事实真是如此吗？

有一位行为学专家说过："思考能够拯救一个人的命运。"

父母对孩子逻辑思维的培养，归根结底还是思考力的问题，所以无论男孩还是女孩，只要他们勤于思考，就能够提高自己的逻辑智能、把握自己的命运。

果果的思考能力还算不错，虽然平时他很听我和果果爸的话，可毕竟还小，淘气起来也让人很抓狂。一天，果果爸在电脑面前赶稿子，他非要在一旁吵吵闹闹的，影响果果爸的创作。

为了让果果保持安静，果果爸想到了一个好办法——他从钱包里掏出10元钱，对果果说："果果乖，先不要闹，如果你能猜中爸爸心里在想什么，这10元钱就是你的了。"

果果也是一个"小财迷"，见到10元钱开心极了，抓着果果爸的袖子问："真的？"

果果爸点头说："那你别闹了，先去客厅里安静地想一想，想到了就拿走这10元钱。"

果果真的安静下来，一个人跑去客厅"思考"了。

过了好一会儿，果果才跑到果果爸身边说："爸爸，我猜到你心里在想什么了！"

果果爸有点惊讶地问："我在想什么呀？"

果果说："你想让我听话。"

果果爸没有想到，小小年纪的果果居然懂得换位思考，于是按照约定把10元钱给了果果，并说："这10元钱是果果的了，去拿给妈妈存起来，以后给果果买玩具吧！"

培养孩子广阔、灵活、敏捷的思维能力，对于开拓孩子的智慧极为重要。通过对日常生活事物的分辨、归纳和整理分析，孩子的思考能力开始进步，处理资料的方式和过程越来越精细熟练，越来越符合逻辑，这就是一个人的智力发展的过程。

那么，作为父母，应该如何在日常生活中增强孩子的思考能力呢？

第一，要好好对待孩子的好奇心。

每位孩子都有一颗好奇的心灵，因为世界上有太多新鲜事物等待他们去认识。好奇心也是孩子萌发创造性思维的基础，孩子对事物产生好奇，才会进行思考与探索。因此，爸爸妈妈要好好对待孩子的好奇心，而不是阻止孩子探索的脚步。

第二，给孩子创造独立思考的空间。

孩子产生疑问的时候，总是会不自觉地询问自己的父母，希望能在父母那里找到答案。如果父母对于孩子的疑问总是给予答案，虽然可以马上解决孩子的疑问，但是却会让孩子养成心理上的依赖，以后遇到问题就会想到父母，而不懂得独立思考。

因此，父母应该明白，有的问题需要孩子自己去思考解决，父母应该做的是引导帮助，而不是直接给出答案。如果父母没有给孩子独立思考的机会，就等于扼杀了孩子的独立思维。

当孩子产生疑问时，父母最好能够鼓励孩子进行独立思考，引导孩子运用自己掌握的知识与经验去解决问题，或者通过翻查参考资料等方法去寻找答案，这样才能让孩子养成独立思考的好习惯。

第三，通过沟通交流，激发孩子进行思考。

日常生活中，父母应该多与孩子沟通交流，并且以此来激发孩子进行思考。

父母需要注意的是，讨论的问题，最好能够让孩子独立思考，而不是代替孩子去思考。

第四，循序渐进地培养孩子的独立思考能力。

虽然有的孩子爱动脑思考问题，但是父母提出的问题也不能太难，那样只会打击孩子的自信心。最好能够根据孩子的实际情况，从最简单的问题入手，如此循序渐进，逐步加大问题的难度。当孩子通过自己的思考，解决掉越来越难的问题时，他的自信心将大大增加。

第五，父母要时常激励自己的孩子。

父母的表扬与鼓励，是孩子学习和思考的动力。当孩子通过自己的思考解决掉一个问题后，父母应该及时进行表扬，这会让孩子尝到动脑筋的甜头，享受到成功的喜悦，从而渐渐养成爱动脑思考的好习惯。

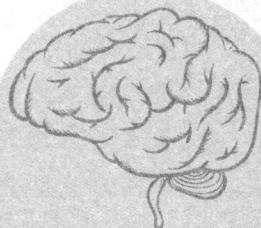

第8章

不做掉队的"小鸭子",轻松提升孩子的人际智能
——培养孩子的社交能力

千万别寄希望您的孩子能像鲁宾逊那样独自生活。每个人都是社会人,不会交际就难以与人合作,而不会与人合作,就无法成功。优秀的父母懂得创造机会与条件,让孩子的人际交往智能不断提高,从而为他们走上社会打下坚实的基础。

别忽视孩子的交际能力

在加得纳教授提出的"多元智能"理论中，人际智能作为一种重要的智能，越来越受到当代一些专家学者的重视。有一项研究调查显示，大部分成功的人士，虽然他们的写、读以及计算能力并不很强，在艺术、音乐等方面的能力也许各有欠缺。但是，可以肯定的是，他们突出的人际智能天赋引导着他们走向了成功。

人际智能是我们生活、工作和社会交往中运用最广泛的智能，也是孩子未来获得成功的重要保证。每个人的一生都要与他人相处，没有一个人可以像鲁宾逊那样独自生活。

求学时期，要与同学、老师打交道；工作后，要与同事、领导共事；出门要与售货员、亲戚朋友交往……这些都是不可避免的生存法则。

在与他人相处的过程中，能否处理好与他人的关系，能否与他人和谐快乐地交往，不仅会影响到一个人的身心健康，还会对人的事业发展和生活带来不同程度的影响。

教育历史中，人际智能很早就被赋予了重要意义，它渗透在教育的方方面面，从某种意义上可以说，教育就是一种人际智能的实践活动。

然而在现实生活中，父母们往往忽略了对孩子的人际智能培养。虽然孩子一出生就开始了他们的社会交往，并且随着孩子一天天长大，他们交往的对象不断扩大，交往经验和技能也在不断地增长，但这并不意味着孩子的人际智能是自然生成的，孩子能自然而然地拥有优秀的人际智能。

父母只有对孩子进行有效的人际智能培养，孩子才可能获得优秀的社交本领和能力，这一能力对孩子将来的成长有着深远的影响。所以作为父母，一定要尽自己的所能来培养孩子的社交智能，以帮助他们赢得更加璀璨的人生。

果果一岁的时候开始"认人"，平时只要有陌生人抱他，他就会挣扎大哭。

有一次，家里来了一位新客人，果果以前没有见过。果果爸抱着果果，在客厅里陪客人聊天，电话突然响了，果果爸便将果果放在沙发上，自己接电话去了。

果果爸走后，果果嘟着小嘴望着客人，小眼神中有一丝害怕。

客人倒是"热情"，起身想去抱果果，可是还没走到果果身边，果果就号啕大哭起来。

客人瞬间乱了，摆了摆手说："不哭，不哭，我不抱你，不抱你……"

这时，果果爸接完电话回来了，将果果抱进怀里摇了摇，哄了哄，果果才不哭的。

客人开玩笑说："你家果果还会'认人'啊，都不给我抱！"

果果爸尴尬地笑了："果果还太小，害怕生人，看来以后得多带他出去玩，不然他的社交方面要出问题咯！"

现实生活中，有很多孩子都缺乏基本的交际能力，而且这些孩子大多是独生子女，因为这些孩子没有兄弟姐妹，又大多居住在封闭式的公寓楼中，无论是寒假暑假还是周末，只能独自一人在家玩或看电视，这就导致孩子的社交能力越来越差。

孩子的人际智能是在与人的互动中发展起来的，因此，父母多为孩子提供与人互动的机会十分重要。具体说来，可以从以下几个方面着手，培养孩子的人际智能。

1. 和熟悉的人打招呼。

如果遇到熟悉的人，爸爸妈妈可以让孩子主动向他们打招呼问好。记住一定要让孩子使用礼貌的称呼，比如"爷爷、奶奶、叔叔、阿姨"等，还要使用礼貌的招呼用语，比如"您好"等。通过与熟悉的人打招呼，也能够提升孩子的人际智能。

2. 鼓励孩子进行自我介绍。

到别人家做客或者刚到幼儿园报到的时候，父母可以鼓励孩子简单地自我介绍一下，不必说得太多，如果孩子害羞，只要介绍一下姓名、年龄就可以了，这既能培养孩子的人际交往能力，也能提升他的内省智能。

3. 让孩子自己当"小主人"。

在孩子生日的时候，父母可以帮孩子举办生日聚会，由孩子自己邀请同学来参加，在聚会上让孩子招待其他的朋友，让孩子学习如何去做个"小主人"，并且增加与他人的互动。慢慢地，孩子会更愿意与别人分享自己的喜、怒、哀、乐。

4. 让孩子来帮忙。

爸爸妈妈可以假装自己有困难，让孩子来帮一下忙，如帮忙搓一下抹布等。通过劳动，孩子能建立自我服务及服务他人的意识。父母的帮忙请求能让孩子有参与感，并能训练他最初的合作性，对他的人际交往有好处。

5. 让孩子去问路。

父母可以经常带孩子上街，在街上时，父母要鼓励孩子去问路，这可以提升他的人际智能，因为向陌生人询问道路，可以充分锻炼孩子的人际交往能力。

6. 增加孩子与他人的互动机会。

父母还可以利用空暇的时间带孩子到公园或是社区活动中心，让孩子可以和其他的孩子玩游戏，有更多和人互动的机会，加上彼此的年龄相仿，更容易玩在一起。

由于个体的差异，每个孩子都有自己的智能优势，有些孩子在很小的时候便可以显露出其先天的人际智能优势，父母不妨细心从以下几个方面观察，看看你的孩子是否具有较高的人际智能优势：

特质一：总喜欢用好奇的小眼睛观察身边成年人的一举一动。

特质二：与其他孩子一起玩时，喜欢主动靠近对方，主动与对方接触。

特质三：不认生，看到陌生的人不会哭闹害怕，反而对陌生人也充满了好奇。

特质四：喜欢与人互动、玩游戏，平时爱笑，十分讨人喜欢。

特质五：喜欢注视爸爸妈妈的面部表情变化。

积极回应孩子的交际热情

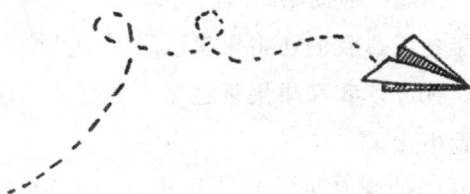

人生活在这个世界上，无论是学习还是工作，都需要与别人发生关联、进行交流。而每个人的这种交流活动能力有大有小、有强有弱。

这种能力就是社会交往，也就是所谓的人际智能。一个人人际智能的高低，对他的事业前程、社会地位、生活质量等有很重要的影响，因此需要好好培养。

人际智能可以促进孩子思维能力的发展、语言能力的提高。作为21世纪的主人，孩子担负着科学继续发展、社会继续前进的重任。所以培养孩子的社会交往能力——人际智能已经迫在眉睫，这也是孩子将来"生存"于社会的基础。然而现实的情况又是怎样的呢？

很多父母都不知道，即使刚出生不久的孩子也有简单的人际交往能力，他们也有与人交往的愿望。也许有的父母会说："小宝贝整天只知道吃喝拉撒，你逗他、叫他，他也不会搭理，他会有什么交际愿望啊？"

其实，孩子天生就具有对外发出信息和接收他人信息的兴趣和能力，这种能力是他与外界进行双向交流的基础。如果孩子向你传达信息却总是得不到你的回应，就可能因此逐渐丧失信息交流的兴趣，变得封闭内向、不爱与人交往。所以，父母们如果希望自己的孩子成为一个活泼外向、受人欢迎的"社交小达人"，而不是一只掉队的"小鸭子"，就应该积极回应孩子的交际热情，在他刚出生后就应该对其社交能力进行关注和培养。

自从上次果果"拒绝"客人的抱抱之后，我和果果爸就开始重视培养果果的社会能力。

平时空了，我和果果爸就会带果果去小区或公园里转悠，只要有什么亲子活动，我们也会积极踊跃地参加。果果接触的陌生人多了，也渐渐地不再"认人"——当然，前提是熟人。

去年冬天，我们还将果果送进了幼儿园，希望他能够早点适应离开父母的校园生活。为此，我和果果爸也努力了好久，因为果果太黏人了，离开我和果果爸就会哭闹不止。

刚开学的那几天，我和果果爸只能轮流去幼儿园陪他，后来他和老师玩熟了，还认识了新的小伙伴，我和果果爸才能想办法脱身。不过，还要做好"随叫随到"的心理准备，因为果果指不定什么时候要找爸爸妈妈，这时候谁哄都不行，非得我们亲自过去才行。

大概半学期左右，果果才真正地适应了幼儿园的生活，也能和小伙伴们愉快地玩耍了。

幼儿园的老师告诉我，果果的表现算很优秀了，有的孩子在幼儿园里很胆小，从不主动和小朋友们说话，也不和他们一起玩；还有的孩子上课时，不敢举手发言，老师提问时，声音像蚊子在哼，课间一个人缩在课桌前不出声，与小朋友们无法正常的交流和沟通。

我将老师的话说给果果爸听，果果爸说："所以我们更要重视培养果果的社交能力了。"

一般情况下，孩子在3岁之后，人际智能会有一个较大的发展，孩子更渴望与同龄人交往、沟通。这时期，如果仅仅与爸爸妈妈交往，已经无法满足他们的交往需求了。因此，爸爸妈妈应该更重视孩子在这一时期的人际智能培养，最好能够让孩子尽早参与集体生活，在幼儿园里与更多的小朋友交往。当孩子表现出强烈的交际渴望时，爸爸妈妈应该给予孩子热情积极的回应，并且告诉孩子如何更好地与其他小朋友交往。

1.孩子之间的交往接触，起初可在2个孩子间进行，以后可将范围扩大。交往时间最初可安排两三分钟，以后可逐渐延长至10～15分钟。父母可以给孩子创造一个面对面在一起的机会，不给他们提供任何玩具，刺激孩子使用语言进行相互交流，父母可鼓励自己的孩子向对方作出主动交往的姿态。

2.当孩子有了一定的活动能力时，可以在成人的帮助下和小伙伴进行追逐、捉迷藏、击掌等游戏，让孩子们深深感到共同游戏的快乐。

3.孩子再大一些，父母可以让两三个同龄孩子轻松愉快地在一起待上一会儿。小家伙们可能会相互凝视，注意别人的行为，这时父母就可以介入，如摸摸他的头、亲切地叫他的名字、同他交谈或是给他玩玩具等。增强孩子对小伙伴的兴趣，孩子可能会模仿大人的行为，与小伙伴亲切友好地接触。

4.父母可以利用各种玩具作为媒介进行交往，如把各自的玩具拿来放在一起，让俩孩子分配玩具做游戏，成人在一旁观察，培养孩子友好交往的技能。

5.孩子在交际活动中，有时候会出现招惹别人或欺负攻击别人的情形，父母这时候也不必过分焦虑不安，或是急于干预。因为小家伙们可以在这种冲突争执中，意识到彼此的存在，了解别人的需求，并学习表达自己的要求和愿望。孩子们正是通过这些亲身体验，从而使自己思想逐步完善、人际智能逐步提高起来的，这也是孩子成长中的必须面对的"挑战"！

给孩子一个快乐温馨的家

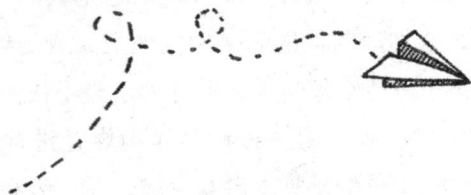

从怀孕开始，到果果出生，我和果果爸在选择电视节目时，都会将"亲子节目"作为优先选择。以前我喜欢看肥皂剧，果果爸喜欢看体育频道，现在我们都喜欢看亲子资讯与亲子综艺。

在某个亲子节目中，小主人公涛涛出场了，他今年4岁，生活在一个大家庭里面，是一个聪明伶俐的孩子。由于涛涛是家里的"三代单传"，所以平时受到爷爷奶奶、爸爸妈妈还有姥姥姥爷的特别宠爱，这也养成了涛涛娇生惯养、以自我为中心的不良习惯。

涛涛不仅在家里"称王称霸"，在幼儿园里、在老师和同学眼中，也是一个十足的"小霸王"。幼儿园里的小朋友们见了涛涛都怕他三分，特别是女孩子，见了他就要逃，因为他只要看到自己喜欢的东西，不管是谁的，抢过来再说。

幼儿园的小朋友都不喜欢涛涛。每次听到老师打电话来"告状"，涛涛的爸爸妈妈都觉得无地自容，他们对涛涛千叮咛万嘱咐好像都无济于事。

针对涛涛的这种情况，亲子节目中请来的早教专门分析说："家庭环境对孩子具有强大的影响力，不同的生活环境会成长出不同个性的人。就像故事中的涛涛，由于家人的过分宠爱，让他成为一个娇生惯养、以自我为中心的人，这当然不利于孩子的人际交往。"

我和果果爸都挺认同这样的分析，我还"警告"果果爸说："以后不要太宠溺果果了！"

有人把家庭比作一只小船，孩子凭借父母之船遮风挡雨，健康快乐地成长。

家庭环境的影响是多层面的，其中家庭成员的人际关系会直接影响孩子人际智能的发展。一个良好的家庭环境应该民主、平等、亲善、和睦、欢快、尊老爱幼和各尽其责，大家一起享受生活的乐趣——这样的家庭环境能促进孩子身心健康发展，让孩子学会积极面对社会、亲切对待他人，对于孩子人际智能有着深远的影响，而不适当的家庭环境势必会阻碍孩子迈出人际交往的"第一步"！

下面让我们来看看不适当的家庭环境都有哪些：

1. 严厉的家庭。

有的家庭对孩子管教得过分严厉，父母对孩子的要求必须绝对服从，甚至奉行"棍棒之下出孝子"的原则，如果孩子在某些地方做得不好，父母就对孩子又打又骂。在这种家庭环境中长大的孩子一方面缺乏自信心和独立性，另一方面表现得暴戾、蛮横和爱撒谎，逆反心理强，喜欢在欺辱弱者、报复他人中获得心理上的平衡。这些不良性格都会影响孩子人际智能的发展，父母们应该谨慎对待。

2. 溺爱的家庭。

还有一些家庭，孩子是独生子女，是家人的掌上明珠，集万千宠爱于一身，即使父母不娇惯，爷爷奶奶也倾向于有求必应、无微不至。就像上面故事中的涛涛一样，在这样的家庭环境中长大的孩子，其人际智能也不理想。因此父母或者家人爱护孩子要注意有"度"，小心过分溺爱会使孩子对家长养成极大的依赖性，形成自私、任性、易发脾气和好夸口的性格。

3. 冷漠的家庭。

与溺爱的家庭相反，在有的家庭中，父母对孩子关心不够，孩子感受不到父母对自己的爱，就会产生孤独感与被抛弃感，形成冷酷漠然、情绪反复无常、容易发怒和富于攻击性的性格。

4. 吵闹的家庭。

如果孩子处于一个和谐、融洽的家庭环境中，必然能使孩子体会到家的安全，学会对人宽容谅解，与人互助互爱。反之，如果家庭成员关系淡漠，常为一些小事吵闹不休，孩子也往往冷漠、偏执，不愿与人合作。这样的孩子人际智能也不高。

以是四种家庭环境，都不利于孩子人际智能的发展，那么怎样的家庭环境才是孩子人际智能成长的"沃土"呢？早教专家指出，要创造快乐的、适合孩子人际能力发展的家庭环境，父母首先要摆正自己的态度，把孩子看成家庭中平等的一员，既不过分娇宠，也不过分忽视。一家人要互相关心爱护，对优点赞扬鼓励，对缺点善意批评并包容谅解，这样就能使孩子自尊、自立，对人热情友好，经得起压力和批评，人际智能自然也就越来越高。

另外，父母在生活和工作中总会遇到一些不愉快的事情，比如家庭成员间的争执、同事邻居间的矛盾等，这时候父母心里即使再不愉快，也不要表现在孩子的面前。由于孩子缺少理性的分析能力和化解矛盾的能力，他们很可能会把不愉快的情绪一直保留在心里，久而久之便形成了心理上的阴影。

总之，每一位父母都希望自己的孩子能够成为一个受欢迎的人，在人际交往中游刃有余。这是因为一个受到众人欢迎和喜爱的人往往能够生活得更愉快，也更容易获得成功。

教孩子真诚地赞美别人

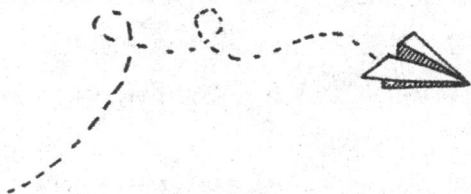

马克·吐温曾经说过："听到一句得体的称赞，能使我陶醉两个月。"这当然不是他一贯的幽默式话语，而是具有现实的意义。

在现实生活中，每个人都期待他人的赞美，即使还不会说话的婴儿也是这样！

让孩子学会真诚地赞美别人，对于培养孩子的人际智能来说，具有十分重要的意义。它不仅能够拉近孩子与他人之间的距离，很好地锻炼孩子的口才，同时，学会赞美和欣赏别人，也是将来高素质人才的必备条件之一，有助于孩子将来更好地适应社会。

难怪有人会说："**赞美是语言的钻石，赞美有着巨大的威力，赞美是我们乐观面对生活所不可缺少的，是我们自强、自信、自我肯定的力量源泉；而且赞美的效果常常会出乎预料，即使是简单的几句赞美都会让人感到心理上的满足。向别人传递一个真诚的赞美，能给对方的心灵带来光明。**"

因此，在孩子的人际交往中，父母应该引导孩子去发现、去寻找别的小朋友值得称赞的地方，并设法真诚地告诉他们。这样既能给别的小朋友带来阳光与欢乐，也会让赞美别人的孩子有一个良好的人际关系。

前几天，同事带6岁的女儿兰兰来家里做客。我亲自下厨，做了一桌子饭菜。

果果带兰兰去参观自己的小卧室，还把自己的乐高玩具拿出来和兰兰一起玩，吃饭的时候，果果还主动要求要和兰兰坐在一块。同事开玩笑说："小果果是看上我家兰兰了吧！"

由于平时都是果果爸做饭，我很少下厨，所以我的厨艺很一般，那天做的饭菜也不好吃，同事吃了一口我做的红烧肉，眉头便皱了起来，又不好意思说难吃，气氛有些尴尬。

这时兰兰急中生智，用筷子夹起盘子里的红烧肉，津津有味地吃起来，并说："阿姨烧的红烧肉真好吃，我有个同学特别爱吃红烧肉，下次请他来您家吃饭好吗？"

我和果果爸都说："好啊，好啊！"果果也拍了拍小手说："好好好……"

饭桌上尴尬的气氛立刻得到了缓解。

同事走后，果果爸对我说："想听实话吗？那红烧肉真不好吃。不过，在兰兰的赞美之下，好像味道变得好多了，哈哈哈……"

赞美，也是一种智慧的体现。父母引导孩子学会真诚地赞美，就是引导孩子拥有一个阳光的心态。正如一位哲人所说："阳光的人就是拥有爱的人。让孩子扬起爱的风帆，鼓励孩子用爱的眼光去看待一切，用爱的心态去感受一切，这样，孩子就能学会用欣赏的口吻与同伴打交道，用赞美的姿态与同学交流。这样的孩子在人生路上一定会得到许多快乐。"

平时我也总是提醒果果去发现身边人的"美"，并且学会适时地去赞美别人，希望他能养成好的习惯。果果在我的"教导"下也逐渐有了这个习惯。

现在果果已经变成了一个懂得夸奖别人的小家伙。每天都满口的甜言蜜语，将小区里的爷爷和奶奶迷得团团转，大家怎能不喜欢他？

果果夸奖和赞美别人也有自己的原则，并不是随便乱赞美。比如，我早上精心打扮准备出门逛街时，果果就会静静地走过来，说："妈妈，你今天真漂亮。"我听了心里也是美滋滋的。晚上爸爸做饭，他会在一旁称赞："爸爸煮的菜最好吃了，爸爸是最棒的厨师了！"

当然，我也会对果果说："只要不是虚伪刻意的，会赞美别人其实是一种美德，会让别人更自信、更开心。"

如今果果在幼儿园认识的朋友越来越多，也越来越受欢迎了，我和果果爸都为他感到高兴。

在大人的引导和鼓励下，孩子渐渐把称赞别人当作自己的习惯，这样的孩子会越来越讨人喜欢，在人际智能方面也会越来越出色。常言道："送人玫瑰，手留余香。"作为家长，我们要让孩子懂得，学会欣赏和赞美他人，不仅悦人，而且悦己。

另外，在赞美别人的过程中，孩子也会从中看到自己与别的小朋友的差距，这是一种潜在的激励自己的动力，也是促进人际关系的最重要的环节之一。

那么，父母如何才能让孩子学会真诚地赞美他人呢？

1. 父母首先要做出表率，对于孩子所取得的任何成绩，即使是微不足道的，父母都要及时地给予表扬；对于孩子的任何善举，即使是不足挂齿的，父母也要给予适当地赞美。

2. 在孩子的面前尽量坦诚地说出自己的优点和缺点，然后告诉孩子多学习他人的优点，应该多向他人请教才好。也可以让孩子监督自己，久而久之，孩子也会用相同的方式对待别人和自己的优缺点。

3. 父母如果听到孩子抱怨他人，要教孩子换个角度想一想这个人是否是出于无奈，或者是一时不小心，帮孩子找一个原谅别人的理由，这样有利于开拓孩子的胸怀。

4. 父母尽量不要在第三者面前公开批评孩子，即使谈到别人的缺点也要用"三明治"式的批评，也就是说，要把小批评夹在两大赞美中间。

让孩子学会真诚地赞美别人吧！因为赞美是提高孩子人际智能的"密码"，会赞美的孩子将会获得更多人的喜爱，拥有更好的人际关系。

当然，学会欣赏和赞美他人，并不是要告诉孩子去讲假话、讲大话和讲空话。孩子在欣赏和赞美他人时，一定要诚心诚意、发自内心，千万不要虚情假意、言不由衷。

父母应该告诉孩子：欣赏他人，就会获得他人的尊重；赞美他人，就会获得他人的好感。只有真诚赞美别人的人，才能真正得到别人的爱。

让孩子自己处理矛盾与冲突

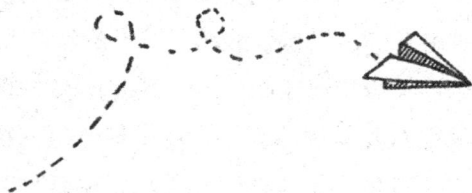

有时，果果从幼儿园回家后，会在楼下和小区里的其他小朋友玩一会儿。

我和果果爸会在附近"保护"他，免得出现什么意外情况。可有一次，果果刚冲下楼，就和几位小朋友扭打在一起了。孩子们相互撞来撞去，大声叫嚷，果果一会儿在冲击的惯性下被撞得一个趔趄，一会儿又把个子更矮小的男孩挤倒在地。

我跟在果果后面，真为他捏了一把汗，忍不住制止道："你们别打架啊！"

谁知道这是几位小朋友的"游戏"呢！他们这样撞来撞去，非但没有生气，一个个还哈哈大笑。我知道这样的"游戏"很危险，便让果果和小朋友们安静下来，并且告诉他们："这样撞人很危险的，你们可以玩玩其他的游戏，比如坐排排，吃果果什么的。"

其中一位小朋友站出来问我："那我们可以玩老鹰抓小鸡的游戏吗？"

我愣了一下，支支吾吾地回答："可以玩，但是要注意安全，不要跑太快啦！"

回到家后，我将这件事情告诉了果果爸，并且问他："我们是不是不应该过度'保护'果果啊？应该让他更加自由、快乐地成长？"

果果爸点头："在保证安全的前提，确实应该这样，哪怕真的发生矛盾冲突了，也应该尽量让果果自己去解决。这样才能培养他的独立性嘛，而且，果果总有一天会长大的。"

我想了想，觉得果果爸说得很有道理，在孩子的成长过程中，冲突与矛盾是不可避免的，有的是和小伙伴儿的，有的是和同学的，长大以后，还可能有同事之间的，甚至还会有攻击性或报复的行为发生。

如何教会孩子正确处理交际中的冲突与矛盾，是每个父母培养孩子人际智能的必修课！

根据美国心理学家的研究成果表明，孩子在交际中是否能成功解决问题，体现了他的人际智能的高低。现实生活中可能有不少父母会认为，自己的孩子年龄小，不具备解决问题的能力，实际上，即使是很小的孩子，也会运用一些策略和办法来解决问题。

所以父母最好不要包办，在孩子不需要的时候擅自帮助孩子或替孩子做决定，因为一旦失去锻炼机会，孩子独立解决问题的能力就会退化，遇到问题就会束手无策。父母应给孩子足够的机会、适当的鼓励和具体的指导，让孩子自己去处理交际中的冲突与矛盾。

一位妈妈在谈到自己的孩子时说："儿子的性格比较软弱，和小朋友一起玩的时候，经常会发生一些冲突，比如别的小朋友抢他的玩具、和别人打架等等，但是每次发生这样的事，儿子总是哭着跑向我，从来不会自己解决。"的确，当孩子之间产生了矛盾时，他们出于本能会寻求父母或老师的帮助。对此，情商教育专家指出，父母应该让孩子自己去处理交际中的冲突与矛盾，这样做比直接介入对孩子的成长更有益处。

父母想要培养孩子的人际智能，让孩子自己去处理交际中的冲突与矛盾，就要多鼓励孩子多与同龄的小朋友交往，而不是总担心自己的孩子会吃亏，总是代替孩子处理冲突与矛盾。还要帮助孩子建立私有概念，比如孩子的东西，父母要在征求孩子意见之后再处理；而父母的东西，也应该要求孩子未经允许不能乱动。另外，和孩子一起游戏的时候，父母本人也要与孩子共同建立规则，并且共同遵守，不能一味地迁就和纵容孩子，也不能一味地居高临下。有些孩子在社交中可能会被动一些，显得有点儿软弱。这时，父母要保持耐心，千万不要说孩子这种性格不好。一旦孩子意识到自己的一部分不被父母喜欢，完整的心灵就会产生分裂，会慢慢失去喜欢"完整的自己"的心理能力。

孩子解决冲突与矛盾的能力，首先是在与父母的互动中萌芽的。有的孩子从小被父母管理得过严，比如什么时候吃饭、睡觉都被规定得很死板。在父母面前，孩子除了服从没有别的选择，长大以后若与其他人在交往中遇到冲突，也常常不知道如何应对。

当孩子发生人际冲突时，爸爸妈妈首先应该做的事情，是让孩子说清楚事情的原委，只有搞清楚孩子争执的原因，才能有针对性地帮助孩子解决人际冲突。在搞清楚事情的原委之后，爸爸妈妈可以告诉自己的孩子，骂人或打人都是不正确的，更不能因为其他孩子先做错了，自己就可以做不对的事情。当孩子认识到自己的问题后，再让孩子向对方道歉。

在帮助孩子解决人际冲突的过程中，爸爸妈妈应该多问孩子"你觉得你们哪里不正确？""你觉得应该怎么做比较好？""你有什么好主意？"等等，让孩子感受到自己也有权利，更有责任去思考并解决自己的问题，而不是遇到问题就只知道求助于爸爸妈妈。

总之，当孩子觉得自己受到了委屈，父母一定要及时地找到问题的根源，不能一味地责怪孩子。因为，对于孩子来说，释放情绪，比事件本身更重要。

分享，让孩子的快乐加倍

我常听见身边的爸爸妈妈们抱怨：如今的小孩子总是喜欢"独霸"自己喜欢的玩具，由于家里人的溺爱、缺乏与同伴交往，很多孩子都有"吃独食"的习惯。

试想一下，这样的孩子总是以自我为中心，不顾及他人的感受，不能与同伴和睦相处，也不懂得分享——这样的孩子，他们的人际智能如何能够得到提高？

培根曾经说过："如果把快乐告诉一个朋友，你将得到两个快乐；而如果你把忧愁向一个朋友倾吐，你将被分掉一半忧愁。"这句话的道理就是告诉我们分享的重要性，一个人如果不懂得分享，在无形中就多承担了烦恼，少享受了快乐。

懂得分享是培养孩子人际智能的重中之重，因为未来社会是一个需要靠团队协作来获取成功的社会，孩子只有在幼年时懂得分享，才会让他们在以后的人生中获得更好的成长。通过分享，有助于培养、锻炼孩子的社会交往能力，使他们的人际智能得到提高，还能够帮助他们创建良好的人际关系，从而更有助于他们以后取得人生的成功。

果果以前也喜欢"独霸"自己的东西，尤其喜欢"吃独食"。

有一次果果爸给他买了一盒巧克力，我故意逗他说："果果，给妈妈吃一块好不好？"

果果摇了摇小脑袋，嘟着嘴说："不行，这是爸爸给我买的巧克力。"

后来，我开始教果果学会分享，起初是分享给果果爸，后来是分享给其他小朋友。果果刚开始的时候还舍不得，渐渐地在体会到分享的乐趣之后，也不再"吃独食"了。

分享是一种美德，更是一种快乐。当我们分享美好、奉献自己爱心的时候，我们的生活也会随之变美好。快乐是很神奇的东西，绝不会因为你分给了别人而减少，有时你分给别人的越多，自己得到的也越多。

如果你把快乐告诉一个朋友，你将得到两个快乐，因为快乐是会传染的；而如果你把忧愁向一个朋友倾吐，你将被分掉一半忧愁，因为忧愁是可以分解的。

有一位哈佛教授向一个学生问了这样一个问题："如果你有5个苹果，你会怎么做呢？"这个学生不假思索地回答："我会自己吃掉一个，把另外四个分给朋友。"

教授似乎对这答案很满意，忍不住好奇地问道："为什么？"

学生回答道："我吃一个苹果，能品尝出苹果的味道，吃5个苹果还是品尝出苹果的味道，不如与别人分享，让别人也品尝苹果的味道，这样，5个苹果的味道变成了1个苹果的味道与4份快乐，何乐而不为呢？"

教授赞许地点点头，微笑着说："这就是我今天要教大家学习的内容——分享越多，收获越多。在如今这个合作共赢的时代里，一个人要想获得更多，必须要学会与人分享。因为分享越多，收获也越多。任何个人都没法担当全部，一个人的价值体现在与别人相互帮助的基础上的。许多时候，与他人分享自己的拥有，我们才能认清自己的位置和方向。"

那么，父母应该怎样让孩子学会分享，从而提高他的人际智能呢？

1. 不要总是以孩子为中心。

有的父母做任何事情，都以孩子为中心，无条件、无限制地满足孩子的所有需求，让孩子觉得自己十分"特殊"。这样只会让孩子养成以自我为中心的坏习惯，并且不喜欢分享自己的东西，总是出现独占的心理与行为。这时，爸爸妈妈便应该改变孩子的这种心理与行为，要让孩子明白自己得到的并不是理所应当的，所以要学会感恩与分享。

2. 引导孩子树立正确的物质观念。

在日常生活中，爸爸妈妈应该引导孩子树立正确的物质观念，比如让孩子学会与亲人、好朋友分享自己的东西，要体会到"分享"给自己带来的快乐与成就感。家里有好吃的东西时，要告诉孩子，将好吃的分成三份，孩子一份，爸爸一份，妈妈一份。如果家里还有爷爷奶奶和外公外婆，就要将好吃的分成同等的几份，每个人都有一份，而不是孩子一个人的。

3. 引导孩子与人合作，让孩子在合作中学会分享。

爸爸妈妈可以鼓励孩子与人合作，比如把自己的玩具娃娃放在其他孩子的玩具汽车上，两个孩子合作开动玩具汽车，可能会更加有意思；也可以让孩子做"小老师"，鼓励孩子教其他孩子玩自己的玩具："孩子现在是小老师，可以教其他孩子怎么玩你的玩具娃娃吗？"在这样的合作中，孩子渐渐便学会了分享，因为孩子仍旧对自己的玩具拥有控制权。在教其他孩子玩玩具的过程中，孩子还能获得极大的成就感，从而强化之后的分享行为。

总之，让孩子学会分享，可以提高他的人际智能，从而增强孩子的社会适应性；可以让孩子懂得在"资源共享"中获得"可持续性发展"；可以让孩子重获脚踏实地的自信、勇于自主的独立性。

所以，让你的孩子从自私的堡垒中冲出来吧，在分享的天空下，快乐也会加倍！

培养孩子的合作能力

　　我很喜欢网上流行的一句话："一个人只是单翼天使。两个人抱在一起，才能展翅高飞。"

　　合作是培养孩子人际智能的一项重要内容。孩子喜欢与同伴在一起，这本是孩子的天性。孩子融入同伴群体，才能进一步发展人际交往能力，建立友谊，才能建立归属感和集体意识等，合作有助于提高孩子的人际交往能力。

　　欧洲著名的心理分析家阿德勒说："如果一个孩子未曾学会合作之道，他必定会走向孤僻之途，并产生牢固的自卑情绪，严重影响他一生的发展。"

　　合作是孩子未来发展、适应社会、立足社会不可或缺的重要素质。因此，从小培养孩子的合作意识和合作能力是十分重要的，作为父母，要努力做好这方面的工作。

　　上学期期末，幼儿园里组织"小宝贝运动会"，果果参加了拔河项目。

　　比赛的前一天晚上，果果在客厅里跳来跳去，还露出自己的两只小胳膊说："爸爸妈妈快看，我是大力水手，我的力气可大了，一定可以赢得比赛！"

　　果果爸摸了摸果果的小脸蛋说："我的小英雄啊，拔河比赛讲究的可是合作，到时候你可要和队友一起努力，这样才能赢得比赛，知道吗？"

　　果果摇了摇头："可我的力气真的很大啊！"

　　果果爸笑着说："那让你一个人一队，其他小朋友一队，你能拔过他们吗？"

　　果果低下头想了想，说："我拔不过他们……"

果果爸鼓励果果说："但是有你的那队，肯定能赢啊！"

果果这才开心地笑了。第二天比赛，果果表现出色，老师还奖励了小红花给他。

日常生活中，有许多事情必须要两个或两个以上的人一起合作才能完成，只靠一个人的力量是无法做到的。因此，父母想要提高孩子的人际智能，首先应该重视培养孩子与人合作的习惯。因为只有懂得与人合作的人，才有立足的空间；只有善于合作的人，才能赢得发展。

那么，父母应该怎样培养孩子与人合作的习惯呢？

1. 爸爸妈妈要做好榜样。

在家庭生活中，爸爸妈妈是否经常合作，对于孩子也会产生巨大的影响。因此，爸爸妈妈要做好榜样，时常合作，比如妈妈在厨房里做饭时，爸爸可以帮忙洗菜、摆好餐具等；爸爸在洗衣服时，妈妈可以帮忙拿好衣架等。爸爸妈妈的合作行为，也会在无形中对孩子提供积极的行为榜样，让孩子从潜意识里认识和学会合作行为。

2. 鼓励孩子多与同伴交往。

爸爸妈妈还应该鼓励孩子多和同伴交往，让孩子有机会与同龄人一起交谈、一起玩耍、一起做作业。这是孩子应该有的社交生活，爸爸妈妈也无法取代。如果孩子性格内向，不喜欢与其他孩子交往，爸爸妈妈则要鼓励孩子，引导孩子多与同伴接触。有的爸爸妈妈害怕孩子在交往中学到一些坏习惯，因而禁止孩子与人交往，其实这是一种因噎废食的行为。因为只有与同伴交往，才是孩子获得合作能力与情感体验的基本条件。孩子多与同伴交往，能够渐渐养成合群性，还能够消除孩子内向孤僻的性格。

3. 让孩子参与家里的一些力所能及的活动。

爸爸妈妈要让孩子知道，他也是家庭中的一员，也有责任参与到家庭活动中来。比如爸爸妈妈在给小狗洗澡时，可以让孩子也参与其中；还可以在协商家务安排时，主动询问孩子的意见，起初孩子可能会说得不好，做得不好，但是坚持合作下去，孩子的合作能力会越来越强。

4. 告诉孩子在交友时要保持平等原则。

当孩子开始结交好朋友时，爸爸妈妈应该告诉孩子，要保持平等的原则，要和朋友相互信赖，珍惜彼此的友谊，不要随便怀疑、怨恨对方，更不要欺负弱小的朋友。

5.让孩子在集体生活中感受到合作的快乐。

那些总是"以自我为中心"的孩子，通常难以融入集体生活，与其他孩子也很难相处融洽。不过，在几次"碰壁"之后，孩子就会慢慢认识到自己行为的不当，也慢慢意识到集体生活中不仅有自己，也有别人。这时，爸爸妈妈一定要做好孩子的心理辅助，让孩子多参与集体活动，渐渐改变"以自我为中心"的行为，并且获得与他人相处的经验。

爸爸妈妈要努力给孩子提供创造合作的机会，这样才能培养孩子的合作能力。同时，爸爸妈妈也要教给孩子一些合作的方法，比如在玩积木游戏或者商店游戏时，应该引导孩子与其他人一起商量，分工合作。如果玩具或游戏材料不够用时，大家要学会谦让，一起或轮流使用。只有当孩子处于具体的合作情景中时，才能真正提高与人合作的能力。

树立孩子的自信心

有人说，人际智能是孩子最为复杂的智能，它包括孩子对自己和他人各种心理活动的体察与判断，例如情绪、愿望、意图等等，并以此决定采取适宜的方式与他人交往，最终获得相应的心智成长。

父母们如果希望孩子在人际智能方面有所提高，就必须充分了解孩子的特性，并且掌握科学的教育方法。

父母们可以思考一下：在孩子与人交往的过程，什么最为重要？当然就是自信心了。

如果孩子缺乏自信心，往往会表现得孤独、胆怯，遇事畏缩不前，害怕遇到困难，不敢轻易尝试。这样的孩子，认知能力、动手能力、社交能力和运动能力都发展缓慢。而一个自信心十足的孩子，做事勇敢，积极努力，什么事情都想尝试，各方面发展都很迅速，特别是人际智能方面表现得最为明显！

自信心的培养对于孩子的未来发展十分重要，孩子未来将要面对的社会是充满挑战与竞争的，如果孩子没有足够的自信心，很容易在未来社会中被淘汰。因此，爸爸妈妈要让孩子从小树立自信，敢想敢做，以后成为一个有勇气、有毅力、有能力的新世纪人才。

一位哲人说得好："自信是成功的基石，是每个人事业成功的支点。一个人若没有自信心，就不可能大有作为，有了自信心，就能把阻力化为动力，战胜各种困难，敢于夺取胜利。"可见，自信心是一个人对自身力量的认识和充分估计，是一种良好的心理品质。

然而在现实生活中，我们常常会发现一些孩子缺乏自信，整天胆小如鼠、缩头缩脑，做起事来总说自己这也不行，那也不行。

作为父母，你是否心急如焚，恨不得揠苗助长，一下子就提高孩子的自信心，让他勇猛无畏呢？可是，大家想一想，孩子生下来不都是一样的吗？为什么有的孩子自信心十足，而有的孩子却萎靡低落呢？

一个阳光明媚的下午，果果爸正在阳台上除花盆里的草，忙得满头大汗。

果果从幼儿园回来，看到果果爸在干活，兴致勃勃地跑过去说："爸爸，我也要拔草。"

果果爸马上回绝了他："乖乖，别过来，你还不会拔草，这会把你的新衣服弄脏的，去屋里玩吧，别惹爸爸生气。"

果果只好闭着嘴慢慢地向屋里走去，神情十分沮丧。果果本来觉得自己能够帮爸爸的忙了，可是被爸爸一说，他又立刻觉得自己什么事也做不了，从而感到灰心沮丧。

果果爸可能不知道，正是由于他的一句话，严重地打击了果果的自信心。

于是，我走过去安慰果果："妈妈觉得你可以帮爸爸拔草啦，毕竟果果都3岁多了，可以帮爸爸妈妈做很多事情呢！"

果果这才开心起来，小脸上也露出了笑容。

日常生活中，像果果这样的遭遇并不少见：有时候孩子不小心把牛奶倒在地上了，妈妈会立刻骂道："怎么搞的，你总是笨手笨脚的。"孩子有一道数学题不会做，爸爸会说："你真是个傻瓜，这么简单的题也不会做。"孩子想和妈妈一起玩，妈妈会说："滚开，别烦我，没看我正在忙吗？"……做父母的有没有想过，也许正是你无意中的一句话、一个举动，便毁了孩子的自信心。

那么，作为父母应该如何帮助孩子树立自信心，让孩子在人际交往中展现真我风采呢？下面这些方法父母不妨尝试一下，相信会收到很好的效果。

1. 在孩子表演"节目"的时候，比如背古诗、讲故事、唱歌等，爸爸妈妈应该给孩子打拍子，表示支持。这样能够让孩子拥有登台表演的勇气，让他们充满自信心。

2. 爸爸妈妈应该重视孩子的需求，比如孩子想要喝牛奶，爸爸妈妈不能直接否定孩子，而应该尽量满足，或者用商量的口吻对孩子说"等你把小肚子里的食物都消化，再喝牛奶，好不好？"要让孩子有一种被重视和尊重的感觉，这才能让孩子更加自信。

3. 有时间多带孩子出去玩，并且征求孩子的意见，注意不要问孩子"你想去哪里"，而是给孩子选择"你想去公园还是动物园"，当孩子做出自己的选择后，也会增强他的自信心。

4. 鼓励孩子多与其他小朋友玩耍，孩子在建立社交圈子的同时，也是在树立自信心。

5. 当孩子提出一些难以回答的问题时，爸爸妈妈要耐心倾听，如果实在无法回答，就老实告诉孩子，让孩子知道爸爸妈妈也有回答不了的问题，打消孩子对他人的敬畏与崇拜心理，从而增加孩子的自信心。

6. 让孩子感受到被人需要，也是树立自信心的好办法。爸爸妈妈可以用商量的口吻让孩子做一些简单的事情，比如"孩子可以帮妈妈拿一下遥控器吗？"孩子拿来遥控器后，记得夸奖一下孩子"你做得真棒，太厉害啦！"

7. 孩子刚学会说话的时候，爸爸妈妈教他说"叔叔"，他却说成了"兔兔"。这时候，爸爸妈妈不要嘲笑孩子，更不要刻意强调，可以换个时间再教。如果爸爸妈妈嘲笑孩子，则会让孩子失去学习语言的兴趣与自信心。

8. 让孩子体验到荣誉感，也能增强孩子的自信心。爸爸妈妈可以在家中最醒目的地方，贴上孩子的涂鸦作品，也可以在孩子的床上做一个陈列架，专门放置他的小制作。

9. 给孩子一个独立的房间，让孩子能够在自己的小天地中自由玩耍。如果家庭条件有限，可以给孩子房间的一部分，让孩子拥有自己的"领地"。孩子也会因此充满骄傲感，从而变得更加自信。

10. 不要总是拿自家的孩子和别人家的孩子做对比，那样只会挫败孩子的自信心。

11. 爸爸妈妈的失信，也会对孩子的自信心产生影响，比如答应带孩子去动物园玩，却因为忙碌而忘了。这也会打击孩子的自信心，并且会让孩子失去对爸爸妈妈的信任。

12. 当孩子做好一件事情时，记得要好好表扬他。表扬应该是具体的，而不是空洞的。比如夸孩子"你真聪明啊！"，不如夸孩子"你知道自己小便了，很有进步嘛。"如果表扬太空洞，只会让孩子变得骄傲自大，而具体的表扬可以让孩子变得更自信。

13. 多带孩子外出旅游，在旅游途中给孩子讲述见到的动植物知识和地理典故等等，见多识广的孩子才更具自信心。

14. 爸爸妈妈带孩子逛超市时，可以把待付款交到孩子手中，让孩子交给收银员。这样的付款行为，能让孩子产生一种"当家作主"的感觉，自信心也会随之增强。

15. 鼓励孩子参与家庭活动，比如让孩子做一些力所能及的家务。当孩子做好一件事情时，会获得满满的成就感和大大的自信心。

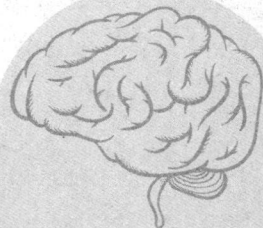

第9章

尽其所能，父母这样做帮助孩子认识自己
——增强孩子的内省智能

如果孩子的内省智能很高，他就能清楚什么时候、怎么样以一种合理的方式、在正确的时间里使用自己的其他几种智能；他就能知道自己能做得好的是什么，他会找到很好的方法去做得完美。如果他的内省智能很好，他会知道自己的缺点以及该怎么去克服它们。反之，如果孩子的内省智能很差，他会一次又一次地继续犯同一些错误，不能很好地发挥自己的能力。

让孩子知道"我"是什么

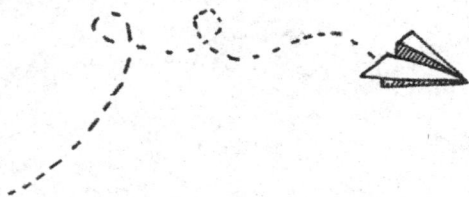

在著名的"多元智能理论"中，最让父母感到陌生和费解的一种智能，恐怕就是"内省智能"了，那么到底什么是内省智能呢？

内省智能，简单地说就是"认识自我"的智能。父母们可千万不要小瞧了这种智能，它关系到孩子当前的良好发展和日后的成材之路。

如果一个人的内省智能很高，他就能很好地了解自己，知道自己擅长什么，对什么有信心，清楚以一种合理的方式、在正确的时间里使用其他智能；同时知道自己的缺点以及该怎么去克服它们。而且，内省智能高的人能理解自己情感，懂得如何调控情感，这样就能与周围的人更愉快地相处，也能使自己的心情保持最佳状态，达到事半功倍的效果。

反之，如果一个人的内省智能很差，他就不能很好地发挥自己的能力，还会连续犯同样的错误，不知道及时纠正。因此有人认为，内省智能是"多元智能理论"中最重要的智能。

婴幼儿期是孩子自我意识发展的重要时期，也是提升内省智能的重要时期。一个具有良好内省智能的孩子，不仅每天生活愉快，并且对周围的人和事物都充满好奇，富于探索精神，这些都与他们将来在社会生活中取得成功，成为一个卓越的人有密切的关系。

在果果1岁左右，我和果果爸便会有意识地开发他的自省智能。我时不时会把果果抱到镜子面前，指着镜子里的果果说："快看，这是果果。"

起初，果果似乎不知道镜里的孩子就是自己，还会冲着镜子里的自己哇哇大叫呢！后来慢慢地知道了，总爱在镜子前摆各种姿态，简直就是一个臭美的"小自恋狂"。

果果爸则喜欢给果果讲一些有助于自省智能的小故事，比如有一次，果果爸对果果讲道：

从前，有一群很可爱的小兔子，它们生活在茂密的森林里，每天匆匆忙忙，却十分快乐。只是，有个疑问一直困扰着它们："为什么自己要长那么一双大脚呢？这脚是干什么用的呢？也许可以用来划水吧，或者是帮助它们跳远的弹簧？"小兔子们凑在一起讨论着。

直到有一天，森林里来了一只很讨厌的花狐狸，这让小兔子们非常恐惧。花狐狸来到森林的消息一传十、十传百，兔子们知道消息后纷纷躲进了地洞里。

然而，一只名叫朵朵的小兔子却没有害怕，它还在树枝上模仿小松鼠吃橡果呢！花狐狸偷偷地爬到朵朵身边，都准备下口了，其他小兔子都非常担心。但是，朵朵却像没事似的问花狐狸："难道你是黄鼠狼，呵呵，我知道了，你准是一只猎豹。"

花狐狸听了朵朵的话十分气愤，它叫嚣道："可怜的小兔子，你马上就要成为我的午餐了。"小兔子朵朵这才恍然大悟，原来我是小兔子啊。在它思索的时候，花狐狸向它扑了过来。那双大脚终于有了用武之地，花狐狸被朵朵一脚蹬下了树。

其他小兔子都跑过来称赞道："朵朵，你太勇敢了，是我们心中的大英雄啊。"这句称赞却让朵朵又陷入了疑惑："刚才不是小兔子吗，现在怎么变成英雄了，'我'究竟是什么呢？"

果果爸绘声绘色地讲完故事，然后很认真地问果果："那么，'我'究竟是什么呢？"

每位孩子在出生后的很长一段时间内，都不知道"我"是谁。他们还处于一种角色模糊的状态之中，并不知道自己究竟扮演着怎样的角色。当孩子开始意识到"我"的时候，正是他们内省智能的萌芽阶段。这时候，父母就应该让孩子知道"我"究竟是什么。

孩子在2岁左右，开始知道自己的名字，当父母亲切地叫他"宝宝"时，他也会把自己叫成"宝宝"，只不过像在叫他以外的其他物体一样。这时候，孩子开始认识自己身体的各个部位，也渐渐意识到了自己的身体感觉。他可以通过自己的方式，告诉父母"这是宝宝的小手"或者"宝宝好饿"。不过，这时候孩子只是将名字理解成自己的信号，所以当他听到别的孩子也被叫成"宝宝"时，便会产生困惑了。

经过这一阶段的孩子，开始掌握代名词"我"。这也是一个全新的阶段，孩子开始从知道自己的名字过渡到掌握代名词"我"。通常情况下，孩子是先掌握物主代词"我的"以后，才掌握人称代词"我"。孩子到了2~3岁时，才有可能在关于自己的表象的基础上，通过言语交际掌握这些代名词。

当孩子真正掌握"我"这个词的时候，可以说在内省智能上已经有了质的发展。也就是孩子开始将自己从客体转变为主体的人来认识。此后，孩子的独立性将会大大增强，所以他们常常会说出一些主观意识很强烈的话，比如"我自己来"。

由于年幼，孩子还无法形成较客观的自我评价意识，这时成年人的言行在很大程度上影响着他们的自信养成。因此，在幼儿阶段培养孩子的内省智能，对于孩子现在和今后的发展是非常重要和关键的。

培养孩子的内省智能，不同于培养其他智能和能力，要让认知能力、判断能力都还不完善的婴幼儿认识自己、了解自己，学习自我反省、自我纠正，其难度是非常大的，因此，父母既要掌握正确的方法，也要投入更大的耐心与热情。

1. 倾听孩子的心声。

有时，父母也要做一位倾听者，让孩子说一说自己的心声。孩子虽然年龄不大，但是心中也会有一些"小秘密"。父母在和孩子交心谈心时，记得把自己放在倾听者的位置上，而不是高高在上的父母。在倾听的过程中，注意观察孩子的表情变化。

2. 让孩子听一听自己的声音。

父母可以将孩子说话的声音录下来，然后播放给孩子听，让孩子知道自己的声音是怎样的。如果孩子很喜欢这个游戏，父母还可以录下孩子的歌声或者背诵古诗的声音。这个游戏可以帮助孩子建立自我意识以及自我认同感。

3. 让孩子说说自己的特长。

父母可以对孩子说："宝贝，我们来做一个有趣的游戏吧！我说说自己的特长是什么，你说说自己的特长是什么，好不好？"然后，父母先说自己，比如："我的特长是给宝贝做好吃的，让宝贝健康成长。"轮到孩子说的时候，他可能不知道如何表达，父母可以给孩子一些提示，引导孩子说出自己的特长是什么，比如脑子灵活、小手气力很大等等。

4. 让孩子听听自己的心跳。

如果家中有听诊器，父母便可以给孩子戴上听诊器，让孩子听一听自己的心跳声，再给孩子听一听父母的心跳声。如果家里没有听诊器，也可以和孩子一起制作一个简易的能够放大声音的玩具。

5. 给孩子最及时的赞美。

父母可以和孩子一起玩"赞美游戏"，也就是生活中每当爸爸赞美妈妈身上的某个优点时，妈妈就要赞美孩子身上的某个优点，而孩子则再赞美爸爸身上的某个优点。这样的循环赞美，可以让孩子正确地进行自我评价，同时也会注意发现他人身上的优点。

6. 让孩子自己选择玩具。

爸爸妈妈可以把书本、玩具、食物等物品放在一起，每类不超过3件。让孩子看看摆放在一起的物品，问他："宝贝最喜欢哪一个啊？"

爸爸妈妈一定不要限制孩子的选择范围，让他完全根据自己的意愿自由选择。等孩子做出了选择之后，你再问他："为什么要这样选择？"然后告诉孩子你要选择什么，并且告诉他为什么你要选择那件东西。

这个游戏可以让孩子明白每个人都有各自不同的想法，而且每个人都有自由选择的权利。

教孩子认识自己的小身体

　　随着认识能力的发展和成人的教育，孩子在1岁左右，开始逐渐认识自己身体的各个部分。比如，孩子开始学说话时，爸爸妈妈常常指着他身体的各部分教他，如"鼻子""耳朵""嘴巴"等，孩子通过自己的触觉和动作，逐渐认识到身体的各个部分，但是，1岁的孩子还不能明确区分自己身体的各种器官。

　　当妈妈抱着孩子问他的耳朵在哪儿？孩子用手去摸摸自己的耳朵，又立即去摸妈妈的耳朵，摸完一只耳朵，又把妈妈的头推向另一边，摸另一只耳朵。

　　美国社会心理学家做了这样一个有趣的实验：研究者让孩子站在镜子前，观察他是否能够认清镜中人与自己是同一个人。研究结果表明，4～6个月的孩子认为镜中的人在模仿自己，12～15个月的孩子知道镜中人就是自己。我们如何能知道他可以在镜中看到自己呢？方法是这样的，我们在儿童的额头上贴一个红色的标记，15个月以后的孩子看到镜中自己的像时，会用手触摸自己的额头，而小一些的孩子会触摸镜中孩子的额头或根本不做反应。

　　直到三四岁的时候，孩子的自我意识才逐渐增强，这也是提升孩子内省智能的重要时期。因为在此阶段，孩子经常会有这样的疑问：我从哪里来？我是谁？我的五官有什么用？我的身体是什么样的？父母千万不要以为孩子在捣乱，而应该尊重孩子的这些问题，设法用最有趣、明了的办法来解答孩子的疑问，让孩子从对自己身体的好奇发展到对自我的了解，并且逐步形成对自己的认识。

　　每次果果脱掉自己的衣服时，都会对自己的小身体很感兴趣，总是喜欢摸摸这里，摸摸那里，有时还会偷偷摸自己的"小鸡鸡"。这种情况或许会发生在每个孩子身上。

父母应该知道，孩子只是偶尔触摸性器官的感觉很舒服，于是就喜欢经常去摸摸，并不能断定孩子在"手淫"。不过，如果父母发现孩子在沙发上抚摸自己的性器官并显出很享受的样子时，也不能听之任之，要马上制止，并教孩子认识自己的小身体。

对于三四的孩子来说，他们开始探究自己身体和小伙伴身体的秘密，这也是内省智能发展的一种表现。他们通常会在父母毫无防备的情况下，忽然问一些"火辣辣"的问题，比如"小鸡鸡可以拉多长""尿尿是从什么地方流出来的"等。他们不仅只对自己的身体感兴趣，而更重要的是与别人的身体进行比较。这时，父母可以给孩子一些冷静的答案，在培养孩子内省智能的同时，也教会孩子尊重他人和保护自己。

父母应该明白，"认识自己的身体"对于孩子来说，正是内省智能不断提高的表现。同时也应该让孩子自然地看待自己的身体，而不必过分地羞涩；让他们学会爱惜、照顾自己的身体。对健康的身体、良好的意识，是形成开朗的、自信的个性的前提条件，也为孩子长大后与他人正常地交往，以及正当地享受生活乐趣打下了良好的基础。

想要培养孩子的内省智能，就要正确引导孩子认识自己的身体，这也是培养孩子内省智能最起码的一项任务。具体说来，父母可以参照以下几种方法：

第一，给孩子照镜子。

如果家里的镜子没有安全问题，父母便可以让孩子坐在镜子面前，引导孩子观察镜子中的自己。然后让孩子找到自己的五官："宝贝，用小手指一指你的眼睛在哪里？你的耳朵在哪里呢？"还可以和孩子一起数五官："宝贝，数一数你有几只眼睛？你有几只耳朵啊？"当然，也可以让孩子指一指、数一数妈妈的五官。

第二，教孩子认识自己的五官。

父母可以和孩子对坐在一起，父母先指着自己的嘴巴说"嘴巴"，然后握住孩子的小手指着他的嘴巴说"嘴巴"，每天重复2～5次，过一段时间再采用同样的方法，教孩子认识"眼睛""鼻子""耳朵"等身体部位。如果孩子指对了，父母要及时进行表扬。

第三，和孩子玩抚摸游戏。

早晨孩子起床的时候，爸爸妈妈可以一边哼唱儿歌，一边抚摸孩子起床："太阳公公眯眯笑，我的宝宝快起床，醒来吧，眼睛，醒来吧，鼻子，醒来吧，嘴巴，醒来吧，胳膊，醒来吧，腿。"爸爸妈妈唱到那个身体部位，就抚摸孩子的那个身体部位。通过这样的互动游戏，孩子在2岁前便能对自己的身体和各个身体部位有一个较为清楚的认识了。

第四，贴五官游戏。

父母可以先在硬纸板上画一个人头的形状，然后用纸片画出人的眉毛、眼睛、鼻子、嘴巴和耳朵，让孩子来给人头贴上五官。父母可以在一旁引导，也可以故意贴错一个，让孩子进行纠正。孩子贴好以后，只要五官位置基本合理就行，不要对孩子要求过高。

第五，点哪里说哪里。

父母可以给孩子买一个可爱的布娃娃，然后指着布娃娃的嘴巴说："娃娃的嘴巴在哪里？"然后用同样的方法，指出布娃娃的眼睛、鼻子、耳朵等部位，然后再让孩子来指认。等孩子对五官有了一个大致的认识之后，父母再指着孩子的嘴巴问："这是什么？"然后再指着孩子的眼睛、鼻子、耳朵等，问孩子："这是什么？"

第六，和孩子玩角色游戏。

父母经常和孩子玩角色游戏，能够很好地激发孩子的内省智能。比如父母可以和孩子一起玩"孩子和妈妈""医生和病人""老师和学生"的游戏，让孩子扮演不同的角色。

通过和孩子玩角色游戏，能够培养孩子的同理心，还能换个角度提升孩子的内省智能，让孩子能够分辨"我"和"角色"人物的区别。

此外，父母还可以通过其他方法来教孩子认识自己的身体，从而提升孩子的内省智能。

满足孩子的独立愿望

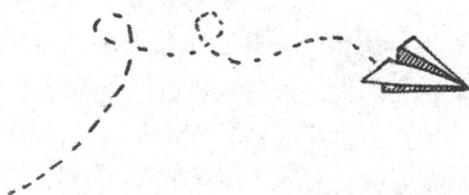

最近一段时间，我发现果果身上的依赖性越来越强了，无论干什么事情都要我或果果爸陪着，看《超级飞侠》得陪着看，和小区的小伙伴们玩捉迷藏，也需要陪在旁边。一旦我和果果爸让他自己待会儿，腾出手来做点自己的事情，他就会吵闹不止。

上周末还接到幼儿园老师的"投诉"，说果果的依赖心理仍然很强，什么事情都要让老师帮忙，吃饭要老师喂，小便要老师给他脱裤子、穿裤子，午睡时要老师给他脱鞋、脱衣服……老师想让他自己做，他总是以"我不会"为理由拒绝。

我和果果爸商量，要让果果学会独立，不要有太多依赖才行。果果爸想到了一个好办法，就是买一盆多肉回家，并且告诉果果："这盆多肉是买给果果的，以后要果果自己照顾它，给它浇水、松土、施肥什么的，知道吗？"

果果开心地点了点头，一副"小大人"的样子。

果果爸夸奖道："果果长大了，能照顾盆栽了，果果自己的事情也要学会自己做，不能依赖别人，知道吗？"

果果说："知道了，我自己会穿衣服，还会自己吃饭呢！"说完，便抱起那盆多肉植物，小心翼翼地放在自己房间的书桌上，开始给盆栽浇水。

果果爸在一旁协助，还提醒果果说："多肉不用浇太多水，不然会死掉的。"

事实上，孩子具有天生的独立性，当孩子从学会爬行开始，就意味着他们希望通过自己的探索和尝试来了解周围的世界。他们看到眼前的物体就会伸手去拿，看见玩具就想坐下来研究个明白。等到孩子一周岁左右，他们的自我意识开始萌芽，会在日常生活中表现出较强的独立愿望，再加上求知欲和好奇心的旺盛，他会想尝试自己来完成一些事情。比如自己拿小勺吃饭，自己跌跌撞撞地搬小凳子。

随着年龄的增长，他们不仅要独立穿脱衣服、洗脸洗手，而且还要自己洗手绢、洗袜子，自己修理或者制作一些玩具，甚至还想自己上街买东西，自己洗碗……对于孩子正在增长的独立意识，父母一定要予以重视，因为这正是他们内省智能不断发展的表现。

可是在现实生活中，父母总是不能满足孩子的独立愿望。他们常常会不由自主地帮助孩子捡起玩具，把摔倒的孩子扶起来安慰，嘴里还常常说道："来，妈妈给你拿，妈妈帮你取。"无形之中就剥夺了孩子的独立愿望、独立行为，让孩子感受到依赖的安全、依赖的舒坦。父母以为这样是疼爱孩子的表现，事实却是无形中剥夺了孩子独立自主的权利，对于孩子内省智能的发展有百害而无一利。

高尔基说："爱孩子，这是连母鸡都会的。"不错，每一位父母都爱自己的孩子，这是人类的天性和本能。孩子应该得到父母的关爱，而且是完整的爱，但绝不是过分地关心或迁就孩子，而对于他们的独立愿望视而不见。

著名的教育家陈鹤琴说过："凡孩子自己能够做到的，应该让他们自己做；凡**孩子能够自己想到的，应该让他们自己去想。"**只有一个拥有独立意识的孩子，才能变得强大，才能在今后的人生中有所作为。"I can do it"是美国孩子常说的一句话。对美国人来说，替孩子做他们自己能做的事情，是对他们独立愿望的剥夺，是对他们内省智能的最大打击。

因此，父母要小培养孩子的独立意识，让孩子彻底摆脱依赖的心理，树立起自信心。一旦孩子有独立的愿望，父母应该给予满足，用适当的方法引导孩子从独立到自省的过渡：

1. 自己的事情自己做。

一般情况下，3岁的孩子已经能够自己穿、脱衣服，并且能够帮助父母做一些力所能及的事情。这时父母可以让孩子试着自己穿一些简单的不需要扣扣子的衣服，还可以让他帮助大人端水果、帮下班的爸爸拿拖鞋、帮扫地的妈妈拿扫把等。这样会让孩子感到自己是有价值的，也让他知道你是信任他的，相信他能干好。

2. 给孩子选择的权利。

父母应该给孩子一些选择的权利，让孩子有机会参与自己喜欢的活动，或者从事自己感兴趣的事。比如周末外出的时候，父母可以问一问孩子的意见："是去动物园玩还是去公园玩？"父母不要认为孩子还小，什么都不懂，任何事情都为孩子做主。

3. 鼓励孩子多尝试。

有时候，孩子可能会把事情搞砸，如果得不到大人的鼓励，就很容易产生自卑感。这时，父母应该鼓励孩子说："宝贝是好样的，下次你一定能做好！"而不要轻易说"你不行"。父母要给孩子体验生活的机会，因为孩子不可能永远生活在父母的羽翼与庇护之下，他们必然要走进社会，走向竞争，自己面对生活的种种。

4. 允许孩子适当地发泄情绪。

对于成人来说，有时也会有发泄情绪的需要，孩子当然也是如此。父母发现孩子不高兴的时候，要耐心询问原因，如果孩子不愿意回答，要给予孩子一点时间，不要逼他，或者制止他。父母要允许孩子表达自己的感情，帮助孩子分析情绪不好的原因，想办法调控自己的情绪，如转移注意力，做一些自己喜欢的事情。

5. 尊重孩子的意见。

父母应该尊重孩子，把孩子当作平等的人看待，千万不要认为自己是父母，就不允许孩子表达自己的意见和需要。如果孩子的意见和要求十分合理，父母就应该尽可能地给予满足，这样孩子就会感到自己是受重视的，独立意识也越来越强。

6. 为孩子树立积极的榜样。

都说父母是孩子的"第一任教师"，因此父母应该有积极的心态，对工作、生活充满热情，家庭美满温馨，这样孩子也很容易受到积极的影响，从而对生活充满希望。

锻炼孩子的自理能力

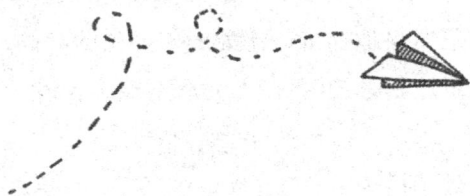

培养孩子的内省智能，重点应该放在孩子的生活自理能力上，因为自理能力是孩子从依赖到独立过程的前提和基础，是孩子从依赖父母的帮助，到学会照顾自己的食、衣、住、行的历程，这些对孩子来说，也是成为一个独立的人必须经历的过程。

每一个孩子都有强烈的做事积极性，渴望能做一些事情，父母应该把握时机启蒙孩子的生活自理能力，让他逐渐拥有"独立自主"的能力。

孩子生活自理能力的形成，有助于培养孩子的内省智能，让他更具责任感、自信心，以及自己处理问题的能力，对孩子今后的生活也产生深远的意义。

然而现代家庭普遍呈现这样一种现状：四个老人，两位家长，一个孩子。由于受到两代人的呵护，这些"小皇帝""小公主"，在不知不觉中便养成"饭来张口、衣来伸手"的不良习惯。无论是爷爷奶奶，外公外婆，还是爸爸妈妈，都把孩子视作家庭的希望。

很多父母不忍心让孩子做半点儿事情，他们总喜欢替孩子做完所有的事情，这些孩子最重要的任务就是坐下来享受父母的劳动成果。

父母们这样无怨无悔地付出，表面看来是出于对孩子的爱，可是却不利于孩子的长远发展。毕竟，父母不能永远陪在孩子的身边，父母在教育孩子的时候，首先应该教会他们生存的本领，让他们学会克服生活中遇到的种种苦难，而不是让孩子学会享受。

可是，如今的独生子女普遍缺乏独立意识，总想着依赖家人、畏惧独处，什么都不会，也什么都不想学。如此恶性循环下去，自然会影响孩子未来的成长与发展。

一位家长向我"诉苦"，说他家小雨已经上小学六年级了，可是自理能力很差。

从幼儿园开始，就是奶奶接送小雨上学、放学的。每天，奶奶早早就起床给他准备了上课必备的东西，然后背着书包，带着他挤公交车，如果有人让座，奶奶肯定是让小雨坐的，毕竟，孩子是老人家的"心肝宝贝"呀，她舍不得让孩子受累。

很多时候都是奶奶背着书包站着，小雨跷着二郎腿理所当然地坐着！

"这孩子怎么不知道心疼老人家呢？不知道他的父母是怎么教育孩子的……"

旁边的人有时也看不下去了，在一旁议论纷纷。

在别人眼中，小雨已经算是"大孩子"了，可是至今他仍然不会自己整理书包，每天晚上做完家庭作业，他就把作业本一扔，就跑到客厅看电视去了，剩下的后勤工作，就都丢妈妈去做，从小到大都是这样。

于是，小到装文具、削铅笔、装笔芯，大到第二天上什么课，需要准备哪些书等一系列的工作，都是妈妈一手包办的。

至今，小雨还是连自己的课外书籍放在哪个位置都不知道。

有一次，妈妈工作太忙，没给小雨准备好第二天上课用的课本和文具，结果小雨背着空书包去了学校，还被老师训了一顿。

生活中，像小雨这样的孩子还有很多，父母们不妨扪心自问一下，我是否也曾以呵护、疼爱的名义剥夺了孩子自己做事的权利？爱子之心，舐犊之情，是人类最美好的感情，哪个父母不爱自己的孩子？哪个爷爷奶奶不爱自己的孙子？但是怎样爱，什么是真正的爱？怎么把握这个爱的度，并不是每一位父母能说清楚的。由于父母在家庭教育中存在很多问题，就会在无意中忽视了培养孩子的独立意识和自理能力。

小区里有一个可爱的小女孩名叫馨儿，果果经常会和她一块玩。馨儿的父母在她2岁的时候就离婚了，她跟着妈妈一起生活。

妈妈心里对馨儿很歉疚，总想在生活上把她照顾得好一些，什么家务事都不让她做，今年馨儿已经是小学三年级的学生了，可她很懒惰，不但不喜欢做家务，而且连整理自己的房间这种小事都不会做。妈妈开始为馨儿的将来担忧了。

有一天，妈妈在帮馨儿整理房间的时候，看见了她的作文，上面写着："记得我很小的时候，很喜欢跟在妈妈身后，帮妈妈做家务，可妈妈总嫌我碍手碍脚，每次都叫我到一边去玩。时间长了，我自己也产生了懒惰心理，现在有时妈妈要求我做家务我也不愿意去做。"

妈妈这时候才明白，是自己教育的失误导致孩子现在的状况，她想必须开始有所改变了。这一天，馨儿放学后，妈妈说晚上有朋友来家里做客，自己忙不过来，需要馨儿的帮助。

馨儿先是一愣，然后乐滋滋地答应了。馨儿一边帮助妈妈收拾房间，准备晚上的饭菜，一边和妈妈聊天，感到很愉快。

有了这次快乐的体验，馨儿变得勤快多了，妈妈也时不时地找机会寻求馨儿的"帮助"。慢慢地，馨儿学会了做很多家务，妈妈省心多了。

孩子的生活自理能力和其他方面的能力一样，是从小培养和训练出来的。一些孩子的生活自理能力差，原因主要在父母身上，正是由于父母的包办而剥夺了孩子锻炼的机会。为此，早教专家提醒各位父母，不要总以为孩子小，什么也干不了，什么都代替孩子干；也不要怕麻烦、嫌孩子做事慢、干得不好就替孩子干所有的事。父母应该做的，就是放手让孩子干自己力所能及的事，如自己吃饭、自己穿脱衣服和鞋袜、自己洗手洗脸、自己整理玩具等。总之，父母要把孩子当成独立的个人来教育，而不是一个只会衣来伸手、饭来张口的"小皇帝""小公主"。那么，父母应该怎样锻炼孩子的自理能力，让孩子从小养成良好的劳动习惯和独立能力呢？

第一，增强孩子的生活自理意识。

有的孩子长期生活在父母的溺爱中，依赖心理十分严重，他们甚至形成了一种错误的认知，就是自己不想做的事情，父母会帮着做，比如自己想喝水了，父母会帮忙倒水；自己要起床了，父母会帮忙穿衣服。面对孩子的依赖心理，父母应该增强孩子的生活自理意识，要让孩子知道，他已经长大了，自己的事情就要自己来做。

第二，通过游戏来提高孩子的自理能力。

游戏永远是孩子的最爱，如果父母能够将教育融入游戏中，让孩子在游戏中提高自理能力，那么将达到事半功倍的教育成果。通过游戏的方式不仅能够增强孩子的自理能力，还能够让孩子更好地发展自己的个性，并且在语言、动作、思维、情感等方面得到提升。

第三，让孩子观察父母是如何自理的。

父母可以将日常生活中的一些自理技能教给孩子，比如让孩子观察爸爸是怎样打扫房间的，妈妈是怎样洗衣服的。如果孩子对此不感兴趣，父母还可以用手机录下视频，播放给孩子看，让孩子知道父母是如何自理的。父母做好示范之后，再让孩子去学习，比如如何穿衣服、如何叠被子、如何系鞋带等等。

第四，通过儿歌帮助孩子学习自理。

孩子大多喜欢听儿歌，如果爸爸妈妈能够通过唱儿歌的方式来让孩子学习生活自理，可能会取得意想不到的好成效。比如给孩子唱《穿裤子》：二座山洞前边站，二列火车向里钻，鸣的一声开过去，二个车头又见面。或者给孩子唱《穿衣歌》：抓领子，盖房子，小老鼠，出洞子，吱溜吱溜上房子。《叠衣歌》：关关门，关关门，抱抱臂，抱抱臂，弯弯腰，弯弯腰，我的衣服叠好了。《脱衣歌》：缩缩头，拉出你的乌龟壳，缩缩手，拉出你的小袖口。父母可以教孩子唱这些儿歌，一边唱一边让孩子自己动手。

第五，给孩子适当的奖励。

当孩子做好一些事情后，比如自己穿好了衣服，自己叠好了被子，自己穿好了鞋子等等，父母应该给孩子适当的奖励，可以给孩子一朵大红花，并且告诉孩子：如果能凑够10朵大红花，就能得到一件玩具。这样能够让孩子得到激励，从而强化自理行为。

第六，父母应该遵行的原则。

1. 让孩子去做的事，一定要孩子的能力范围之内。

2. 首先应该培养孩子吃饭穿衣的技能，其次是睡眠与卫生，最后是个人生活和安全教育。

3. 孩子没做好父母布置的任务时，父母也不要指责；如果做好了，要及时表扬。

4. 在保证安全的前提下，父母要放手让孩子去做。

总之，孩子生活自理能力的培养需要经历一个漫长的过程，孩子比较小，家长要给孩子锻炼的机会，并对孩子言传身教，加上耐心的指导，才能让孩子的生活自理能力逐渐增强。

培养孩子的自律意识

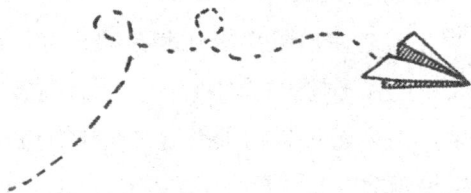

对于父母来说，看着孩子从自己的怀抱里挣脱，一天天长大，真是一件无比幸福的事情！父母们可能在想，现在终于能够松一口气，不用再围着孩子团团转了。可是现实总是那么不尽如人意，父母们也许会发现，自己的孩子越长大越不听话了。

世界是复杂多变的，但社会需要统一的秩序，人类需要一种共同的道德标准和行为规范来约束自身。**生命是丰富多彩的，但个体行为要置身于公共准则之下，人需要追求自身的完美，于是，"自律"成为通向自我完善的阶梯。**

一个优秀的人，必须有一定的自我约束的能力。他们知道有所为，有所不为。在经济高度发展的现代社会，只有做到内省自律，才能在将来控制更多的资源，更多的人。而那么缺少自律能力的人，往往很容易受到各种主客观原因的干扰，也很难在某一方面做出杰出的成绩，难以实现自己的目标和理想。因此，培养孩子的自律内省能力对于孩子的成长和未来十分重要，它可是孩子漫长人生路上的标尺与准绳。

所谓自律是指用自身的力量来规范自己的行为。做父母的应帮助孩子形成自律的意识，因为自我控制得好的人往往容易成功。很多人天资聪明而最终一事无成，最大的原因就是无法自律。可以说，人的最大敌人是自己，能战胜自己，能自我控制欲望和行为的人才是强者。所以父母对孩子的自律教育是相当重要的，这关系到孩子的一生。

果果爸是一个十分自律的人，他希望果果也能够从小养成自律的好习惯。

从果果3岁开始，果果爸就鼓励他动手洗手绢等小东西。刚开始，果果洗不好，洒了满地满身的水，但果果爸一点儿都不怪他，还夸赞他"干得真好！"就这样，果果越干越有劲，不仅很快学会了洗手绢，而且以后只要自己能做的事情都抢着做，比如叠衣服、摘菜等等。

上幼儿园之后，果果爸还和果果一起制定了"家规"：放学先回家，再出去玩；每天看电视不超过1个小时；当天的事情当天完成等。

后来，果果爸又鼓励果果自己安排看电视和玩耍的时间。当果果把自己的计划告诉果果爸的时候，果果爸会说："你的计划真不错，就按这个执行吧！"

就这样，在果果爸的赏识和引导之中，果果变得越来越自律了。

儿童心理专家研究表明，随着年龄的增长，孩子的自控能力会不断进步。特别是在1～3岁时期。通常来说，在12个月大时，孩子开始形成一定的约束能力，只是需要家长在旁提醒和规范。到大约24个月大的时候，即使家长不在身边，他们也可以逐渐地按照要求来做事。大约36个月大时，他们差不多能够揣度家长希望他如何表现的想法，并且按父母所希望的那样去做。

也就是说，孩子的自律能力并非一夜之间形成的，而是随着时间的积累逐渐形成，特别是在4岁前的时候，自我约束能力的形成是孩子发展中最重要的一部分。作为父母，就要抓住这一契机，引导孩子形成自律意识，并逐渐提高自律能力。

那么，父母应该如何培养孩子的自律意识呢？

1. 及早培养孩子的自我约束力并及时督促。

从孩子出生起就应帮助孩子逐步学会正确评价和判别自己行为的适宜度，让孩子知道什么是应该做的，什么是不该做的。比如，按时睡觉、按时起床、按时吃饭、按时上学、按时做练习等。起初会有些困难，但在父母坚持不懈的督促下，慢慢就会形成控制自己、约束自己的习惯。

2. 让孩子多了解一些生活和游戏规则。

父母可从孩子日常生活中不可避免的各种准则出发，告诉孩子要遵纪守法。孩子大些后，父母要给孩子讲人生、讲社会、讲国家大事，让孩子有爱国心，学会道德规则，懂得法律法规。比如，不能随地吐痰，不要私拆他人信件，不闯红灯等。

3. 制定一些有约束力的规则。

通过制定一些有效的规则来要求孩子遵守，比如，如何学习，如何做家务等，以此来约束孩子的行为。需要注意的是，在制定规则时不能过度或过于详细，否则会影响孩子独立性的形成。

4.延迟满足孩子的物质欲望。

比如，孩子喜欢吃冰激凌，父母就不要立即给他买来，而是不妨也向孩子提出要求，如果孩子每天按时完成作业，不挑食，或者有其他良好表现时就让他吃。这样不仅能够使孩子懂得有付出才能有收获，还能让孩子学会节制。

5.教给孩子掌握控制自己行为的技能。

方法很重要，有时候孩子明知道不应该做，却在行为上无法控制自己，这就是缺乏控制技能的问题。比如，孩子易冲动，这时父母可让孩子试着深呼吸或默默地数数，这样就能让他激动的情绪慢慢平复下来。

6.父母要耐心、冷静地引导孩子。

当孩子出现缺乏自制力的行为时，父母要冷静，要耐心说服并加以引导，千万不要用父母的权威强制他们去遵守，只有采取令孩子心悦诚服的方法，才能让孩子慢慢地改掉那些不良习惯，并逐渐成为一个具有较强自制力的人。

7.启发孩子的自觉性。

自觉性强的孩子，自律能力必然很高，父母要通过启发孩子的自觉性，让孩子养成自觉良好的行为习惯，比如，让孩子坚持做体育锻炼，独立完成作业，克服学习中的困难等。

俗话说："播种一个理念，收获一种行动；播下一个行动，你将收获一种习惯；播下一种习惯，你将收获一种性格；播下一种性格，你将收获一种命运。"

培养孩子行为规范自律知礼，你将会收获到一份惊喜。孩子的成长与发展，不仅需要自学自理自护自强，也需要自律。自律在人的成长中占重要地位，一个不能做到自律的人，往往比较放纵与任性；而一个自律能力强的人，往往很有作为。而缺少自律的人，很容易受到各种各样主客观原因的干扰，很难在某一方面做出杰出的成绩，很难实现自己的目标。

因此，父母要注重培养孩子自我约束的能力，以便让他们养成自律的性格，一个懂得"有所为，有所不为"的人，才能够在世事繁杂的现实世界中，找准自己的定位，坚定不移地向着自己的目标进发，进而取得成功。

给孩子一片"破坏"的天空

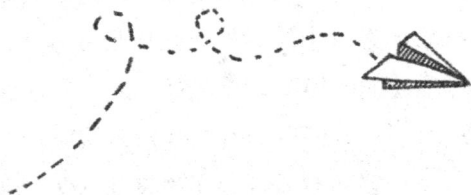

我听一位早教专家说过："内省是孩子成长的第一步，没有内省智能的人，或不经过内省的人，是无法取得任何成就的。"

内省智能是指对自我有相当的了解，能意识到自己内在的情绪、意向、特点等，这种自我把握的能力是孩子出生后逐渐发展起来的，最初的萌芽便是"自我意识"的产生。

刚出生的孩子的意识是混沌的，没有明确的主体和客体的区分，基本没有自我意识，只有生理需求提示着自我的存在。随着孩子年龄的增长，他们开始意识到"我"存在，这时孩子的内省智能开始苏醒，他们乐于用各种方式来证明"我"的存在，"我肚子饿了……""我想出去玩……""我不喜欢这个玩具……"有时候甚至通过一些"暴力"行为来表达自我。

生活中，许多孩子都喜欢拆拆卸卸家里的小物件和自己的玩具，这经常让妈妈感到头疼，有时还可能会因此而批评孩子。其实，孩子爱搞"破坏"是表达自我的一种方式，是孩子内省智能的一种体现，而且孩子喜欢"破坏"对他们的创造力也很有好处。

因此如果父母能够合理利用孩子的这种"破坏"行为，多方引导、鼓励，将有利于孩子内省智能的发展及日后处事能力的提高，更重要的是能从小培养孩子浓厚的求知欲望和创造激情，为其今后的成长奠定基础。

果果调皮的时候，"破坏力"也很强，平时总能看到小机器人的零件散落在客厅里，桌上的电话机被拔掉了线，台灯罩也掉到了地上……

果果爸时常开玩笑说，我家果果的动手能力实在太"强"了，只要是他玩过的东西就难逃被"肢解"的厄运。尽管如此，我和果果爸从未因此而责怪果果。

我们知道，果果之所以会有这种的行为，是想通过"破坏"来探索未知的世界。这也是果果认识自己与世界的一种方式。

一般情况下，4岁左右的孩子开始接触和认识外界的一切，对于自己遇到的东西，他会利用摸一摸，尝一尝，闻一闻，偶尔也会摔一下的方法，来看看它会产生什么样的反应。

面对这样的情形，父母应该把家里的东西收藏好，给孩子一些安全的家用物品，或是买些耐摔的玩具，让他好好研究研究吧！

这时，父母要慢慢引导孩子建立什么东西可以碰，什么东西不可以碰的概念。比如他可以玩一个小皮球、摆弄一个大水桶，但他不可以把笔记本电脑当玩具，不然会有大麻烦。

同时，爸爸妈妈可以给孩子一些组合式的玩具，鼓励他尝试组合不同的造型。为了避免发生意外，孩子手里的东西要少棱角且质量好。

一天，果果爸下班回家，发现鱼缸里的金鱼全部"遇难"了。

果果爸生气地问我："这是怎么回事？这可是朋友从国外买回来的名贵观赏鱼。"

我很无奈地告诉果果爸："果果将半杯牛奶倒进了鱼缸里，导致小鱼全部死掉了。"

果果爸转头盯着果果，长叹一声，吓得果果使劲儿往我怀里钻。我摸了摸果果的小脸蛋，安抚他说："果果别害怕，你能告诉爸爸为什么要往鱼缸里倒牛奶吗？"

果果怯怯地回答："爸爸不是天天都说牛奶最有营养嘛，小孩子多喝牛奶可以身体长得棒！我也想让咱们家的鱼长得棒一点，所以就把自己的牛奶分给它们喝了。"

果果爸听了果果的话，立即意识到自己的错误，赶紧搂过果果说："果果别害怕，爸爸没有生气，原来果果是这么想的啊！"

我笑着对果果爸说："你看看，果果多有想象力啊！为了让咱家的鱼长得更棒一些，都舍得把自己的牛奶分给鱼喝呢！"

第二天，果果爸为了让果果明白观赏鱼是不喜欢喝牛奶的，还特意给果果买了几条小鱼一起做实验。小鱼在有牛奶的水里不爱活动了，可一换了干净的清水，鱼儿便开始快乐地游动起来。在实验中，果果明白了观赏鱼是不爱喝牛奶的。

一次原本具有破坏性的活动，最终增长了果果的知识和见识。

果果爸自豪地说："果果虽然害死了几条有价值的金鱼，但他却从中学到了新的常识，丰富了生活经验，这些都是他今后生活中的财富，这才是难能可贵的。在果果的'破坏'活动中，他学会了思考，增长了智慧，我们应该为果果的进步感到高兴！"

有人说，**孩子天生就是个创造者，因为他们活泼好动，不被各种规矩所牵制，敢于打破常规，不按照成人的模式去思考，所以他们也常常能创造出与众不同的事物来。**

然而，随着孩子年龄的增长，他们的创造天赋也在一天天减少。原因主要在于，很多孩子的创造力被循规蹈矩的父母在不知不觉中扼杀掉了。

对有的父母而言，"听话"的孩子才是家长希望的，"听话"才是孩子应该最先学会的本领。

父母应该明白一个道理：孩子搞破坏的过程，其实就是学习知识的过程，所以面对"破坏力"超强的孩子，父母不能一味地批评与责怪，也不能说"你再把玩具弄坏，我就不给你买了"这样警告和威胁的话，而应该保持宽容的心态，不要将孩子的探索精神随意扼杀。

父母既要认可孩子的"破坏行为"，还要有意识地引导孩子进行思考。当孩子破坏掉某样物品时，父母可以引导孩子进行正确的探索，比如孩子将皮球弄坏了，父母便可以问孩子："皮球里面是什么啊？为什么没有气的皮球拍不起来啦？"通过这样的询问，带领孩子在"破坏"中寻找答案。

"破坏"是孩子表达自己的方式，也是孩子探索世界的手段。伟大的发明家爱迪生曾说过：善于创造的人，往往具有一个奔驰的脑筋。给孩子一片"破坏"的天空，孩子"破坏"失去的只是可估量的价值，而得到的却是孩子一生受用不尽的财富：思考、创造和智慧。

让孩子接受不完美的自己

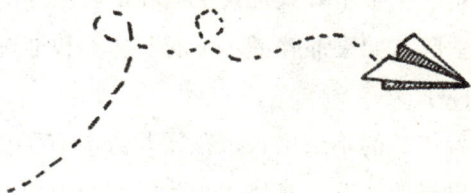

父母们可能还不知道吧，孩子从一出生开始，就在建构其最初的内省智能了。

这是在与父母及其他人的相互作用中进行的。由于孩子的年龄较小，他们无法形成较客观的自我评价意识，这时，他们关系最为密切的成人的言行在很大程度上影响着他们对自己的评价。也就是说，年幼孩子也许会因父母一句贬低的话，而觉得自己"不够完美"，他们对于自己的认识完全取决于父母或者他人的评价。

有一天吃过晚饭后，果果摸摸自己的小肚子跑到镜子前，看着自己的身体就哭了，边哭边对果果爸说："爸爸，我很胖吗？"

果果爸说："没有啊，果果不胖。"然后又问我："是果果幼儿园的小朋友说他胖吗？"

我也觉得很奇怪，告诉果果爸："这些天果果也常常拉着我，让我帮他称体重呢！"

果果究竟怎么了？我这才想起昨天发生的一件事：

当时我从幼儿园接果果回家，途中遇到了以前的一位同事。同事见到果果高兴地对他说："果果长得好可爱啊，胖乎乎的，像只小皮球似的。"

果果听了同事的话，气呼呼地撅着小嘴巴瞪着眼睛不再理会同事了。

我当时还对同事使眼色，然后说："我家果果可一点儿不胖，很苗条呢。"

同事才觉察到，改口夸果果说："是啊！果果一点都不胖，看这小腿多瘦啊！"

果果这时脸上才有了得意的坏笑。

其实，果果不喜欢别人说他胖是有原因的，他告诉我和果果爸："幼儿园里的孩子都怕胖，如果谁胖了，小朋友都不和谁玩。"因此，果果不能接受自己"胖乎乎"的样子。

随着年龄的不断增长，孩子与外界有了更多的交流，这时他们可能会出现无法接受自己的情况，具体表现为：只喜欢听别人好的评价，不喜欢听别人不好的评价；只看到自己的优点，看不到自己缺点等等。这些都是孩子内省智能不高的表现。

面对这样的情况，父母应该让孩子养成正确的价值观与人生观，学会接受不完美的自己。

父母应该让孩子明白，世界上没有真正完美的人，所以要学会接受自己的一切，无论自己拥有怎样的性别、外貌和特点；无论自己长相是怎样的，高还是矮，胖还是瘦，眼睛大还是小，鼻子高或者塌，都应该从心理上接受并且喜欢自己。

那些内省智能低下的孩子，容易出现不能接纳自己的情况，而且他们总是活在自卑中，情绪十分消极，如果任其发展下去，还有可能出现轻生的行为。因此，父母更应该让孩子明白，自己就算不完美，也有很多值得骄傲和赞美的地方。世界上有各种各样的人，不同的肤色，不同的外貌，不同的特点，孩子只是其中之一，很正常，也很好。父母应该经常和孩子谈论他的优点，并且经常告诉孩子，父母很爱他，所有人都很喜欢他。

意大利著名电影明星罗兰在很小的时候，就是梦想着自己长大后能成为一位出色的电影明星，那时候她的模仿能力就非常强，而且还会自己表演。15岁的时候，罗兰来到了罗马，想从这里起步，涉足电影界。可令她万万没想到的是，第一次试镜，她就失败了。因为导演觉得她的鼻子和臀部不够完美，并且建议她把臀部削减一点儿，把鼻子缩短一点儿。

对于导演给出的整容的建议，罗兰表示了拒绝，她说："我当然懂得我的外形跟已经成名的那些女演员相比，有很多逊色的地方，她们都相貌出众，五官端正，而我却不是这样。我的脸毛病太多，但是，这才是我与众不同的地方，我认为对于一个好演员来说，长相固然重要，可更重要的是艺术表现力，我的脸部表情不会因为我的这些毛病而失去表现力！"

罗兰这番话使导演感动震惊，他知道这不是一个一般的小女孩，想到这个小女孩表现得活灵活现，他知道，正是因为她为了自己的热爱做了那么多的准备，才会有此刻的底气。正是由于罗兰的坚持，使导演重新审视并真正认识了罗兰，而且罗兰也没有辜负喜欢她的热心观众，在表演的道路上，她一发不可收拾，终于成为蜚声世界影坛的一颗明星！

阿纳托尔·弗朗士有句名言："我坚持我的不完美，它是我生命的真实本质。"这是每一位父母应该让孩子明白的道理。那么父母应该如何帮助孩子接受不完美的自己呢？

1.父母不要过多揭孩子的短处。

现实生活中，很多父母喜欢整天说孩子的短处，太矮，太胖，太黑，太笨，太粗心……从这些话里，孩子很容易得到一个信息："我不好，爸爸妈妈不喜欢我。"这样，孩子就容易不喜欢自己，情绪消极，进而产生更为严重的后果，甚至轻生。

2.让孩子明白大家都喜欢他。

父母应该从小让孩子明白，世界上有各种各样的人，肤色、外貌、个性特点，各有不同，你是其中的一种人，很正常，很好，孩子就能接纳自己。要经常和孩子谈论他的特点，反复强调他的优点，持续不断地告诉他，你很喜欢他，大家都很喜欢他，孩子对自己的看法和态度是从别人对他的看法和态度中学来的。

3.父母也要让孩子学会接纳他人。

在孩子接受自己的同时，父母也要让孩子学习接受别人，不管别人的长相如何、个性如何、学习成绩如何，都要尊重别人，接受别人。大家都相互尊重，每个人才有尊严。让孩子接纳自己，并不是让孩子盲目自大，而是知道自己的特点，明白自己的长处和短处，在喜欢自己的前提下才会努力改变自己往更好的方向发展。

总之，只要父母能够多站在孩子的角度，给予他们尊重、理解和宽容，顺应孩子的天性，因势利导，用爱的教育就能培养出丰盈的心灵。随着孩子内省智能的不断提高，他们便能认清自己，能学会接纳自己和他人。

给孩子一些"权力"

　　果果是一个很有主见的小男孩。在家里，什么事他都想由自己来做决定。

　　前几天，果果爸给他买了一条最新款的牛仔裤，可是他不喜欢，一定要果果爸带他去换一条。另外，果果还希望自己控制睡觉前的活动，会选择性地要求我或果果爸给他讲故事、唱儿歌、陪他在被窝里窝一会儿，或者再回答他一个问题等。

　　当我们满足果果的种种要求，准备离开他的房间时，果果又会再提出"最后一个"问题。而这个"最后"的问题常常不止一个。于是，想让果果上床睡觉变成相当冗长的仪式。除非是他自己困了想睡觉，否则家里任何人都不能帮他做决定。

　　随着孩子年龄的增长，他们的心理会有一些明显的转变。他们会觉得自己"长大了"，不再需要别人告诉自己该做什么、该怎么做，而是希望什么都由自己来做主。这正是孩子内省智能最突出的表现。这时父母如果能够不失时宜地给孩子一些"权力"，让孩子有机会动手操作自己的事情和问题，对于孩子自主意识或者说内省智能的培养，将有很好地促进作用。

　　当孩子学会走路时，独立能力增加，他可以自己移动，到达他想去的地方，此时身体机能逐渐成熟，使孩子尝试，以满足自己的想法和需求。

　　如果此时父母为孩子做的太多或限制太多，孩子将无法知道自己的能力，同时也会怀疑自己的能力，这对于孩子内省智能开发，有百害而无一利。不仅如此，在过分宠溺或者过分严厉的教养方式下，孩子自身缺少自主权，要看父母脸色为人处世，一方面容易形成可胆小、自卑的心理，缺乏自信和独立性的性格；另一方面则可能形成暴戾、蛮横、撒谎、逆反的性格，从寻找报复中得到心理上的补偿和平衡。

因此，当孩子有能力自行做主、做决定的事情，比如该如何安排玩具的摆放位置等，父母应该支持他们自己做决定，给他们一些"权力"，并鼓励他们将自己的决定持续。

果果每天从幼儿园回家最喜欢做的事情，就是叫果果爸陪着他玩搭积木的游戏。然而在玩游戏的时候，果果只让果果爸在一旁陪伴，其他什么都不能帮忙。

有一次，果果爸看着果果玩搭积木，一时兴起，费尽心思给果果搭了一座精美的小房子，房子有厨房、书房、卧室，很好看，正当果果爸一边自我欣赏一边向果果炫耀时，果果却毫不领情地用手一推，把果果爸精心搭建的小房子又重新变成一块块积木，然后开始在一边搭一些莫名其妙的东西，嘴里还念念有词，可能是在讲自己的设计。

看着果果半天也没搭出一个像样的东西，爸爸终于又忍不住为果果重新搭了一辆小汽车——爸爸知道果果最喜欢小汽车了。可是果果还是不领情，再一次挥动小手无情地把爸爸精心搭建的汽车毫不犹豫地摧毁了，留下干瞪眼的爸爸，然后又自顾自地去搭建一些稀奇古怪而又不成形体的东西，好像在创造一个又一个童话似的。

其实，果果两次推倒爸爸的"作品"，表明他不喜欢大人强加给他的东西，即使再优秀也不喜欢；果果非要自己动手尝试，说明他拥有独立自主的意识，能按照自己的意愿和想象搭出自己欣赏的作品，即使作品很幼稚，但却是他自己的创造，他喜欢，他欣赏。孩子用行动告诉大人：他是个独立的个体，有自己的判断，也有自己的选择。

随着孩子年龄的增长，他们对于外在的世界更表现出前所未有的兴趣与好奇，探索周遭的一切成了他们这一时期的成长主题。而现实生活中当孩子用语言或行动来表达"要自己干"这样的意愿时，仍有不少家长用"你现在干不了""小心摔着""这个不好玩"等等充满爱意的话阻止了孩子的探索。久而久之，孩子开始感到无能与无助，在他们的眼里，似乎所有的事情都是需要大人的协助才可以完成的。殊不知，那一句"自己来"正是孩子自我意识及内省智能萌发的信号。

那么，父母应该如何给孩子一些"权力"，从而更好地培养孩子的内省智能呢？

第一，给孩子学习吃饭的"权力"。

孩子刚开始学习吃饭时，难免会笨手笨脚，将饭粒弄在地上和自己的小脸上。这时候，爸爸妈妈千万不能责任孩子，更不能说孩子"笨"，而应该给孩子自己学习吃饭的"权力"，只要给孩子系上围兜就行了。

第二，给孩子自己选择穿着的"权力"。

父母不能完全安排孩子的穿着，而应该给孩子自己选择穿着的"权力"，比如孩子喜欢穿什么颜色、什么款式的衣服，应该由孩子自己来决定。当然，天气寒冷的时候，孩子不想穿棉衣也不行，父母可以找出两件棉衣，让孩子自己选择穿哪一件。

第三，给孩子自主学习的"权力"。

孩子学习的进度可能没有父母想的那样快，对此一些简单的知识掌握起来也比父母想象得困难，这时候父母一定不要着急，不能对孩子发脾气，而应该给孩子时间与空间，耐心地引导孩子循序渐进地学习，给孩子自主学习的"权力"。

第四，给孩子独处的"权力"。

孩子也需要独立的私人空间，比如孩子一个人沉浸在幻想的世界中，一个人专心致志地玩玩具，或者心情不好的时候一个人发呆。这时候，父母应该给孩子独处的"权力"。一段时间之后，父母再去询问孩子："宝贝，刚才你一个人在做什么呢？"

第五，给孩子选择玩具的"权力"。

孩子喜欢什么样的玩具，可以让孩子自己来决定。父母总喜欢给孩子买一些益智玩具，可能这些玩具孩子并不喜欢，所以在给孩子选择玩具时，最好能够带上孩子，看看孩子的喜好。当然，父母也不能完全遵照孩子的意见买玩具，对于一些价格昂贵或不够安全健康的玩具，可以和孩子商量一下取舍。

第六，给孩子自主睡觉的"权力"。

通常情况下，父母都可以在某个时间点安心睡觉，比如午休的时候，可是孩子总是不愿意躺下安心睡觉。这时候父母应该想一想，是不是孩子早上睡得太多了，如果他到了睡觉时间还不想躺下，父母也不要强迫孩子躺在床上，而应该给孩子自主睡觉的"权力"。

第七，给孩子哭的"权力"。

当孩子受伤，或者遇到挫折的时候，往往会通过哭闹的方式来发泄情绪，这时父母不要马上制止，而应该让孩子尽情地发泄，因为孩子也有哭的"权力"。等到孩子情绪平复之时，父母再对孩子进行言语或肢体上的安抚，并且询问孩子发生了什么。

第八，给孩子选择游戏区的"权力"。

孩子喜欢在什么地方玩耍，应该由孩子自己来决定，只要没有妨碍他人，父母就不应该进行干涉。孩子在自己选择的游戏区玩耍，能够获得更多的自由，也会玩得更尽兴。游戏的时间结束时，父母可以叫孩子一起收拾玩具，并且将游戏区恢复原状，打扫整洁。